Eugen Drewermann / Eugen Biser

Welches Credo?

HERDER / SPEKTRUM

Band 4202

Das Buch

Welches Credo? – Das fragen sich heute zunehmend mehr Menschen auch innerhalb der Kirchen. Die Frage nach dem Bekenntnis des Glaubens ist zur zentralen Frage innerhalb der verfaßten Glaubensgemeinschaften geworden. Auf der anderen Seite entspricht dem Auszug aus den Kirchen hinaus eine sich verstärkende Suchbewegung vieler, gerade auch junger Menschen nach Antworten, die über den Tag hinaus tragfähig sind. Weithin herrscht Sprachlosigkeit zwischen der Lehre der Kirche und den Erfahrungen der Welt. Zwei bedeutende Theologen unserer Zeit versuchen in diesem Buch Wege zur Neuinterpretation des Glaubens zu erkunden. Das Credo wird zum Ernstfall: Was bleibt wirklich wesentlich am Christentum? Was ist bloße Formel, was Fundament des Lebens? Wer ist das eigentlich, Gott? Wofür steht die Kirche? Worauf hoffen Christen ernstlich? Michael Albus bringt die Fragen auf den Punkt und zwei Theologen in ein offenes Gespräch, das so schon fast nicht mehr möglich schien: Ein kontroverses, freies und spannendes Buch, das in tiefem Ernst zur Sache kommt und Antwort gibt auf Fragen, die heute viele Menschen umtreiben.

Die Autoren

Eugen Biser, em. Professor für christliche Religionsphilosophie, München. In der Herderbücherei: Buber für Christen (8527); Jesus für Christen (8157); Glaubenskonflikte (8687); Glaubenswende (8392).

Eugen Drewermann, Theologe und Psychotherapeut, lehrt in Paderborn. In Herder/Spektrum: Das Eigentliche ist unsichtbar (4068); Dein Name ist wie der Geschmack des Lebens (4113); Der gefahrvolle Weg der Erlösung (4165); Die Spirale der Angst (4003); Der tödliche Fortschritt (4032); Zeiten der Liebe (4091).

Der Herausgeber

Michael Albus, Dr. theol., Theologe und Publizist, Hauptredaktionsleiter beim ZDF. Zahlreiche Veröffentlichungen.

Eugen Drewermann / Eugen Biser

Welches Credo?

Herausgegeben von
Michael Albus

Herder
Freiburg · Basel · Wien

Originalausgabe

Zweite Auflage

Alle Rechte vorbehalten – Printed in Germany
© Verlag Herder Freiburg i. Br. 1993
Herstellung: Freiburger Graphische Betriebe 1994
Umschlaggestaltung: Joseph Pölzelbauer
Umschlagmotiv: © Bavaria Bildagentur, Gauting
ISBN 3-451-4202-9

Inhalt

Vorwort 8

I. Verstehenshorizonte 12
Herkunft – Entstehungsgeschichte – Sprachspiel 12
Das Wesen des Christentums – Religion – Kirche 36
Das Zweite Vatikanische Konzil 41
Der Zustand der gegenwärtigen Zeit – Unser Jahrhundert . 63
Visionen und Auswege 71
Der Zustand des Menschen: Angst – Angstüberwindung . . 79

II. Das Glaubensbekenntnis 111
Erlösung – Befreiung – Gottesbild 111
Gericht – Sünde 132
Schöpfung – Natur – Evolution 157
Jesus Christus – Jungfrau Maria – Auferstehung 197
Ewiges Leben – Gott alles in allem 229

Das Apostolische Glaubensbekenntnis

Ich glaube an Gott, – den Vater, den Allmächtigen, – den Schöpfer des Himmels und der Erde, – und an Jesus Christus, – seinen eingeborenen Sohn, unsern Herrn, – empfangen durch den Heiligen Geist, – geboren von der Jungfrau Maria, – gelitten unter Pontius Pilatus, – gekreuzigt, gestorben und begraben, – hinabgestiegen in das Reich des Todes, – am dritten Tage auferstanden von den Toten, – aufgefahren in den Himmel; – er sitzt zur Rechten Gottes, des allmächtigen Vaters; – von dort wird er kommen, zu richten die Lebenden und die Toten. – Ich glaube an den Heiligen Geist, – die heilige katholische Kirche, – Gemeinschaft der Heiligen, – Vergebung der Sünden, – Auferstehung der Toten – und das ewige Leben. – Amen.

Vorwort

Welches Credo? – Das fragen sich heute zunehmend mehr Menschen auch innerhalb der Kirche. Die Frage nach dem Bekenntnis des Glaubens ist längst nicht mehr nur Gegenstand außerkirchlicher oder gar antikirchlicher Auseinandersetzung und Polemik. Sie ist zu einer zentralen Frage innerhalb der verfaßten Glaubensgemeinschaften selbst geworden. Die Frage steht unter dem Vorzeichen eines nach wie vor anhaltenden Trends aus den Kirchen hinaus. Immer mehr Menschen verlassen die Kirche. Und immer mehr Mütter und Väter lassen ihre Kinder gleich gar nicht mehr taufen. Sie sind der Meinung, ihre Kinder sollen sich später einmal ihr eigenes Bekenntnis wählen können.

Auf der anderen Seite entspricht dem Zug aus den Kirchen hinaus eine sich verstärkende Suchbewegung vieler, gerade auch junger Menschen nach Antworten, die über den Tag hinaus tragfähig sind. Beträchtliche religiöse Potentiale werden in unseren Tagen sichtbar, ein starkes, sich zuweilen überdeutlich aktualisierendes Verlangen nach Religion. Allerdings fällt es den Menschen schwer, Antworten auf dieses Verlangen in den Kirchen zu vermuten. Ihre Lebensäußerungen, ihre Kontakte zum Leben der Menschen selbst sind schwach geworden. Sie haben die Berührung mit den Fakten verloren. Zudem bringen die Kirchen ihre Botschaft, ihre Botschaften und Grundüberzeugungen in einer Sprache zum Ausdruck, die für den Menschen von heute kaum oder nur sehr schwer nachvollziehbar ist. Es gibt gewaltige Sprachbarrieren zwischen der Sprache der Kirche und den Worten und Erfahrungen der Welt.

Es herrscht Sprachlosigkeit im Ganzen. Und in diesen verschwiegenen Raum hinein ertönt, zum Beispiel, ein Glaubensbekenntnis, dessen Gedanken- und Ausdruckswelt der des 4./ 5. Jahrhunderts entspricht. Wer soll das heute verstehen, gar noch mit Überzeugung beten und bekennen, wenn er nicht zuvor ein differenziertes Verstehensarsenal herzustellen bereit und willens ist?

Zu behaupten aber, die Menschen hätten kein Interesse an den ersten und letzten Fragen, wäre sträflich leichtsinnig und entspräche, käme diese Behauptung aus dem Raum der Kirchen selber, einem katastrophalen Wirklichkeitsverlust. Gerade der Verlauf dieses Jahrhunderts, gerade die Entwicklung der Technik und der Naturwissenschaften machen ein religiöses Bedürfnis größten Ausmaßes sichtbar, ja offenbar. In diesen nur ganz knapp umrissenen Raum hinein stellt sich die Frage „Welches Credo?"

Das hier protokollierte und danach von den Gesprächsteilnehmern überarbeitete Gespräch hat seine eigene Geschichte. Neben der anfangs erwähnten Strittigkeit der Sache im Ganzen ist einer der Kontexte, die dieses Gespräch bestimmten, die Auseinandersetzung um Eugen Drewermann.

Mit den kirchenamtlich verhängten Sanktionen ist in der Sache, um die es geht, gar nichts erreicht. Ja es wird offenbar, welchen Autoritätsverlust die Kirche in ihren amtlichen Spitzen in den letzten Jahren erlitten hat und weiter noch erleiden werden muß. Es geht eben nicht, wenn Behörden mit kirchenrechtlichen Maßnahmen eine geistige und geistliche Auseinandersetzung zu entscheiden versuchen. Mit Schweigegeboten und Lehrverboten ist heute nichts mehr oder jedenfalls nicht mehr viel zu erreichen. Das sind kontraproduktive Aktionen.

Es hilft eigentlich nur das geduldige und kompetente Gespräch miteinander. Nur in ihm liegt Hoffnung. Hoffnung auf Übereinkunft in einer umstrittenen Sache. Und Hoffnung, daß damit auch den fragenden Menschen Hilfe zuteil werden kann. Diesen Versuch wollten Eugen Biser und Eugen Drewermann gemeinsam unternehmen. Sie haben es sich dabei nicht einfach gemacht. Allerdings haben sie ihr Gespräch von vornherein nicht auf Polemik und reine Kontroverse, sondern auf Bemühung um Übereinkünfte angelegt. Das hat Zeit gebraucht. Sie haben das Gespräch in großer Konzentration und Ruhe über zwei volle Tage hinweg geführt. Auffällig war dabei, welchen Raum die Frage der Verstehenshorizonte einnahm.

Es hat sich gezeigt, daß es wirklich sehr komplex bis kompliziert ist, die Voraussetzungen des Verstehens heute zu klären. Es galt und gilt, große geschichtliche Abstände zu überwinden. Es war nach dem gegenwärtigen Zustand der Kirche, nach dem Befinden des Menschen und nach dem Wesen des Christentums zu fragen, bevor überhaupt ein Herangehen an den Text des Glaubensbekenntnisses selber intellektuell redlich möglich und sinnvoll war. Daß über ein gutes Drittel der Gesprächszeit mit den Voraussetzungen verbraucht wurde, macht überdeutlich, welche Arbeit für Theologie und Verkündigung auf diesem Feld heute noch zu leisten ist. Aber es ist nicht nur Verstehens- und Übersetzungsarbeit zu leisten. Lebensarbeit in der praktischen Verkündigung des Glaubens selber ist mehr denn je zuvor gefordert. Den Text des Glaubensbekenntnisses haben die beiden Gesprächspartner nicht schulmäßig Satz für Satz, Artikel für Artikel durchgenommen, sondern sie haben deutlich sichtbare Komplexe einander zugeordnet: Erlösung und Befreiung, Gericht und Sünde, Schöpfung und Evolution.

Im Gespräch selber ist auch deutlich geworden, daß in den Personen Eugen Biser und Eugen Drewermann zwei verschiedene, nicht nur theologisch verschiedene Generationen mit völlig unterschiedlichen lebensgeschichtlichen Kontexten an einem Tisch saßen und um der Sache willen den Versuch unternahmen, den Weg über natürliche biographische Gräben hinweg zueinander zu finden.

Mir liegt daran, diesen Aspekt ganz besonders zu betonen. Mit diesem Gespräch haben beide, stellvertretend für andere, die dies längst schon hätten tun können und sollen, gezeigt, daß ein Gespräch möglich ist. Nein, nicht nur möglich, sondern sinnvoll und ertragreich.

Sie haben damit nicht zuletzt ein Beispiel für den gegenseitigen Umgang von Theologen und wohl sogar für das Verhältnis der Kirche zu ihnen gegeben. Wer nach diesem Gespräch noch behauptet, Eugen Drewermann sei ein „falscher Prophet" oder Eugen Biser würde sich in „billiger Anpassung" gefallen, verzerrt bewußt die Tatsachen.

Aus diesem Grund danke ich auch beiden ganz persönlich dafür, daß sie sich dieser Mühe unterzogen haben. Ich hoffe, daß dieses Beispiel Schule macht. Eine ganz geringe, aber immer noch flackernde Hoffnung habe ich auch, daß nach einer vorurteilsfreien Lektüre dieses Gesprächs der eine oder andere Hartkopf zumindest nachdenklich wird.

Gedanken- und Gesprächsfreiheit, keine Frageverbote, bei aller Entschiedenheit im Grunde, Offenheit in der Sache, sind heute mehr denn je fast natürliche Voraussetzungen eines begründeten und freien Glaubens.

Michael Albus

I. Verstehenshorizonte

Herkunft – Entstehungsgeschichte – Sprachspiel

Michael Albus: Das Glaubensbekenntnis, das Christen sprechen, ist ein sehr alter Text. Viele Menschen sagen heute: Wir verstehen ihn überhaupt nicht mehr. Ist die Sprache des Credo überholt? Können Herkunft und Entstehungsgeschichte zum Verständnis des Credo etwas beitragen?

Eugen Biser: Nach einer bekannten Legende geht das Glaubensbekenntnis der Christen auf den Abschied der Apostel zurück, von denen ein jeder einen Satz dieses Bekenntnisses formulierte, bevor sie aufbrachen, um das Evangelium in die Welt hinauszutragen. Auch wenn das keineswegs der tatsächlichen Entstehung dieses Textes entspricht, kommt in dieser Legende doch die Überzeugung zum Ausdruck, daß er wurzelhaft auf die apostolische Verkündigung zurückgeht. Tatsächlich bietet schon der Aussendungs- und Taufbefehl, mit dem das Matthäusevangelium schließt, den trinitarischen Grundriß, dem das Apostolikum folgt. Und vorher schon verwendet Paulus in seinem Briefwerk Formeln, die deutlich auf das Bekenntnis vorausweisen. So, wenn er zu Beginn des Römerbriefs von Jesus mit einer urchristlichen Glaubensformel sagt: „Er entstammt dem Fleische nach dem Geschlechte Davids, dem Geist der Heiligkeit nach wurde er eingesetzt zum Gottessohn in Macht durch die Auferstehung von den Toten" (1,3f), oder wenn er im gleichen Brief versichert: „Wenn du mit deinem Mund Jesus als den Herrn bekennst und mit deinem Herzen glaubst, daß Gott ihn von den Toten erweckt hat, erlangst du das Heil" (10, 9). Das sind neutestamentliche Sätze, aus denen sich, vor allem im Zusammenhang mit der Spendung der Taufe, der heute gebräuchliche Text entwickelt hat.

Seinen „Sitz im Leben" hat das Bekenntnis somit im liturgischen Taufakt, bei welchem der Täufling im Sinn der von Matthäus (28, 19) überlieferten Formel nach seinem Glauben befragt wurde. In der Folge wurde insbesondere das Bekenntnis zu Christus erweitert und die Antwort des Täuflings „reditio symboli", also „Wiedergabe des Kennzeichens", genannt. „Symbol" hat hier nämlich nicht die vom heutigen Symbolverständnis angenommene Bedeutung; es bezeichnet vielmehr ein Erkennungszeichen, das etwa in der Hälfte eines auseinandergebrochenen Ringes bestand, mit welcher sich ein Bote ausweisen konnte. Vor dem Hintergrund der altchristlichen Arkandisziplin, die den Eingeweihten strenges Schweigen über die ihnen mitgeteilten Mysterien auferlegte, lag diese Bedeutung besonders nah. Unter dem Einfluß der glaubensgeschichtlichen Entwicklung wurde das Bekenntnis im weiteren Verlauf noch stärker ausgestaltet, aber auch präzisiert, bis es im 9. Jahrhundert seine Endgestalt erreichte. So wurde im 5. Jahrhundert der heute abschwächend übersetzte Artikel „Abgestiegen zu der Hölle" eingefügt und etwa gleichzeitig das mißverständliche „Geboren durch den Heiligen Geist aus der Maria der Jungfrau", das mythologische Erinnerungen wecken konnte, durch das genauere „Empfangen durch den Heiligen Geist, geboren aus Maria der Jungfrau" ersetzt.

Festhalten möchte ich damit zum ersten, daß das Credo in der heute gebräuchlichen Gestalt das Ergebnis einer Entwicklung darstellt, an der das Glaubensbewußtsein nahezu des gesamten ersten Jahrtausends gearbeitet hat. Deshalb muß bei seiner Erklärung berücksichtigt werden, was damals gemeint war, als die einzelnen Artikel entstanden; denn es geht nicht an, den Sätzen den heutigen Wissensstand zu unterstellen und schon gar nicht, sie am Kanon moderner An- und Einsichten zu bemessen. Festhalten möchte ich des weiteren, daß das Credo eine legitime Fortentwicklung und Entfaltung dessen ist, was die Urkirche geglaubt hat, und als solches den Glauben der gesamten Folgezeit prägt. Festhalten aber möchte ich vor allem das, was dieser entstehungsgeschichtliche Rückblick aufs nachdrücklichste meint. Und das besagt: das Credo entstammt einem Dialog. Zunächst dem Frage-und-Antwort-Spiel zwischen dem Taufspender und dem Täufling, der seine Fragen mit der „Wiedergabe" des Symbols beantwortet. Doch darin spiegelt sich das innerste Wesen des Glaubens, der im Sinn dessen, was das Zweite Vatikanum zum Lebensprinzip der Kirche erklärte, als ein Dialoggeschehen zwischen dem sich mitteilenden Gott und dem ihm gläubig zustimmenden Menschen begriffen werden muß. Es ist nach meiner Überzeugung eine Frage des Lebens und Überlebens des Christentums, daß dieser Einsicht endlich zur vollen Geltung verholfen wird.

Eugen Drewermann: Es gibt eine alte jüdische Legende, daß in den Tagen Jesu die beiden Gesetzeslehrer Rabbi Schamai und Rabbi Hillel von einem einfachen Mann gefragt worden seien, ob sie ihm, so lang er auf einem Bein zu stehen vermöge, den gesamten Inhalt der Gottesoffenbarung: der Torah, der Propheten und der Geschichtsbücher, mitteilen könnten. Darauf soll Rabbi Schamai, der Gestrenge, die Elle genommen und den Mann verprügelt haben. Rabbi Hillel aber, ganz ähnlich wie Jesus im 12. Kapitel des Markus, soll gesprochen haben: „Du sollst Gott lieben mit allem, was in dir ist, und deinen Nächsten wie dich selbst."

Ich glaube, daß Jesus selber so gedacht haben würde. Gott zu bekennen ist keine Angelegenheit von bestimmten Lehrinhalten, die man intellektuell in Formen gießen könnte, sondern es ist eine Frage des Lebens. Was für ein Problem sich darin ausspricht, hat Matthäus schon gesehen. Er läßt im Kapitel 7 seines Evangeliums Jesus einmal dezidiert sagen: „Niemand von euch, der nur spricht: Herr bist du, Herr, kommt in das Himmelreich, sondern einzig, wer den Willen meines Vaters tut." Wieviel da auf dem Spiel steht, hat vermutlich im letzten Jahrhundert Friedrich Nietzsche noch einmal ganz deutlich in der Schrift zu Papier gebracht, die er dem äußersten Widerspruch zur christlichen Theologie und Religionsform insgesamt widmen wollte, im „Antichrist". Da sagte er: „Christsein, das ist zu leben wie er, der gekreuzigt wurde; es zu reduzieren auf ein Bewußtseinsphänomen, ist der klarste Widerspruch."

Mir scheint, daß sich die frühe Kirche sehr bald in einem Dilemma befunden hat. Was Jesus den Menschen bringen wollte, war eigentlich keine neue Religion, geschweige denn eine neue Theologie mit einer ausprägbaren Dogmatik. Er wollte wahrmachen, was die Propheten Israels mit glühender Leidenschaft und Sehnsucht erhofft haben. Nach den Worten des Evangelisten Lukas: Es möchte endlich kommen ein Jahr der Gnade, das nie mehr endet, innerhalb dessen kein Mensch mehr ausgeschlossen ist in seiner Hilflosigkeit, in seinem Suchen, in seiner Zerbrochenheit, sondern eine Gottesunmittelbarkeit gelebt werden könnte, die weder den starren Kultdienst der Priester im Tempel von Jerusalem noch die Überfülle von Lehrvermittlungen des gelehrten Standes der Rabbinen nötig hätte. So hat Jesus versucht zu leben. Im Grunde völlig unorthodox: indem er den Menschen ins Herz schaute und von daher Bilder erfand, die den Himmel öffnen sollten.

Um die Person Jesu zu erklären, gibt es deshalb wahrscheinlich keinen anderen Weg, als wie jemand, der einen anderen Menschen liebt, geneigt sein wird, Gedichte zu schreiben, Bilder zu gebrauchen, die sagen, was alles ihm der Geliebte bedeutet. Diese Bilder sind nicht im äußeren Sinne gegenständlich zu machen. Sie sind auch nicht als historische Information zu lesen. Sie drücken aber sehr sensibel aus, welche Gefühle, welche Eindrücke, welche Chancen, richtig zu leben, in der Begegnung mit diesem Einen enthalten sind.

In diesem Sinne ist jede Form intensiv gelebter persönlicher Beziehung auf bestimmte Symbole verwiesen. Und mir scheint, daß die frühe Kirche recht getan hat, wenn sie aus dem Erbe der Menschheitsreligionen vor allem unter Anregung der hellenistischen Strömungen im Grunde bereitliegende Bilder aus der Seele des Menschen aufgegriffen hat, um dem einzelnen Gläubigen verständlich zu machen, wer Jesus für ihn sein kann, und um nach außen der Menschheit zu sagen, was alles Jesus ihr als der Menschensohn bedeuten kann.

Die große Schwierigkeit liegt für mich darin, daß all diese Bilder sehr früh intellektualisiert, formalisiert und dogmatisiert wurden. Harnack, ein Theologe des 19. Jahrhunderts, hat ganz richtig gesagt: Das kirchliche Dogma ist das Ergebnis des Kampfes gegen die Gnosis, und es trägt alle Spuren dieses Kampfes an sich. Das heißt, es ist immer auch ein Versuch der Festlegung gewesen, der beginnenden Starrwerdung des an sich Fließenden, der Ausgrenzung durch Homogenisierung des Denkens. Das Dogma stand in Abhängigkeit von denen, die im Lehramt wissend sind. Und es führte zur Spaltung der Kirche selber: zwischen denen, die die Aufgabe haben, den rechten Gottesglauben zu verkünden, und der breiten Masse, die im Grunde bis heute nicht begreift, wovon die Rede geht. Religionspsychologisch scheint mir die Kritik schwer widerlegbar, daß dieser Typ von Rede, der theologisch in den Glaubensbekenntnissen Gestalt gewonnen hat, Zwangscharakter besitzt. Dabei geht es nur noch um die rechte Sprechweise, um die Korrektheit des Sprachspiels zur Identifikation dessen, was den Menschen das Kostbarste sein sollte: seine ganze Existenz zu wagen, auf Heil oder Unheil, auf Abstieg in die Hölle oder Aufnahme in den Himmel, auf Neubeginn aus Geist oder Zerstörung im Ungeist.

Eugen Biser: Sie haben eine ganze Fülle von Themen und Fragen angesprochen. Manches leuchtet mir unmittelbar ein, bei anderem habe ich Bedenken. Am Anfang stand bei Ihnen die Frage: Was ist denn überhaupt Glaube? Dann gingen Sie über auf die Persönlichkeit Jesu, auf seine Sendung, auf seinen religiösen Willen, sein religiöses Programm. Und schließlich kamen Sie bis zur These, die bereits von dem Psychoanalytiker Theodor Reik formuliert wurde: das Dogma als Zwangsidee und als Zwangsneurose. Am Schluß standen dann die Fragen nach der Sprachform. Auf all diese Aspekte sollten wir noch ausdrücklich zurückkommen.

Michael Albus: Meine Bitte in der Anfangsphase dieses Gesprächs: daß wir uns zunächst auf die Frage der Sprache, des Sprachspiels konzentrieren und uns dann die Themen, die Herr Drewermann angesprochen hat und die zweifellos ins Zentrum führen, im einzelnen vornehmen.

Eugen Biser: Das Sprachspiel ist eine Sache, die mich sehr bewegt. Ich teile natürlich durchaus die Feststellung, daß es sich bei den Dogmen um abgrenzende Formulierungen handelt. Es ist allgemein bekannt, daß die Zeit der Ausgestaltung des Credos auch die Zeit der härtesten Auseinandersetzung mit der Gnosis war. Das war ja der zweite Kampf, den die Urkirche zu bestehen hatte. Meistens denkt man nur an die physische Verfolgung durch den römischen Staat und seine Polizeigewalt. In Wirklichkeit hatte die Urkirche noch einen zweiten, geistigen Gegner zu bestehen, der möglicherweise für den Fortbestand des Christentums noch gefährlicher war als Unterdrückung und Verfolgung. Auch aus diesem Grund kam es schon früh zu diesen präzisierenden Umschreibungen des Glaubens. Vermutlich sollten wir uns in diesem Zusammenhang auch vor Augen halten, daß Dogmen, richtig verstanden, nie den Anspruch erheben, das wirklich auszusagen, was Gegenstand und Inhalt des Glaubens ist. Dogmen sind vielmehr defensive Sprachmaßnahmen. Sie haben abgrenzenden, sichernden Charakter. Denn wir glauben, streng genommen, nicht an Sätze, sondern an den, den diese Sätze meinen und der durch sie zu uns spricht. So ergibt es sich zwingend aus der Einsicht in die Dialogik des Glaubens, von der eingangs die Rede war. Dann allerdings, wenn diese Abgrenzung zur Ausgrenzung wird, auch zur Ausgrenzung jener, die im Grunde dasselbe wollen, aber vielleicht nicht die gleiche Konzeption haben, dann wird es gefährlich.

Eugen Drewermann: Ich denke, es wird in dem Moment gefährlich, wo man zunächst einmal Macht erringen muß, um ein bestimmtes Sprachspiel durchsetzen zu können. Dann wird eine bestimmte Kirchenstruktur bereits zur Voraussetzung des richtigen Glaubens für die Gläubigen. Es bildet sich dann eine Form von Abhängigkeit, indem die Menschen, die Gott suchen, verwiesen werden auf bestimmte Lehrinstanzen. Die mögen subjektiv um ihre Fragwürdigkeit oder Gebrochenheit sehr wohl noch wissen; sie müssen jedoch in dem Zugzwang, Auskunft geben zu sollen im Namen Gottes, immer mehr unter den Druck geraten, sich selbst in die Richtung der Unfehlbarkeit zu manövrieren. Am schlimmsten aber: Je mehr die Theologie das Dogma zur Brücke zwischen Gott und Mensch erklärt, desto mehr zieht sich der Inhalt der Beziehung des Einzelnen zu Christus aus seinem Leben heraus und veräußerlicht sich in einer bestimmten lehrbaren, abfragbaren, hersagbaren Katechismuswahrheit. Dieser Veräußerlichung ist die Kirche im Verlauf ihrer Geschichte nicht Herr geworden. Und mich bedrückt es sehr, daß eben deshalb Tausende in der frühen Kirche bereits zunächst ausgegrenzt, später verfolgt, getötet, gefoltert, geistig und physisch vernichtet wurden.

Die Frage Jesu war konkret: Was geschieht im Leben eines Menschen? Und es waren einfache Dinge, die für ihn auf dem Spiel standen. Aber sie entschieden alles. Wie man mit dem Juden Jesus von Nazaret, auf dem Hintergrund einer völligen Verschiebung des Glaubensbegriffs, griechisch gedachte Lehrmeinungen zum Dogma ideologisieren kann, das ist mir nach wie vor schwer mitvollziehbar. Sie selbst, Herr Biser, haben in Ihrem Jesusband einmal sehr schön darauf hingewiesen, daß Martin Buber eine wichtige Unterscheidung vorgenommen hat: Der Begriff „Glaube" im Munde Jesu kann nie etwas anderes bedeutet haben als hebräisch „Emuna": eine Haltung des Vertrauens und der Gottverwiesenheit über Angst und innere Verhärtung hinweg. Glaube in diesem Sinn ist ein Aufbruch der gesamten Existenz zu einer Fähigkeit von Liebe, die sich Gott verdankt, weil sie einen anderen Maßstab für die Aktion und die Reaktion auf menschliche Probleme spiegelt. Dieser Glaube an der Seite Jesu würde uns Christen mit den Juden und, recht betrachtet, mit allen Menschen verbinden. Der Glaube aber, im Sinne eines Fürwahrhaltens bestimmter Lehrinhalte, die die Person des Jesus von Nazaret auf bestimmte dogma-

18

tische Weise beschreiben, hat schon sehr früh, spätestens in den achtziger Jahren des 1. Jahrhunderts nach Christus, die Synagoge von der Kirche getrennt und später die Kirche von allen anderen Religionen. Das große Werk der Einheit aller Menschen, nach der einfachen Frage: „Was habt ihr den geringsten meiner Schwestern und Brüder getan?", zerbricht schließlich unter einer immer weiter sich fanatisierenden Rechthaberei und Theologenherrschaft.

Michael Albus: Viele, denen das Credo noch etwas bedeutet, sagen: Ich kann verstehen, daß in der frühen Kirche, daß überhaupt in einer Gemeinschaft von Menschen das Bedürfnis nach einer Sicherung besteht, etwas zu haben, woran man sich halten kann, auf das man sich zurückziehen kann, etwas, was man bekennen kann. Was ich nicht verstehen kann, sagen die meisten, ist: Warum bringt es die Kirche nicht fertig, die zentralen Inhalte ihres Bekenntnisses in der Sprache zu verändern und unserer Zeit anzupassen?

Eugen Drewermann: Es ist nicht nur die Sprache. Lassen Sie mich an einem Beispiel veranschaulichen, was ich meine. Kürzlich habe ich den Film gesehen „Die rote Erde". Der Film geht mir sehr nah, weil ich selber aus dem Ruhrgebiet stamme und meine ganze Familie aus der Tradition von Bergleuten kommt. Ich habe mir seit Kindertagen gesagt: Alles, was ich lernen werde, auf der höheren Schule oder auch später im Studium, muß ich für meine Freunde von der Straße sagen können. Wenn ich es nicht so sagen kann, daß *die* mich verstehen, mache ich etwas ganz Entscheidendes falsch. In diesem Film „Die rote Erde" wurde gezeigt, wie ein junger Bergarbeiter mit seiner Frau zu einem von der Kirche strafversetzten Pastor geht, um irgendwie verheiratet zu werden. Er ist evangelisch, seine Frau ist katholisch. Die Ehe kann natürlich nicht geschlossen werden, es sei denn, er würde geloben, die Kinder katholisch zu erziehen. Das will er nicht. Sie aber will auch nicht auf ihre Heiligenbilder verzichten. Dann spricht der junge Mann in diesem Film in der Sprache, die ich seit Kindertagen kenne: „Nur mal so, Hochwürden, wenn es die Kirche gar nicht gäbe, was würde Gott denn sagen?"

„So kann man nicht fragen, es gibt aber die Kirche", sagt der Pfarrer und schenkt ihm noch einen Cognac ein. „Nee, noch mal, nur mal so, wenn es die Kirche gar nicht gäbe?"

Die beiden werden sich standesamtlich trauen lassen, und ihr Vater, der geneigt war, diese heidnische Form der Heirat zu verfluchen, wird seinen schönsten Rock anziehen, aus Liebe zu seiner Tochter, und sie alle werden zeigen, daß ein bißchen Menschlichkeit mehr wert ist als aller Kirchenglaube. Wer bekennt da was? Hochwürden oder ein fragender Mensch? Die Geschichte spielt übrigens um 1902, und ich frage mich, was sich in der Kirche oder auch nur im Kirchenrecht geistig geändert hat.

Eugen Biser: Mir ist die Frage nach dem Sprachspiel nach wie vor wichtig. Daß es sich bei dem, was im Credo gesagt wird, um geprägte Formen handelt, ist klar. Daß diese Formen dann um so strenger ausgespielt wurden, je stärker die Machtstrukturen ausgebildet waren, ist ebenfalls offenkundig. Es ist ja kein Zufall, daß das liturgische Credo, das als die zweite klassische Form des Glaubensbekenntnisses zu gelten hat, eine seiner wesentlichsten Prägungen durch das Konzil von Nikaia (325) gefunden hat, und zwar unter der Ägide des Kaisers Konstantin, und daß es aufgrund von machtpolitischen Eingriffen des Kaisers in die Konzilsaussagen einbezogen wurde. Das ist ganz unbestritten. Ebenso klar ist aber auch der Zusammenhang von Religion und Überzeugung. Überzeugungen aber drängen danach, ins Bild gefaßt und auf den Betriff gebracht zu werden, gerade auch, weil religiöse Überzeugungen für den gläubigen Menschen besonders kostbar sind. Sie, Herr Drewermann, betonen eigentlich mit einem jeden Ihrer Sätze den überragenden Wert des Religiösen. Daß dazu auch eine bildhafte und gedankliche Umschreibung der geglaubten Inhalte gehört, scheint mir einfach in der Natur des Menschen zu liegen. Denn wenn es um Fragen der Lebensorientierung geht, muß ich wissen, wo es langgeht, und das gilt selbstverständlich auch im Bereich des

Religiösen. Deswegen wundert es mich auch keineswegs, daß solche abgrenzenden oder, sagen wir besser, solche klarstellenden Tendenzen beim Apostel Paulus auftreten. Noch bevor irgendwelche kirchliche Machtstrukturen ausgebildet waren, hat dies bei Paulus eine Rolle gespielt. Paulus hat zwar seine Autorität wortgewaltig und energisch ausgespielt, aber er hat sich noch auf kein kirchliches Amt beziehen können, denn gerade das ist ihm ständig streitig gemacht worden. Offensichtlich hat die Tendenz der Klärung nicht unbedingt mit Machtstrukturen zu tun, sondern zuallererst einmal mit dem Interesse des Menschen, in wesentlichen Lebensfragen ein klares Bild zu gewinnen.

Aber wenn ich von Sprachspielen rede, dann beschäftigt mich noch etwas anderes: Denn hinter dem Glaubensbekenntnis steht doch eine große Frage. Da bekennt man den Glauben an einen Gott, der überhaupt nicht bewiesen ist. Mich beschäftigt schon lange dies: Warum unternimmt das Glaubensbekenntnis keinen Versuch, zunächst einmal in einer Präambel, wenn auch noch so kurz und rudimentär, zu sagen, daß es diesen Gott gibt und weswegen ein Bekenntnis *zu ihm* möglich ist? Das unterbleibt jedoch auf eine zutiefst irritierende Weise. Deutlich geworden ist mir das durch die von Karl Rahner in seinem Beitrag „Theos (Gott) im Neuen Testament" gestellte Frage, warum dieses angesichts seiner durchgängigen Absicht, zum Gottesglauben anzuleiten, nicht den geringsten Versuch unternimmt, die Existenz Gottes zu beweisen. Ich muß gestehen, daß ich über die von Rahner gebotene Lösung nicht eben glücklich bin. Doch ist im Bereich der Theologie nach meiner Überzeugung nicht nur der bedeutend, der Antworten gibt, sondern auch der, der neue Fragen stellt, und, wie ich im Blick auf Sie schon oft gesagt habe, nicht nur der, der ein Lehrgebäude errichtet, sondern auch der, der neue Erwartungen weckt.

Wenn ich jetzt wieder zurückblende auf das Glaubensbekenntnis, stelle ich folgende Hypothese auf, hinter der sich gleichzeitig eine Frage auftut: Müssen wir nicht davon ausgehen, daß dieses Glaubensbekenntnis im Grunde ein Gebet ist? Zwar nicht im Sinne unserer üblichen Gebetsformeln; doch hat es unbestreitbar seinen Platz in einem kultischen Akt. Und zu den ältesten Überlieferungen in den „Apostolischen Konstitutionen" gehört die Anweisung, daß es in einem Atemzug mit dem Vaterunser gesprochen wird. Auf das Glaubensbekenntnis des Täuflings folgt das Vaterunser, das er zudem stehend zu verrichten hat. Diese beiden Dinge können ja nicht wie Äpfel und Birnen aneinandergereiht sein, sie müssen irgendwie innerlich miteinander zu tun haben; und das heißt für mich, daß das Glaubensbekenntnis als eine, wenngleich ungewöhnliche Art von Gebet zu gelten hat.

Das Gebet aber ist wesentlich dadurch gekennzeichnet, daß es sich zunächst an einen nur vermuteten, hypothetisch angenommenen Gott wendet, daß es sich dann aber in seinem Vollzug zur Gewißheit der Existenz dieses Gottes erhebt. Im beharrlichen Vollzug des Gebets werde ich Gottes gewiß. Am Anfang steht nur der, von dem ich hoffe, daß es ihn gibt, daß er mich hört und daß er mich erhört. Aber am Schluß entläßt er mich mit einer Kundgabe seiner selbst. Kaum einmal wurde das schöner zum Ausdruck gebracht als von dem jüdischen Religionsphilosophen Martin Buber, der in seiner Schrift „Gottesfinsternis" (1953) erklärte: Gebet ist „letztlich die Bitte um Kundgabe der göttlichen Gegenwart, um das dialogische Spürbarwerden dieser Gegenwart". In diesem Sinn ist wohl kein Gebet je unerhört geblieben. Unerfüllt bleiben oft lediglich die konkreten Anliegen, in denen wir unsere Zuflucht zum Gebet nehmen. In diesem letzten, metaphysischen Sinn jedoch, nämlich Gottes innezuwerden, bleibt kein Gebet unerhört, und bestünde seine Frucht nur in jener leisen Tröstung, die auch den enttäuschten Beter immer wieder veranlaßt, sich betend an Gott zu wenden. Das gilt auch für das Glaubensbekenntnis, sofern es mir gelang, seinen Gebetscharakter glaubhaft zu machen. Wie jedes Gebet ist es dann ein Wurf ins Bodenlose, gewagt am Leitfaden der Lebensgeschichte Jesu, der wie kein anderer der Menschheit den Weg zu Gott bahnte. Wenn Buber mit seiner Deutung recht behält, werden wir aber, indem wir das Glaubensbekenntnis sprechen, des Gottes, den und zu dem wir uns bekennen, gewiß. Wenn dies zutrifft, hätten wir vermutlich eine der schwersten Hypotheken abgearbeitet, nämlich die, die ich eben in die Frage gekleidet habe: Warum sprechen wir das Glaubensbekenntnis, ohne vorher uns der Existenz des Gottes, den wir bekennen und zu dem wir uns bekennen, vergewissert zu haben?

Michael Albus: Viele fragen heute: Wie soll ich, als einfacher Mensch, eines Gottes gewiß werden mit Begriffen und Vorstellungen, die ich nicht mehr verstehe? Wieso soll ich etwas so Zentrales in Worten und in einer Sprache sagen, die ich nicht mehr begreifen kann, ohne daß ich viele Kommentarseiten dazu durcharbeite, wenn ich ihren ganzen Gehalt ausschöpfen will?

Eugen Drewermann: Zugespitzt handelt es sich um zwei Probleme: Das eine Problem ist das des historischen Abstands. Wir nötigen mit den kirchlich formulierten Glaubensbekenntnissen die Menschen, eine Sprache zu reden, die über *1500* Jahre alt ist und die nicht mehr die unsere ist. Sie hat zudem viele Anleihen bei mythischen Denkformen gemacht, die in unsere Zeit ebenfalls nicht mehr hineinpassen. Sie bedient sich außerdem eines philosophischen Rasters, das in der Denktradition der Neuzeit zunehmend ausgeschaltet wurde. Kurz, es gibt objektiv bereits genügend Gründe, um auf diese Ausdrucksform des kirchlich gebundenen Glaubens zunehmend zu verzichten.

Strukturell aber erscheint mir ein anderes Problem noch viel wichtiger. Sie sagen, glaube ich, ganz richtig, Herr Biser: Ein Glaubensbekenntnis hat, wenn man es ernst nimmt, zweierlei Wert: Es soll dem anderen eine Hilfe sein zur Orientierung, ein Leitfaden, um sich zurechtzufinden aufgrund von Vorgaben, die demjenigen, der das Bekenntnis ausspricht, in seinem Leben bereits hilfreich und erkennbar wahr geworden sind. Und es soll zudem im Grunde keine dogmatische Versicherung von etwas Feststehendem sein, sondern ein Flehen, sich zu bewahrheiten, zu bewähren, indem man darauf setzt.

Beidem steht, glaube ich, entgegen, was religiös „Gott bekennen" heißen müßte. Mir scheint, daß den anderen zu lehren, an Gott zu glauben, nicht einfacher zu erreichen ist, als indem man ihn lehrt, selber zu leben oder, noch besser, ein Liebender zu werden. Für mich ist Glauben sehr stark eine Funktion der Liebe. Und so wie ich mit einem Kind, einem Heranwachsenden oder einem Ehemann, einer Ehefrau sprechen würde, um die Hinderungsgründe auf dem Weg zu einem Vertrauen, das Liebe ermöglicht, durchzuarbeiten, so ähnlich, stelle ich mir auch vor, müßte man im Gespräch bleiben, um gemeinsam Gott zu finden. In einem solchen Gespräch über den Glauben, in dem ich der Lebensgeschichte des anderen zuhöre, werde ich selber, als jemand, der Vertrauen lehren möchte, immer stummer, werde ich bereit sein, dem anderen nachzugehen und ihn zu begleiten, bis das hörbar wird, was Gott in seinem Leben zu sagen hat. Das ist die Art, in der Jesus im Neuen Testament spricht, indem er Geschichten erzählt, Beispiele, die er selbst erlebt hat. Er spricht in seinen Gleichnissen Dinge aus, die Menschen ihm gesagt oder gezeigt haben. Wenn Glaube also irgend etwas mit „Gehorsam" zu tun hat, dann besteht dieser Gehorsam wesentlich, glaube ich, darin, daß der „Verkündende" selber hören lernt: auf den Menschen, den er zu sich selber und zu Gott führen möchte.

Wir haben also den Glauben als eine Form vor uns, in der ein Mensch beginnt, im Vertrauen sein eigenes Wesen zu finden und das zu entfalten, was Gott in ihn hineingelegt hat. Glaubensverkündigung, so verstanden, ist eine Form, sensibel zu werden und hörbereit zu sein für die eigenen Schwingungen, im persönlichen Leben wie im Leben der Menschen an unserer Seite. Entsprechendes sehe ich im Neuen Testament. Paulus kann vor Damaskus überwältigt werden durch ein Erlebnis, das ihm zeigt: Der Jude Jesus von Nazaret, den er in den Christen verfolgt hat, hat ihm selber zutiefst etwas zu sagen.

Das Problem beginnt für mich darin, wie weit es möglich ist, solche überwältigenden eigenen Erlebnisse einem anderen wirklich als Halt mitzugeben. So wie Paulus es im Galaterbrief gleich in der Einleitung schon tut – „Käme ein Engel vom Himmel und redete ein anderes Evangelium, sei er verflucht" –, ist mir die Gefahr nie aus dem Sinn gegangen, daß Paulus bei dieser Art, christlicher Lehrer zu werden, an religionspsychologischem Fanatismus nicht weniger aufbringt als in der Vorzeit, da er als Pharisäer zum Verfolger der Christen wurde.

Seit den Tagen des Paulus bis heute scheint es zwei unterschiedliche Verstehensformen des Glaubens zu geben: Bedeutet Glauben, daß wir im Rahmen einer Tradition aus der Vergangenheit an die Menschen eine bestimmte Überzeugung heranschieben könnten, möglichst in einer exakt formulierbaren fertigen Form, um sie darin einzupassen? Oder besteht Glauben darin, daß wir gemeinsam lernen, bestimmte Erfahrungen, die im Leben Jesu gewachsen und durch ihn, den Juden von Nazaret, ermöglicht wurden, zu wiederholen? Das ist, glaube ich, das Kernproblem aller kirchlichen „Glaubensbekenntnisse". Ich möchte es einmal zugespitzt formulieren: Schleiermacher hat einmal gesagt, ein gläubiger Mensch liest nicht die Bibel und er braucht nicht die Bibel, er ist die Bibel selber. Das ist sehr radikal gesagt, so weit würde ich selber nicht gehen. Aber das Problem scheint mir richtig aufgezeigt zu sein.

Ich möchte noch einmal auf den religionsgeschichtlichen Aspekt kommen, auf die Abwehr der Gnosis. Sie sagen mit Recht, für die kirchengeschichtliche Dogmenentfaltung war die Gnosis eine große Gefahr des Verlustes der Selbstidentität. Mir scheint aber, es wurden damals schon mit der Verurteilung der Gnosis eine ganze Reihe wichtiger Anliegen und Erfahrungen ausgeklammert, deren wir heute dringend bedürften. Wie immer wir jetzt die Gnosis im einzelnen beschreiben – selbst in der Karikatur, die Tertullian ihr entgegenhält, scheinen Momente auf, nach denen wir heute in der kirchlichen Praxis uns nur sehnen könnten. Da wurden Kinder zum Gottesdienst zugelassen ohne lange Katechismusunterrichte, da durften Frauen offen ihr Wort erheben in der Gemeinde, da wurde Religion wesentlich verstanden als eine Therapieform der Seele, da erwartete man vom Christusbekenntnis, daß es bis zur Grenze des Heilmachenden erlebbar wurde. Das alles kann gewiß auch dazu führen, daß Gott und Mensch völlig identisch gesetzt werden und daß der Glaube an Gott identifiziert wird mit dem gesamten Seelendrama des Zu-sich-selber-kommens. Dennoch scheint mir mit der Verurteilung der Gnosis damals vieles Richtige ausgeschlossen worden zu sein, das gerade darin bestand, niemals, wie wir heute sagen würden, entfernt von der Existenz und von der Frage der lebendigen Bedeutung uns auf Gott zu beziehen.

Dann scheint mir ein biblisches Beispiel sehr wichtig. Gefragt, ob es eine Auferstehung von den Toten gibt, im 12. Kapitel des Markus, antwortet Jesus einmal mit einem einfachen Hinweis: „Habt ihr nie gelesen in den Schriften, daß Gott ist der Vater Abrahams, Isaaks und Jakobs? Gott ist ein Gott der Lebenden, nicht der Toten also", fügt er hinzu und will damit doch offensichtlich sagen: Jedes Sprechen in der Vergangenheit von Gott, jede Erfahrung, die einmal war und sich heute so nicht wiederholen läßt, erreicht Gott nicht. Der Gott am brennenden Dornbusch kann auf die Frage: „Wer bist du?" im Munde des Mose nicht anders antworten, als wie Martin Buber übersetzt: „Ich bin da, als der ich da sein werde." Das heißt: Kein Wissen von früher beantwortet die Frage, wie ich heute Gott begegnen werde.
Nur ein Bekenntnis, das diesen Horizont einer ständig ungeschützten, aber suchenden, offenen Existenzerwartung ermöglicht, wird dem, was Jesus im Erbe Israels wollte, gerecht. Da sehe ich den eigentlichen Bruch – bis heute – zwischen der Kirche und der Synagoge, zwischen dem Glaubensbegriff Jesu und dem Glaubensbegriff des Paulus, zwischen dem Erbe der Gottesoffenbarung in der Bibel und dem, was im Kirchendogma daraus geworden ist.

Eugen Biser: Was Paulus anbelangt, da müßten wir noch einmal nachfassen, denn so ganz polarisieren möchte ich ihn nicht, obwohl ich natürlich keineswegs verkenne, daß Paulus ein Mann mit Widerhaken und Schärfen war. Aber wenn er nur das gewesen wäre, was Sie ihm jetzt angelastet haben, dann wäre mir sein ungeheurer Missionserfolg nicht vorstellbar. Den konnte er nur erreichen, weil er in eine Welt voller Verzweiflung und voller Ängste eine Hoffnung hineingetragen hat und sicher auch das, was für die Hoffnung Lebensferment ist, nämlich die Liebe.

Ich möchte in diesem Zusammenhang zunächst ganz persönlich antworten. Ich habe immer gesagt, Eugen Drewermann hat seinen Kritikern etwas Entscheidendes voraus. Sie werfen ihm vor, die Historizität nicht genug zu gewichten, zumindest nicht ernst genug zu nehmen, und sie erwecken damit den Eindruck, daß erst der ein vollwertiger Christ ist, der vor allen Dingen auf das, was vor annähernd zweitausend Jahren heilsgeschichtlich geschehen ist, Bezug nimmt. Aber Drewermann erscheint mir einer der wenigen Theologen zu sein, die von der präsentischen Erfahrung des Heils ausgehen. Und das ist genau das, was auch die Urkirche, zusammen mit Paulus, beseelte. Der urchristliche Ruf „Maranata" wird in der Regel futurisch interpretiert: als eine Anrufung des Herrn zur Wiederkunft. Aber das ist eine, wie mir scheint, einseitige Interpretation. Was diese kleine Gruppe von Menschen, die oft in größter Bedrängnis lebten, brauchte, war eine gegenwärtige Hilfe. Und in ihren Maranata-Rufen kam das Bewußtsein zum Ausdruck: Der Herr ist wirklich da, zwar nicht mehr greifbar wie einst am See Genesaret, aber er ist mit seiner inspirierenden, mit seiner lebenerweckenden, mit seiner Hoffnung erzeugenden Kraft mitten unter uns; und wir dürfen uns auf ihn verlassen.

Doch zurück zu Ihrer Bemerkung hinsichtlich des Glaubens; denn da kam doch etwas ganz Wichtiges zum Tragen. Wir haben bisher noch nicht darüber gesprochen, daß das Glaubensbekenntnis meistens in der Gemeinschaft gesprochen wird. Es hat seinen Ort nicht nur, wie vorhin gesagt, in der Tauffeier, die ja auch nicht nur zwischen Presbyter, Diakon und Täufling, sondern in einer größeren Gemeinschaft erlebt worden ist, sondern vor allem in der Eucharistiefeier, beim Herrenmahl. Und insofern fühlte ich mich außerordentlich angesprochen, als Sie davon sprachen, daß das Glaubensbekenntnis einen Sitz auch im Gespräch von wahrheitssuchenden Menschen habe und daß man im Gespräch sich gegenseitig zu stützen, sich gegenseitig im Glauben zu fördern, sich gegenseitig Glaubensgewißheit zuzusprechen vermag. Das ist mir eine sehr wichtige Bemerkung gewesen, auf die ich nicht mehr verzichten möchte. Das heißt ja: das Glaubensbekenntnis ist etwas durchweg Dialogisches. Und zwar nicht nur ein Dialog mit dem Gott, zu dem wir uns bekennen, sondern auch mit dem Mitglaubenden, der durch sein eigenes Bekenntnis mein Bekenntnis bestätigt und stützt, der aber auch von mir meinerseits durch mein Bekenntnis gestützt wird.

Noch einen weiteren Gedanken möchte ich hinzufügen, der die einseitige Ausgestaltung des Glaubens betrifft und auf deren Korrektur abzielt. Zweifellos eignet dem Glauben, wie vorhin bemerkt, ein Zug zur definierenden Umschreibung seiner Inhalte. Doch ist das nur die eine Seite. Was durch Eugen Drewermann deutlich wird, sind jedoch zwei weitere, bisher kaum berücksichtigte, aber gerade für den heutigen Glaubensvollzug sehr wichtige Aspekte: einmal die existentielle Seite des Glaubens, also das, was man die Selbstfindung des Menschen durch den Glauben nennen könnte; dann aber auch die Kreativität des Glaubens. Bei uns herrschte bisher fast nur ein rezeptives Glaubenskonzept. Glaube war eine Entgegennahme dessen, was die Kirche gelehrt hat, und wenn man noch tiefer greift, dessen, was durch Gott in Jesus Christus der Welt mitgeteilt worden ist. Der Mensch war nur in die Situation versetzt, dies demütig und gehorsam entgegenzunehmen – reine Rezeptivität. Doch das ist nur die eine Seite der Medaille. Ich denke, Ihre große Innovation im Glaubensverständnis der Gegenwart ist, daß Sie die bisher verkümmerten oder überhaupt nicht zur Kenntnis genommenen schöpferischen Dimensionen des Glaubens mit großem Nachdruck angesprochen haben. Ihre Bücher sind ja eigentlich eine einzige Dokumentation dieser anderen, kreativen Seite des Glaubens.

Und noch eine letzte Bemerkung: Sie haben eingangs auf das Liebesgebot Jesu Bezug genommen: „Du sollst den Herrn, deinen Gott lieben aus deinem ganzen Herzen, aus deiner ganzen Seele und aus allen deinen Kräften." Ich bin sicher in Übereinstimmung mit Ihnen, wenn ich behaupte: Das könnte man genauso vom Glauben sagen. Glaube ist eben nicht die Angelegenheit eines intellektuellen Festhaltens. Martin Buber hat uns mit aller Deutlichkeit gesagt: Das ist eine verkümmerte Glaubensform, die unter dem Glauben nur das Festhalten von fixierten Sätzen versteht. Glaube ist mehr; wenn man das aber schon einmal so gesehen hat, wird man vermutlich auch folgenden Zusatz machen können: Glaube ist genau wie die Liebe eine Leistung, ein Akt des ganzen Menschen mit ganzer Seele, mit allen Kräften, auch mit den Kräften des Herzens, auch mit den Kräften der Phantasie, auch mit den Kräften der Kreativität. Und das ist doch eine sehr bedenkenswerte Auskunft auf die Frage: Müssen wir diese Formen unbedingt so festhalten, wie sie tradiert worden sind? Gibt es nicht auch die Möglichkeit einer neuen, den menschlichen Sehnsüchten und Sinnerwartungen mehr entgegenkommenden Umschreibung dieser Inhalte? Wenn erst einmal die Einsicht in den Existenzbezug und die Kreativität des Glaubens zum Gemeinbesitz würde, wäre meiner Überzeugung nach auch eine Brücke zur positiven Beantwortung dieser Frage geschlagen.

Michael Albus: Mir scheint die Kirche eigenartig kraftlos zu sein, eine sprachliche Umprägung vorzunehmen. Sie kann es vielleicht auch deswegen nicht, weil sie den Menschen von heute viel zuwenig kennt.

Eugen Drewermann: So lieb Sie das meinen und so richtig es mir scheint, Herr Biser – sogar das, was Sie jetzt sagen, macht fast mundtot. Denn es ist so wahr, und es sollte so sehr genau so sein, wie Sie es aussprechen: Glaube müßte Ergriffensein des ganzen Menschen, des ganzen Herzens sein, nicht weniger als die Liebe, sondern noch mehr, weil die Menschen, die wir lieben, sterblich sind, und weil die Kraft, einen Menschen in seiner Endlichkeit, Fehlerhaftigkeit, Müdigkeit zu tragen und oft zu ertragen, selbst schon so viel voraussetzt an Vertrauen auf eine andere Welt, in der wir endgültig gemeinsam sind. Das alles glaube ich mit Ihnen. Trotzdem sprechen wir, glaube ich, von ganz verschiedenen Wirklichkeiten, und mir scheint, daß die Kirche die Dinge so auf den

Kopf gestellt hat, daß sie nicht mehr zusammenkommen. Es wird im Kirchenglauben nicht mehr ausgegangen von der lebendigen Erfahrung, die ihren Ausdruck dann in bestimmten Symbolen oder Sprachspielen findet, die probeweise in Dialog und gemeinsamem Gebet und liebender Begegnung dem anderen vermittelt werden. Das ist nicht die Wirklichkeit, die wir seit Hunderten von Ketzerprozessen und Grausamkeiten in der Kirchengeschichte bis in die heutigen Tage hinein erleben. Sondern was wir sehen, ist ein kirchliches Lehramt, das sich bestimmter Sätze bedient, und eine Theologenschaft im Amte zur theologischen Absicherung, um schon die Neuansätze des Suchens aus ihren Grenzen herauszudrücken.

Es gibt, solange ich mich mit Theologie beschäftige, kein Beispiel, das mir schlimmer wäre als die Beinahe-Verurteilung von Reinhold Schneider und die längst ergangene Verurteilung eines so überzeugenden Gottsuchers wie Miguel de Unamuno. Wie kann ein katholisches Lehramt glaubwürdig sein, das es fertigbekommt, einen Menschen aus dem Christentum auszuschließen, nur weil er sagte, ich finde Gott nicht gradlinig, diese Welt ist so verzweifelt tragisch, ich möchte an Gott glauben, aber ich weiß ja nicht einmal, ob die Sehnsucht nach Gott ein Beweis ist für Gott oder nur für meine eigene Bedürftigkeit? Wenn es möglich ist, daß die Kirche einen Mann solchen Ringens wie Miguel de Unamuno ausschließt, dann zeigt mir dies, daß das kirchliche Lehramt nicht das Suchen, nicht das Fragen, nicht die Dialogbereitschaft, nicht die Offenheit auf Gott hin wünscht, anregt, intendiert, sondern mit allen zur Verfügung stehenden Mitteln der Rechthaberei unterdrückt.

So gut wie alle Innovationsversuche, die immer wieder im Verlauf der Kirchengeschichte der Neuzeit, von der Aufklärung bis heute, gemacht wurden, sind mit dem Druck der Macht, die weiß, was Gott gesagt hat, ausgeschaltet worden. Ich denke an den Prozeß gegen Loisy, ich denke daran, daß ein Mann wie Tyrell nicht einmal kirchlich beerdigt werden konnte. Diese Leute fühlten sich subjektiv vollkommen unschuldig. Sie hatten nichts begangen. Sie glaubten, dem Jesus von Nazaret näher gekommen zu sein, und hatten lediglich an die Kirche eine ganze Reihe von offenen Fragen. Schon das genügte, um sie als unliebsam herauszudrücken im Namen des Dogmas. Vom Glauben war sehr laut die Rede, von der Hoffnung leise, und die Liebe stand in allen Jahrhunderten fast schweigend und verstummt daneben. Ich glaube, wir müßten umgekehrt beginnen, um zu tun, was Jesus wollte.

Konkret gesprochen: Mir scheint, daß die Kirche deswegen sehr kraftlos geworden ist, weil sie seit Jahrhunderten den Eltern, den Religionslehrern, den Freunden an unserer Seite die Worte weggenommen hat, mit denen wir von Gott ein bißchen glaubwürdig reden könnten. Wir dürfen im Rahmen der kirchlichen Orthodoxie eben nicht anknüpfen an die ganz unmittelbar auf den Nägeln brennenden Erfahrungen beim Zeitunglesen morgens: Was ist das mit der Vernichtung der Umwelt, was ist das mit den Hungerkatastrophen, was ist mit dem Sadismus des Krieges, wo in dieser Welt erscheint uns da Gott? Wir haben auszugehen von einer fertigen Lehre, die die Kirche rituell und dogmatisch verwaltet und die dann von oben herunter, wie Regen aus den Wolken, das ausgedörrte Land befruchten soll. Da wächst von unten her nichts. Natürlich nicht; denn es geht nicht aus von den Problemen, sondern es ist eine fertige Lehre. Ganz ähnlich, wie Sie eben sagten: Paulus hat hineingesprochen, ganz sicher, in ein Vakuum des religiösen Suchens des damaligen Kleinasiens in seiner Missionstätigkeit. Aber mir scheint es bedenklich: er glaubte persönlich eine fertige Antwort auf all diese Not zu haben.

Ich hatte dieser Tage eine Gruppe von evangelischen Krankenhausseelsorgern bei mir, die Gesprächsübungen in ihrer Tätigkeit in der Supervision durchgehen wollten. Da sagte ein Pfarrer bei der Vorstellung seines Protokolls, daß er mit einem Sterbenskranken den Psalm 23 gebetet habe. Der Mann habe seine Hand ergriffen, geweint, und der Pfarrer sagte, er habe ihn getröstet zurückgelassen. Für ihn, für den Pfarrer, war dies eine gelungene Form seiner pastoralen Tätigkeit. Es hat eine Weile gedauert, bis in dem Kreis die Frage entstand: Was ist denn hier jetzt passiert, psychologisch, menschlich? Der Pfarrer hat nicht von seiner Angst erzählt, die ihn schon beschlich, als er hörte, er muß jetzt zu einem Todkranken. Darf er dem Kranken überhaupt den Ernst seines Zustandes mitteilen? Bestimmt wird er gefragt werden: Muß ich sterben, Herr Pfarrer? Und wie jetzt? Soll ich den Kranken belügen oder ihm die Wahrheit sagen? Vor all dem zittert er, der Pastor, selbst; und es zeigte sich, daß seine Art des Gottvertrauens darin bestand, Zuflucht zu nehmen in eine fertige Formel. In der Formel hatte er seine Berufsidentität, seine Glaubensvergewisserung, damit hatte er Erfahrung seit Kinder- und Konfirmationstagen. Und er glaubte jetzt: Es wird auch dem Kranken helfen, diese Formel, in der er groß geworden ist, die ihm dienstbar war, zu sprechen. Die anderen sagten darauf ganz richtig: Weißt du denn überhaupt, ob dieser Mann mit dem Psalm 23 etwas anfangen kann? Hat er dich gebeten, daß du mit ihm beten sollst? Und vor allem, du kennst ihn gar nicht, du weißt von seinem Leben überhaupt nichts. Vielleicht hast du die letzte Möglichkeit verpaßt, herauszufinden, was Gott im Leben dieses Mannes zu sagen hatte, und ihn daran gehindert, es selber zu hören.

Was heißt also Glauben verkünden? Das fertig Vorgegebene, und sei es ein Gebet, weiterzusagen? Oder soviel Geduld zu haben, soviel Begleitung und auch Hilflosigkeit einzusetzen, bis ein Mensch unter Tränen, unter Ausbruch seiner Verzweiflung in dem Ringen, gar nichts mehr zu sehen vor den Augen als ein dunkles Loch, vielleicht dahinter ein Stück von Gott spürt? Dann ist der Weg zum gemeinsamen Gebet unheimlich lang, und wir wissen gar nicht, ob wir noch genug Zeit haben, dahin zu kommen. Wir müssen da buchstäblich, wie Jesus in Getsemani, alles in die Hände Gottes geben, was jetzt wird. Aber wir haben dieses Vertrauen, das wir mitbringen können, von Jesus her: Gott meint jeden, auch diesen Sterbenden. Alles aber, was Gott uns hier zu sagen hat, muß er uns aus dem Munde dieses Mannes, dieser Frau sagen. Wir können das vorweg nicht wissen. Glauben hieße, so verstanden, konkret, zur Sprache zu bringen, was sich in einem fremden Leben mitteilen könnte. Nichts von alldem läßt sich verallgemeinern, satzhaft abstrahieren, entpersonalisieren, intellektualisieren und am allerwenigsten lehramtlich vorschreiben. All das ist ganz schwebend, sehr fein und immer darauf vorbereitet, daß ich an dem Menschen, mit dem ich zu tun habe, noch einmal ganz neu lerne, was schon so klar zu sein schien: daß Gott uns rettet aus dem Tod oder daß es Hoffnung gibt über die Verzweiflung hinweg, oder Vergebung von Schuld, die objektiv gar nicht mehr gutzumachen ist, oder was immer im Gespräch mit einem solchen Menschen auftaucht, oder nur noch Leere, Müdigkeit und Resignation: selbst *die* anzunehmen, an der Seite des anderen, kann ein Akt des Glaubens sein. In jedem Falle möchte ich, daß wir nicht im Abstand von 2000 Jahren zu reden beginnen, sondern so unverstellt wie Jesus von dem Umfeld her, in dem wir konkret heute stehen. Er sprach von der Frau, wie sie Brot bäckt, von den Fischern am See, und auch wir müßten Geschichten erzählen, die den Menschen nahekommen, aus dem Erfahrungsraum, der ihnen bekannt ist.

Wir haben nur diesen einen Weg heute: daß wir ein ganzes Kaleidoskop von Symbolen rückübersetzen in eine meditative, poetische Sprache, um sie aufzulösen. Dann hätten wir die Verbindung zu dem Erbe, das auch mir existentiell reich und groß zu sein scheint, aber gefährlich in seiner dogmatischen Verhärtung. Erst wenn wir diese beseitigen, nähern wir uns wieder dem Auftrag von Kreativität und Phantasie, um den Sie ringen.

Eugen Biser: Wenn ich zunächst etwas ironisch, im Grunde aber doch ernsthaft anknüpfen darf: Vom Brotbacken und vom Fischfangen heute zu erzählen, das wird wohl nicht mehr weit führen, weil besonders für junge Menschen weder das eine noch das andere zum unmittelbaren Erfahrungspotential gehört. Warum nicht besser vom Mopedfahren reden? Das wäre für mich eine sehr konkrete Anknüpfung, weil ich nämlich gestern beinahe von einem von mir nicht beachteten Auto überfahren worden bin. Warum also nicht von der Disco reden oder vom Computer oder vom Motorrad, was ungefähr dem gleichkäme, was in der Sprache der Bibel der Fischfang und das Brotbacken ausmacht?

Ich glaube, jetzt kommt langsam ein sehr wesentlicher Differenzpunkt zum Tragen, der mir schon zu Beginn Ihrer Ausführungen aufgefallen ist. Vieles, was Sie vom Lehramt der Kirche sagen, kann ich durchaus verstehen, denn ich spreche mit einem tief Verletzten, der die nun wirklich harte Seite des Lehramtes deutlicher zu spüren bekam als irgendeiner der von solchen Maßnahmen Verschonten. Selbstverständlich läßt das eine Optik entstehen, die im Lehramt nur noch ein Instrument der Repression erkennen läßt; und ich will nicht leugnen, daß das Lehramt in diesem Sinne über Jahrhunderte hinweg auch immer wieder agiert hat. Die Reihe der Opfer, die Sie aufgezählt haben, kann man beliebig verlängern. Ich war eine Zeitlang auf dem Lehrstuhl des unvergessenen Herman Schell in Würzburg, der dasselbe traurige Schicksal erlitt. Und wenn Sie vorhin schon von einem gesprochen haben, der eigentlich nur zufällig dem Zugriff entgangen ist, dann nenne ich in diesem Zusammenhang auch Romano Guardini. Er konnte angesichts der damaligen Verhältnisse nur von Glück reden, daß es ihm nicht ähnlich wie Herman Schell erging. Doch in diesem Zusammenhang nun doch noch eine Bemerkung, die das Verhalten des von Ihnen erwähnten Geistlichen am Sterbebett betrifft.

Sie meinten, er wäre besser beraten gewesen, wenn er dem ihm unbekannten Patienten die eigene Todesangst eingestanden und so mit ihm in den Abgrund seiner Seelennot hinabgestiegen wäre, etwa im Blick auf die Ölbergszene des Evangeliums und auf das, was sie über die von Jesus ausgestandene Todesangst berichtet. Statt dessen hat er den 23. Psalm vorgebetet und das in Form eines seelsorgerlichen Vabanquespiels; denn er wußte ja weder, ob der Mann fromm ist noch ob er mit den Worten: „Der Herr ist mein Hirt; und führst du mich auch durch dunkle Schlucht, ich fürchte kein Unheil, weil du bei mir bist" überhaupt einen Sinn verbinden konnte. Doch dieser Psalm ist in der Christenheit zum Symbol des guten Hirten geworden, das schon im Evangelium eine zentrale Rolle spielt, besonders in der johanneischen Version, und dort gepaart mit dem Gedanken: „Ich gebe mein Leben für meine Schafe", so daß es als ausgesprochenes Rettungssymbol erscheint. Wenn ich Eugen Drewermann wäre, würde ich meinen, daß dem Sterbenden damit zur Erweckung eines Ursymbols verholfen wurde, das Ihrem Ansatz zufolge auch in seiner Seele schlummerte und gerade in der Todesstunde auf seine Wiedererweckung wartete. Ich verschließe mich Ihrem Einwand nicht; halte aber das Verhalten des Geistlichen dennoch für sinnvoll und hilfreich.

Eugen Drewermann: Ich glaube, daß wir es jetzt auf den Punkt bringen. Mir scheint das Bild vom Guten Hirten sehr vertraut und wichtig. Es taucht ja auch außerhalb des Christentums, im alten Ägypten schon auf, und sogar die römischen Kaiser nannten sich gute Hirten. Wesentlich ist folgende Frage: Bedeutet Glauben zu vermitteln, ein bestimmtes Symbol, das wir kennen, von außen her an eine bestimmte Not heranzutragen? Oder bedeutet es auch, das Vertrauen mitzubringen, daß Gott eigentlich in der Seele eines anderen Menschen genügend angelegt hat, was hilfreich ist, und es käme jetzt nur noch darauf an, es in dem anderen selber zu erwekken? Wir müssen dann Gott selber überlassen, was jetzt geschieht, wir können es nicht von außen gewaltsam arrangieren. Gesetzt, der andere möchte gerade dies verstärkt sehen, das Fünkchen Hoffnung, das im Wort Gottes aufleuchtet – Gott wird ihm helfen, auch über den drohenden Krebstod –, dann erscheint es auch in meinem Sinn, schon aus rein menschlichen Gründen, richtig und notwendig zu sein, so zu tun. Eine große Scheu aber habe ich vor einem Glaubensbegriff, der darin besteht, die eigene Echtheit zu verlieren und eine Fluchtzone zu eröffnen, die im Grunde in der eigenen kindheitlichen Sozialisationsgeschichte liegt und dem anderen wiederum als ein Instrument der Entfremdung begegnen muß. Er hat bei einer solchen Form der Verkündigung keine Chance, zu sich zu kommen. – An diesem kleinen Beispiel wollte ich verdeutlichen, was in der Religionskritik im 19. und 20. Jahrhundert immer wieder auftaucht: Der Vorwurf, in diesem Sinn ein Gläubiger zu werden, heißt das Leben auszuschließen, heißt innerlich entfremdet zu sein, heißt weisungsabhängig zu werden, heißt den Innenraum der persönlichsten Erfahrung gestohlen zu bekommen: durch ein Vorwissen, das mit mir nichts mehr zu tun hat. Es liegt eine größere Ehrlichkeit darin, hilflos zu sein, wie die Freunde Ijobs, die mindestens eine Woche lang schweigend Vorwurf über Vorwurf hören konnten; ihr Fehler war es, in den Augen Gottes sogar, am Ende aus lauter Ungeduld den alten Gott wiederverkündet zu haben. Wir sind, wenn wir die Bibel als ein vorgegebenes Buch lesen, in keiner besseren Lage als die Leute, die da beschrieben werden. Die Bibel ist kein Medikamentenschrank für alle Fälle. Sie ist eine bestimmte Beschreibung, ungeschützt ins Leben zu gehen mit einem Vertrauen, das sich nie erklären läßt. Ich bin Ihnen sehr dankbar, Herr Biser, wenn Sie sagen, alle Bekenntnisse zu Gott seien im Grunde nichts weiter als ein suchendes gemeinsames Bitten, es möge wahr sein, worauf wir da hoffen.

Das Wesen des Christentums – Religion – Kirche

Eugen Biser: Sie meinen, Religion, vor allen Dingen auch Glaubensformen hätten allenfalls den Sinn, etwas zu erwecken, was, ich zitiere Sie jetzt wörtlich, „von Gott als heilbringend und rettend bereits in die Seele hineingelegt ist".

Ich möchte dem zwei Dinge entgegenhalten. Das erste ist noch etwas Relatives, das zweite ist eine Grundüberzeugung von mir. Zunächst eine Bemerkung zu Ihrem Verständnis des Menschen, das mir gleichzeitig als sehr alt und sehr modern vorkommt. „Alt" ist Ihr Menschenbild, sofern es sich mit der antiken und bis in die Neuzeit hinein tradierten Mikrokosmosvorstellung berührt. Danach kann dem Menschen im Grunde nichts beigebracht werden, weil er den ganzen Reichtum der Seinsmöglichkeiten bereits in sich trägt, weil er selbst die Welt in Form eines individuellen „Abrisses" ist. Hierin vermute ich die Wurzel des neuzeitlichen Autonomiegedankens und der Ansicht, daß der Mensch als Wesen der Selbstsetzung und Kreativität alles aus sich freizusetzen vermag.

Dem steht nun aber eine Grunderfahrung des neuzeitlichen Bewußtseins entgegen, die gerade im modernen Denken zum Zug kommt. Und damit berühre ich nun auch die ausgesprochen modernen Komponenten Ihres Menschenbildes. Denn so reich, wie bisher angenommen wurde, sind wir eben nicht. Vielmehr müssen wir uns im Rapport mit Umwelt und Mitmensch zu dem führen und bewegen lassen, was wir als das Wichtigste und Kostbarste des Daseins empfinden. Als Menschen sind wir Wesen des Dialogs, der gegenseitigen Beeinflussung und Interaktion. Diesem Zusammenspiel verdanken wir Wort und Liebe und in beidem, jetzt wieder mit Martin Buber gesprochen, das „Himmelsbrot" unseres Selbstseins. Mit dem größeren Reichtum unseres Lebens müssen wir uns somit beschenken lassen. Nur im Umgang mit anderen erleben wir Verständnis, Sympathie und Bestätigung. Die Entdeckung dieser „dialogischen Vorgegebenheiten" rechne ich zu den wichtigsten Erkenntnissen unserer Zeit.

Aber noch wichtiger ist mir das andere, das ich als meine Grundüberzeugung bezeichne und wo ich nun eine fundamentale Differenz zu Ihnen vermute. Nämlich daß durch das Christentum und – sagen wir es personalistisch – durch Jesus nur das freigesetzt worden ist, was bereits im Arsenal des Grundbesitzes der religiösen Menschheit vorhanden war. Es war zum Teil verschüttet, es war versteinert. Er hat es aufgebrochen, er hat es erweckt oder, wie Sie mit einem Ihrer Lieblingsausdrücke sagen, „zum Fließen" gebracht. Das gefällt mir außerordentlich. Aber ich denke, das ist noch nicht das Wesen des Christentums. Sie haben vorhin von Paulus etwas gesagt, was ich nur voll bestätigen kann. Ihm wurde deutlich, daß dieser von ihm ursprünglich gehaßte und verachtete Jesus von Nazaret zu etwas ihm Innerlichen geworden ist. Ich gehe noch einen kleinen Schritt weiter und sage: Das Damaskuserlebnis des Paulus bestand darin, daß Jesus für ihn zum Lebensinhalt geworden ist, und zwar in einem ganz konkreten, ganz realen Sinn. Nicht so, daß er durch die Begegnung mit Jesus erst zu sich selbst erweckt worden wäre, natürlich das auch; denn anders ist der Vorgang gar nicht denkbar. Sondern so, daß wirklich etwas noch nicht Dagewesenes in seine Seele Einzug hielt. Mir kommt der fanatische Paulus, den es ganz gewiß auch noch nach seiner Bekehrung gegeben hat, aber der vorher dominant gewesen sein muß, wie ein leeres Gefäß vor, das gleichsam danach geschrien hat, mit einem Inhalt erfüllt zu werden. Sie haben in Ihrem Buch über die „Botschaft der Frauen" den wunderbaren Satz geprägt: Maria ist die Frau, die mehr als jeder andere Mensch *für* Jesus lebte; Maria von Magdala ist die Frau, die mehr als jeder andere Mensch *durch* Jesus lebte. Was Sie von Maria von Magdala sagen, das möchte ich mit Nachdruck auch von Paulus behaupten: Er ist das Paradigma eines Menschen, der durch Jesus lebte. Und mir scheint, das ist der Differenzpunkt, von dem ich nur hoffen kann, daß wir uns darin noch ein paar Schritte näher kommen.

Eugen Drewermann: Ich glaube, diese Nähe besteht. Auseinander sind wir sehr stark in der Beurteilung der Realität. Ich unterstreiche mit Ihnen, daß Sie sagen: Glauben, Glaubensverkündigung ist ein unbedingt dialogisches Geschehen. Anders kann auch ich es mir nicht vorstellen. Mein Problem ist, daß ich in der kirchlichen Dogmatik eine Art Gesprächsverweigerung erkenne, eine lehramtliche Form des Monologs von oben nach unten, eine Zwangseinweisung der Menschen in das Vorgegebene. Wenn wirklich Dialog sein soll, dann muß hier derjenige, der verkünden will, selber sich auch beschenken lassen durch den anderen. Dann gibt es nicht die Situation, daß ich vor dem anderen stehe als ein wissender fertiger Mensch und ihm jetzt das Entscheidende seines Lebens sagen könnte, sondern es gilt ganz streng das Jesuswort aus dem 23. Kapitel des Matthäus: „Laßt euch nicht Lehrer nennen, sondern ein einziger sei euer Lehrer, der im Himmel ist."

Eugen Biser: Darüber brauchen wir uns im Grunde gar nicht auseinanderzusetzen. Ich habe schon seit langen Jahren das Phänomen der einseitigen Kanalisierung im Informationsstrom der Kirche angesprochen und angeprangert. Ich sage immer wieder, und ich denke, es ist eine Binsenwahrheit: Wenn die Kirche im Sinne dieses Modells, also von oben nach unten, zu ihren Gläubigen spricht, muß es doch in ihrem elementaren Interesse liegen, zu erfahren, wie ihr Wort ankommt. Ob es auf freudige und dankbare Zustimmung stößt oder vielleicht auf Bedenken, auf Skepsis, auf Einwände, auf Widerspruch. Das gehört zum Dialog. Auch wir leben ja von Spruch und Widerspruch in diesem ganzen Gespräch, und anders kann dieses Gespräch auch gar nicht fortschreiten. Insofern bräuchten wir diese Diskussion nicht mehr zu vertiefen.

Eugen Drewermann: Ich glaube, tiefer noch, daß die Kirche zu ihrem Selbsterhalt hören müßte, wie die eigene Art der Verkündigung von den Menschen aufgenommen wird. Ich sehe freilich nicht, daß sie sich dafür interessiert. Sie steht heute einer Situation gegenüber, wo etwa vier Fünftel, etwa 80 Prozent der Menschen in der Öffentlichkeit, der Kirche mehr oder minder fernstehen. Das bewegt sie erkennbar nicht zu irgendeiner Kursänderung. Ganz im Gegenteil.

Vor einer Weile schrieb ein Vikar an seinen Bischof, was er denn machen solle, zum Beispiel in der simplen Frage der Wiederverheiratung Geschiedener? Er könne das so nicht mehr vertreten, wie die Kirche es vorgebe und wie es jetzt auch im neuen Weltkatechismus wieder steht. Die Leute gingen einfach weg von dieser Kirche. Da sagt ihm sein Bischof: „Und wenn es nur fünf Gerechte gäbe ..." Er zitiert also das Wort Gottes an Abraham angesichts des untergehenden Sodoms. Die Kirche hat im Sinne dieses Bischofs ganz offensichtlich eine fertige Wahrheit, die durch den Massenexodus der Menschen nicht nur überhaupt nicht in Frage gestellt wird, ganz im Gegenteil: Sie bewahrheitet sich gerade im Entscheidungskern der „Treuen", die noch bleiben werden. Das ist die Optik der Kirche, der wir uns in der Realität gegenüber sehen. Da ist von Dialog keine Rede. Von oben nach unten werden fertige Sprachspiele im Gefälle der Macht heruntergedrückt und aus der Vergangenheit, aus der Tradition in die Gegenwart hineingeschoben. Daß Gott ein Gott der eröffnenden Zukunft ist, Gebetsinhalt des Maranata, davon ist keine Rede. Die Rede ist nur davon, daß der Gott, der gestern war, auch heute und morgen so zu sein hat. Das ist die Überzeugung, an der die Amtsträger dieser Kirche festhalten.

Noch deutlicher: Wenn es denn schon feststeht, daß Leute von der Integrität eines Romano Guardini Glück gehabt haben mußten, um in dieser Kirche zu bleiben, folgt daraus nicht für die Mehrheit der Denkenden längst, daß wir damit aufhören sollten, unser Leben von dieser Kirche noch genehmigungspflichtig zu machen? Dann ist doch das Gottvertrauen offensichtlich die Grundlage des Lebens – die Mitgliedschaft in einer solchen Kirche aber ist das Akzidentelle. Eine solche Mitgliedschaft kann sein, wenn die Schicksalsgunst es so erlaubt, aber sie muß nicht sein vor Gott. Und dann bin ich wieder bei der Einfachheit des Mannes aus dem erwähnten Film „Die rote Erde": „Nur mal so, wenn es gar keine Kirche gäbe …", hätten wir da unter Umständen nicht viel mehr Freiheit als in diesem fast terrorähnlichen Zwang? Das sind nicht allein meine Gedanken. Das ist die Religionskritik eines berühmten Philosophen unserer Tage, Karl Jaspers', der der Kirche vorwarf, daß sie das umgreifende Geheimnis, das den Namen Gott verdient, herunterführt zu einem Kirchen-Wissen, das sich dem Vorwurf der Ideologie aussetzt.

Mir ist es deshalb zu wenig, zu fragen, ob unsere Sprache noch bei denen verstehbar ist, die unsere Adressaten sind. Zu mir kommen jeden Tag Leute, die die Bibel nicht lesen, die die Kirche selten oder gar nicht mehr besucht haben, die unter ihrer eigenen religiösen Erziehung tief gelitten haben. Ich selber habe seit Jahren keine Priesterkleidung mehr angezogen, weil ich gemerkt habe, wie allein diese Kleidung schon Menschen verschrecken kann, statt Vertrauen zu erwecken. Ich höre aber den Leuten zu. Und sie erzählen mir von ihrer gebrochenen Ehe, sie erzählen mir von ihrer Angst, wenn die 16jährige Tochter erst nachts um drei Uhr nach Hause kommt. Sie erzählen mir von der Angst, die sie haben, daß ihr Junge in irgendeine Drogengruppe hineingeraten könnte. Und plötzlich formen sich mir biblische Bilder, die ich von diesen Leuten wiederlerne. So habe *ich* die Bibel vordem nie gelesen.

Etwa die Exodus-Geschichte: Was kann es zum Beispiel heißen für eine Frau, die in Scheidung lebt, aus Knechtschaft und Abhängigkeit und Menschenunterwürfigkeit sich zu befreien, dabei jeden Tag das Gefühl, eine ganze Reiterabteilung der Ägypter im Nacken zu haben: Sie hat links und rechts das Wasser neben sich, und es schlägt über ihr zusammen, es ist ein Meer von Tränen, und sie soll jetzt weitergehen, Schritt für Schritt. Das alles sind nicht ihre Bilder; aber was sie mir erzählt, erinnert mich an das, was in der Bibel steht. Also, sage ich mir, ist doch das Leben dieser Frau, der ich jetzt zuhöre, viel mehr wert, als was in der Bibel war. Es ist gut, daß dies auch in der Bibel steht. Aber es steht vor allem in der Seele dieser Frau. Und heute nacht womöglich träumt sie Bilder, die ganz ähnlich sind.

Das meinte ich eigentlich: Gott hat uns so allein nicht gelassen, daß er nicht in die Seele jedes Menschen einen ganzen Kosmos gelegt hätte. Die Frage allerdings ist: Wie erwecken wir den Reichtum in der Selbstwahrnehmung des anderen außer in der Intensität der persönlichen Entwicklung und in der Kraft der Liebe? Das ist ungefähr so, wie wenn Sie nach dem Rückgang der Gletscher der letzten Eiszeit in den Tundren plötzlich im Erdboden, einen Meter tief, in der Kälte Lebensspuren finden, die bei Beginn der Wärme eine ganz üppige, reiche Landschaft von Leben zu entfalten vermögen. So sehe ich die Seele der meisten Menschen. Das religiöse Problem ist für mich nicht, daß wir zu wenig Kirchenlehre hätten, das Problem ist, daß wir mit all unseren Doktrinen den religiösen Apparat des Lehramtes an die Stelle der menschlichen Begegnung gesetzt haben. Und dieser Apparat verbreitet nicht Wärme, sondern Kälte – er ist ein Tiefkühlfach zur Konservierung göttlichen Wissens.

Das Zweite Vatikanische Konzil

Eugen Biser: Vorhin klang es beinahe so, daß es eigentlich nur eine Chance gäbe, nämlich diese Kirche zu verlassen. Nach Ihrer Schilderung ist sie fast nur noch ein einziges Repressionssystem. Aber Sie haben auch einmal gesagt, daß Sie gar nicht daran denken, diesen verhängnisvollen Schritt zu tun. Sie haben es mitmenschlich und pastoral motiviert, mit Rücksicht auf die, die es in der Kirche schwer haben und denen Sie beistehen möchten. Wenn ich Sie richtig interpretiere, unternehmen Sie jetzt den geradezu verzweifelten Versuch, etwas zu neuem Leben zu erwecken, was nach Ihrem und meinem Verständnis vor wenigen Jahrzehnten in der Kirche aufgebrochen war, inzwischen aber zu verebben, wenn nicht gar an die Wand gespielt zu werden droht. Ich spreche natürlich vom Zweiten Vatikanischen Konzil. Wenn wir im Blick auf die nachkonziliare Entwicklung die Verhärtungen, Polarisierungen und Restriktionen ins Visier nehmen, sollten wir – und auch dafür erhoffe ich Ihre Zustimmung – die ungemein positiven Erscheinungen nicht übersehen, die seither zu verzeichnen sind. Ich begreife dieses Jahrhundert in Übereinstimmung mit Ihnen insgesamt als ein Jahrhundert der fürchterlichsten Exzesse der Barbarei, aber auch als ein Jahrhundert einzigartiger Aufbrüche. In der Kirche gab es diesen Aufbruch in Gestalt des Zweiten Vatikanischen Konzils. Zum ersten Mal in der Glaubensgeschichte hat ein Papst sich an die Spitze des spirituellen Fortschritts gestellt. Ein Papst war nicht nur Repräsentant dieser Hoffnungen, er hat sie auch mit einer unglaublichen Energie ins Werk gesetzt. Natürlich hat dieses Konzil längst nicht all das gebracht, was an Intentionen, an Anregungen und an Impulsen in ihm steckte. Und vieles ist schon während des Konzils wieder eingeschränkt worden. Ich bin mit Ihnen ganz der Meinung, daß wir jetzt, in der nachkonziliaren Zeit, eine fortwährende Verschleuderung von vielem erleben, was das Konzil gebracht hat, vor allen Dingen aber den schrecklichen Versuch, den Aufbruch, der damals erfolgte, zurückzunehmen. Und ich sehe in Ihnen einen derjenigen, die mit am vehementesten für die Sache des Konzils eintreten. Sicher weithin in einer neuen Sprache, die nicht die Sprache des Konzils gewesen ist. Aber zweifellos in der Intention, von der sehr viele Konzilsväter gesagt haben würden: Genau das oder doch etwas Ähnliches haben wir gewollt.

Eugen Drewermann: Sicher ist, daß Johannes XXIII. die Fenster zur Welt öffnen wollte und schon deshalb kein dogmatisches, sondern ein seelsorgliches Konzil der Kirche initiieren mochte. Auch bin ich natürlich dankbar, daß Sie mein Bemühen in dieser Weise aufgreifen. Auf der anderen Seite denke ich, wir können die Zustandsbeschreibung nicht als nur zufällig stehen lassen. Daß in diesem Jahrhundert Leute wie Loisy, Tyrell oder Unamuno oder Joseph Wittig oder Hans Küng verurteilt werden konnten, das hatte ja nichts mit der Amtsanmaßung irgendeines Ortsbischofs oder eines gerade amtierenden Papstes zu tun, sondern mit einem bestimmten Modell, das Glaubensbekenntnis auszulegen. Da hat das katholische Lehramt im Besitz der Unfehlbarkeit die Pflicht, dem Volk der Gläubigen die ganze Wahrheit, die Christus vermittelt hat, vorzulegen. In dieser Auffassung liegt das Ende der Dialogfähigkeit. Es gibt, wenn es so steht, keine Korrekturen mehr von der Not der Menschen selber her. Es gibt keine Hörbereitschaft auf die unabgegoltenen Tragödien der Existenz so vieler. Es gibt nicht die Grundsituation des Ijob vor Gott, in der Gott prinzipiell nicht mehr verstanden wird, es sei denn, er zeigte sich neu.

Gott wird sich nie anders zeigen, als indem man die Zustände der Verzweiflung aushält. Es gibt heute innerkirchlich aber das Zerbrechen der Mauern wie in den Tagen des Jeremia nicht mehr. Es ist für viele in dieser Kirche völlig undenkbar, daß Gott seinen eigenen Tempel verlassen könnte, um in der Seele des Menschen noch einmal ganz neu zu beginnen. Alle die Aufbrüche, die die Bibel selbst berichtet, sind in dieser Kirche, die die Bibel liest und Sonntag für Sonntag vorträgt, nicht bloß nicht wünschenswert, sondern dogmatisch ausgeschlossen. Die ganze Spannbreite dessen, was wir Offenbarung nennen, darf da nicht Wirklichkeit werden, damit diese Kirche Bestand hat. Das ist ungeheuerlich und verrät die Sache, auf die sie sich selber zu stützen sucht, in Gestalt der Bibel und in der Verkündigung Jesu.

Wir müssen deshalb die Reihenfolge neu justieren. Wahr ist, wie Sie es bei Paulus schildern: Gott offenbart sich einem Einzelnen, der seine Erfahrungen weitergibt im Dialog mit anderen. Das hat seine Logik und Berechtigung. Die Kirche aber hat daraus etwas anderes gemacht. Gott offenbart sich in den Trägern des Lehramtes, und die geben das im Glauben Zugrundegelegte, das Depositum Fidei, das in die Bekenntnisformeln Gefaßte, über die Interpretation der Theologen an die Verkündiger und diese wiederum an das Volk weiter. Wenn es so ist, steht der Einzelne, der Gläubige, nicht mehr unmittelbar zu Gott. Nicht mit ihm redet der Allmächtige, sondern der Einzelne hat zu horchen auf diejenigen, die Gott vertreten. In dieser Anmaßung von Macht sind wir in der Kirche gefangen. Wir sehen die Kirche wie einen Sperriegel zwischen die Menschen und den Himmel geschoben.

Jesus hatte in seinen Tagen strukturell ein gleiches Problem: Was machen die einfachen Leute vom Lande mit einer Interpretation des Gesetzes, die sie im Grunde, im Prinzip bereits, vom Erbarmen Gottes ausschließt? Wie bricht man die Verkrustungen auf, die die Menschen bis zum Krankwerden einengen? Für Jesus war das eine Frage auf Leben und Tod, und sie hat erneut in der Kirche heute eine fast tödliche Radikalität erlangt.

Also müssen wir sagen: Das darf nicht länger mehr sein, daß Leute wie Guardini oder Teilhard de Chardin so behandelt werden, daß der eine seine Werke zu Lebzeiten nicht veröffentlicht und der andere, nur indem er sehr viel Glück hat, die Mitgliedschaft in der Kirche zu retten vermag. Wir sollten, wenn es dialogisch zugeht, erwarten, daß wir so viel und so offen wie nur möglich sagen könnten und gehört würden. Das aber ist gerade der Zustand, den die Kirche einzurichten sich weigert, und zwar nicht erst in unserem Jahrhundert, sondern so weit wie wir zurückschauen.

Was meine eigene Kirchenmitgliedschaft angeht: Ich bin verbunden mit vielen Menschen, die in der Kirche leben, und schon aus Treue zu denen, aus seelsorglichen Gründen, fühle ich mich der Kirche, in der ich groß geworden bin und 25 Jahre lang Priester war, sehr verbunden. Ein stärkerer Grund aber ist sehr paradox; ich will ihn die existentielle Konsequenz nennen. Ich habe versucht, die Kirche, so gut ich konnte, zu öffnen auf die Leute hin.

Ich denke auch, dabei eine Sprache gefunden zu haben, die sich in etwa bewährt, jedenfalls vertreten läßt. Ich habe bis vor vier, fünf Jahren nicht geglaubt, daß gerade dies der Grund sein könnte, von der Kirche verurteilt zu werden. Ich sage mir heute: Wer gegen ein bestimmtes System auftritt, muß wissen, daß er in der Auseinandersetzung nicht gewinnen kann. Er ist aber verpflichtet, wenn der Protest, den er eingeleitet hat, ernst gemeint ist, unter allen Konsequenzen, die sich daraus ergeben, weiterzumachen. Das ist ungefähr so, dramatisch gesprochen, wie wenn wir 1942 sehr wohl gewußt hätten, daß für Deutschland keine bessere Hoffnung ist, als daß der Nationalsozialismus schnell verschwindet, und wir hätten mit dieser unserer Meinung so geworben, daß wir Erfolg gehabt hätten, die Regierenden hätten darauf reagieren müssen. Die Frage wäre dann nur noch gewesen: Werden sie uns an die Wand drücken oder an die Wand stellen? Entscheidend wäre gewesen, daß wir in diesem Augenblick nicht mehr hätten emigrieren können. Wir hätten im Protest verharren müssen. So ähnlich ist im Moment mein Zustand. Es schwebt ein unerklärtes Strafverfahren – „außergesetzlich", sagt mein Bischof selbst davon – ständig weiter. Es hilft nichts, daß ich sage, ich habe die katholische Kirche nie verleugnen wollen; subjektiv bin ich nicht schuldig und gehöre also selbst nach dem römischen Recht nicht bestraft. Das hindert den Bischof nicht, in Überschreitung des selbst für einen Monarchen der Renaissancezeit umfangreichen Maßnahmenkatalogs, den das römische Recht ihm zur Verfügung stellt, weiter Willkür zu üben. In diesem unerklärten Zustand verharre ich, und so offenbare ich daher auch mindestens ein Stück weit, was dreißig Jahre nach dem Zweiten Vatikanum der Zustand der Kirche ist.

Das Zweite Vatikanum war für die katholische Kirche auch in meinen Augen so etwas wie eine grüne Revolution, eine Reform von oben. Die protestantische Theologie hatte über viele Jahrzehnte gesagt, daß nach dem Ersten Vatikanum dieser Monolith der römisch-katholischen Kirche sich eigentlich nie mehr bewegen könne und daß die Unfehlbarkeit des Papstes auf eine Weise formuliert worden sei, daß ein Konzil für alle Zeiten nicht mehr möglich und notwendig sei. Trotzdem hat es das Zweite Vatikanum gegeben. Und es war auch für mich eine Zeit des Aufbruchs. Vornehmlich in der Frage, die theologisch vielleicht am Rande zu liegen schien, mir aber sehr wichtig war: daß Wehrdienstverweigerung als eine mögliche katholische Handlung in Gewissensfreiheit und Gewissensentscheidung nach vielen Jahren der Gewissensunterdrückung zugelassen wurde.

Allerdings ist meine Perspektive im Rückblick auf das Zweite Vatikanum sonderbar. Ich frage mich: Was haben eigentlich all die Theologen die Jahre vorher getan, als Exegeten, als Dogmatiker, unter dem furchtbaren Zwang, von dem Sie ja mit Recht sprechen? Sie alle haben in ihrer Existenz nie den Bruch gegenüber einem System zu vollziehen gewagt, das erkennbar an den Einsichten der modernen Wissenschaften auf dem Gebiet der Exegese, der Naturwissenschaften, der Philosophie vorbeiging. Sie haben versucht mitzumachen, und das ist eigentlich mein Hauptbedenken gegenüber jeder Form eines fixierten Glaubensbekenntnisses mit dogmatischem Anspruch: Es verführt die Menschen dazu, aus lauter Angst sich anzupassen. Es macht aus glaubwürdigen Charakteren am Ende Funktionäre der Macht. Es macht aus Theologen Ideologen. Es schafft ein Gefälle der Angst, in dem am Ende die Kirchenvorgesetzten die eigenen Kirchengläubigen zu fürchten beginnen, und umgekehrt diese wieder die Angst vor dem Lehramt lernen.

Mit anderen Worten: wir haben schließlich keine Kirche des Vertrauens mehr, sondern der Versteinerung. Um es mit Rilke zu sagen: „Schau dir die Liebenden an. Wenn erst das Bekennen begann, wie bald sie lügen." Da ist etwas dran. Die katholische Kirche verhält sich, seit der Mitte des 2. Jahrhunderts und dann zunehmend mehr, in etwa so, wie zwei Menschen, die in ihrer Liebe umeinander ringen und die bestimmte glückliche Erfahrungen gegen die Sorge, alles könnte sich wieder auflösen, versuchen festzuschreiben: Sie reisen immer wieder pünktlich an denselben Badeort, wo sie damals glücklich waren; sie schreiben sich immer wieder dieselben Redensarten in Briefen aus der Ferne, sie trösten sich beim Zubettgehen mit immer wieder denselben Formeln, mit denen sie vor dreißig Jahren sich in den Schlaf begleitet haben; sie möchten, daß die Vergangenheit beschworen wird, gewissermaßen magisch, als eine Schutztrophäe gegen die Ungesichertheit der Zukunft. Man glaubt zu wenig, und man liebt zu wenig, wenn man so tut. Das ist mein Hauptbedenken gegenüber dieser Art von katholischem Lehramt und katholischem Dogmatismus.

Eugen Biser: Aber damit haben Sie ja eigentlich von der Kirche etwas sehr Menschliches ausgesagt. Denn auch im Menschenleben gibt es bekanntlich immer wieder Phasen des Aufbruchs, schon in der Jugend, zumal in der Pubertät, aber dann auch Phasen der Stabilisierung und Phasen der Verhärtung. Und wenn die Kirche das ist, was man seit Paulus in ihr sieht, der mystische Leib Christi, dann wird man doch wohl auch unter dem Aspekt der Menschlichkeit, der menschlichen Entwicklung annehmen dürfen, daß es in ihr nicht ständig Aufbrüche geben kann, sondern zweifellos auch Phasen der Stabilisierung und vielleicht auch Phasen der Verhärtung. Eine derartige Phase war zweifellos erreicht unter dem Pontifikat von Pius XII., und zwar nach meinem Verständnis nicht zuletzt deswegen, weil er sich auf eine geradezu exzeptionelle Weise mit seinem Amt zu identifizieren suchte. Er hat sich als Individuum vollkommen in sein Amt hinein aufgegeben und eine Art Symbiose zwischen seinem Selbstsein und seinem Amt zu vollziehen gesucht. Obwohl das in dieser Form gar nicht angeht, hat es doch gewaltige Rückwirkungen auf die Selbstdarstellung der Kirche seiner Zeit gehabt. Man darf allerdings auch etwas anderes nicht außer acht lassen. Die vorkonziliare Zeit stand unter dem Vorzeichen von zwei extrem kirchenfeindlichen, antichristlichen und unmenschlichen Diktaturen, der Hitlerdiktatur und der Stalindiktatur. Und es ist ja fast ein Wunder, daß das Konzil – noch während der Sowjetdiktatur – überhaupt zustande gekommen ist, sogar auch unter Beteiligung östlicher Kirchen. Was aber die Hitlerdiktatur betrifft, so war sie ja keineswegs geistig völlig überwunden. Daß es da Tendenzen der Festschreibung und der Restriktion gegeben hat, das ist mir auch aus diesem zeitgeschichtlichen Kontext heraus verständlich. Aber dann kam, man möchte sagen, trotz allem, der große und noch immer nicht voll gewürdigte Aufbruch. Denn nach meinem Verständnis hat dieses Konzil etwas zuwege gebracht, was in allen vorangehenden Kirchenversammlungen so noch nicht einmal versucht worden ist. Es hat zwar auf der einen Seite zum Mißvergnügen seiner Kritiker auf Dogmatisierungen und auf Verketzerungen verzichtet. Niemand wurde verurteilt; kein neues Dogma wurde verkündet. Aber das Konzil hat versucht, der Kirche einen neuen Geist einzuhauchen, den Geist des Dialogs. Vermutlich bestand das Unglück des Konzils darin, daß die Bedeutung dieses Prinzips unterschätzt wurde. Man verstand den Dialog immer nur als eine Neuordnung des Verhältnisses zwischen Papst und Bischofskonferenzen, zwischen Bischöfen und Priesterräten, zwischen Priesterräten und Laienschaft. Daß Dialog ein umfassendes Prinzip ist, wie es ja auch von den großen Denkern des dialogischen Prinzips gemeint war, blieb weitgehend unbeachtet, obwohl das Konzil in seiner Praxis auch den Dialog mit den anderen christlichen Konfessionen, ja sogar mit den Weltreligionen aufgenommen hat. Man hätte also sehen müssen, daß es ein Prinzip ins Leben der Kirche eingetragen hat, das von geradezu unabsehbarer Bedeutung war. Denn der Dialog mußte dann folgerichtig nicht nur mit anderen Konfessionen und Religionen, sondern ebenso auch mit den Ungläubigen aufgenommen werden. Erstaunlicherweise hat das Konzil auch das praktiziert und das Sekretariat Pro non credentibus ins Leben gerufen. Dieser Name ist dem Einspruch des mit mir befreundeten Schriftstellers Hans Erich Nossack zu verdanken. Im Gespräch mit dem Wiener Kardinal Franz König, dem ersten Leiter des Sekretariats, bestand er darauf, daß die ursprünglich vorgesehene Bezeichnung „für die Ungläubigen" in „für die Nichtglaubenden" abgemildert wurde. Selbstverständlich war dieser Einwand berechtigt. Denn seit Nietzsche wissen wir, daß mancher Atheist in seinem Unglauben frömmer ist, als er ahnt. Und im Evangelium stoßen wir auf das seltsam gebrochene Bekenntnis „Ich glaube, hilf meinem Unglauben", das Jesus nicht etwa mit einer Belehrung über den rechten Glauben beantwortet, sondern mit dem Wunder, um das ihn der Sprecher dieses Bekenntnisses gebeten hatte. Daß aber der Dialog zuletzt auch auf den Glauben bezogen werden müßte, weil der Glaubende in ein dialogisches Verhältnis zu dem sich in seinem Offenbarungswort mitteilenden Gott tritt – diese Konsequenz ist noch immer nicht gezogen worden, obwohl sie gleichfalls auf der Linie der vom Konzil ausgehenden Innovationen und Impulse lag.

Das andere betrifft das Dekret über die Religionsfreiheit, das an Aktualität ständig gewinnt, vor allem aber die Pastoralkonstitution „Gaudium et spes", die das auf großartige Weise thematisierte, was dem Initiator des Konzils als Programm vorschwebte: die Öffnung der Kirche, verstanden als ihre Bereitschaft, die Anregungen der Zeitgeschichte aufzunehmen und aus der Mitte des Evangeliums auf die drängenden Zeitfragen zu antworten, oder kürzer: die Gleichzeitigkeit des Glaubens. Es ist bekannt, daß in der endgültigen Fassung der Konstitution manches eingeschränkt und zurückgenommen wurde. Ich bekam seinerzeit die Urfassung in die Hand. Sie war mir aus der Seele gesprochen.

Michael Albus: Wenn ich Ihnen beiden zuhöre, wie Sie über Kirche reden, dann fällt mir folgendes auf: In Ihren Lebensaltern besteht ein Vierteljahrhundert Unterschied. Sie kommen aus verschiedenen Sprach- und Sprechgeschichten. Aber ich glaube, Sie trauen der Kirche immer noch etwas zu, Herr Biser. Herr Drewermann, Sie eigentlich nicht mehr. Wenigstens der Kirche in der jetzigen Form nicht. Deswegen sollten wir noch bei dem Thema bleiben. Was sind Ihre zentralen Erfahrungen, die Sie, Herr Biser, dazu gebracht haben, zu sagen: Ich traue der Kirche noch etwas zu, und Sie, Herr Drewermann, ich traue ihr nichts mehr zu. Ich glaube, daß die Spaltung in dieser Frage heute mitten durch die Kirche geht.

Eugen Drewermann: Ich höre mit Interesse zu, wie Sie die Eindrücke des Zweiten Vatikanums schildern, und bin bewegt von der Hoffnung, die Sie mit diesem Aufbruch verbinden. Ich habe nicht den geringsten Zweifel, daß das für Ihr Leben so stimmt. Auf der anderen Seite glaube ich, daß auch in unserem Gespräch jetzt passiert, was landauf, landab geschieht. Meine Frage vorhin war eigentlich: Was macht die Kirche mit den Menschen, die in ihr glauben wollen? Sie selber sprechen von den Jahrzehnten der Verhärtungen, die es gab, und zweifellos wird etwa von der Systemtheorie begründet, warum nach bestimmten Phasen der Fluktuation Phasen der Stabilisierung eintreten, die wieder neue Formen der Selbstauflösung nach sich ziehen. Wichtig für mich ist die einfache Frage, wie denn glaubwürdige Existenz gelebt werden kann im Schatten eines Lehramtes, das sich unfehlbar gibt und über Jahrzehnte hin die eigenen Theologen – denkende, suchende, forschende Menschen – dazu zwingen kann, bestimmte Einsichten von vornherein auszuschließen, unter Eid sogar. Das ist zum Beispiel in der Exegese bis weit in die fünfziger Jahre hinein passiert: Die evidentesten Erkenntnisse mußten abgeschworen werden, bloß weil man katholisch war. Oder in der Dogmatik: Simple Dinge der Evolutionstheorie durften nicht wahr sein, wenn man katholisch über den Schöpfungsglauben nachdenken wollte. In der Moraltheologie mußte die Klarheit, daß man im Atomkrieg mit gutem Gewissen nicht mehr ja sagen kann dazu, Soldat zu werden, hintangestellt werden. Es galt, daß kein Katholik das Recht habe, unter Berufung auf sein Gewissen den Wehrdienst zu verweigern. Alle Moraltheologen, bis auf ganz wenige Ausnahmen, die ihren Lehrstuhl riskierten, haben diese päpstliche Aussage damals mitgetragen. Das ist für mich ein ungeheuerlicher Zustand, daß da eine Kirche existiert mit einer Theologenschaft, die in dieser Weise sich totalitär verwalten läßt.

Mit Recht erwähnen Sie die Parallele zu Stalin, zur Breschnew-Ära. Es war 1958, daß Pater Manacorda sagen konnte, der Kommunismus sei ein Katholizismus, nur seitenverkehrt, umgedreht wie ein Handschuh. Und er glaubte, damit sagen zu können: Der Katholizismus ist das geistige Bollwerk gegenüber dem Bolschewismus. Er hat überhaupt nicht gemerkt, welche Aussage er damit über den bestehenden real existierenden Katholizismus getroffen hat. Für mich ist entsetzlich diese vollkommene Weisungsabhängigkeit im Lehramt, eine Verdrehung des Denkens, eine ständige Angst, eine Prostitution um des Ämtererhaltes willen. All das ist ja nicht Vergangenheit und hat mit dem Zweiten Vatikanum keinesfalls aufgehört.

Ich gebe ein Beispiel dafür, was mich – damals ein Jugendlicher – entsetzt hat. 1956, mit sechzehn Jahren, wußte ich eigentlich nur: Wenn es einen Gott im Himmel gibt, dessen Existenz mir weder beweisbar noch recht glaubhaft war, wenn es ihn gibt, hat er ganz sicher etwas dagegen, wenn Menschen zwölf Jahre nach dem letzten scheußlichen Krieg in Deutschland schon wieder das Töten lernen. Ich hatte freilich auch als Pazifist kein gutes Gefühl, weil auch ich sah: Wenn wir nicht das Töten lernen, werden es andere besorgen können und Leuten wie Adolf Hitler oder Stalin würde in Mitteleuropa vielleicht immer noch Tür und Tor geöffnet werden. Ich dachte damals wie Reinhold Schneider: Es ist möglich, in einer tragischen Situation schuldig zu werden, gleich, wie man sich entscheidet. Und das fand ich wieder bei den Protestanten, die damals sagten, wer A sagt, muß auch B sagen, aber wehe den Leichtfertigen. Auf der katholischen Seite war es Heinrich Böll, der ähnlich wie Nossack Mut machte, persönliche Erfahrung auch in der Kirche zu äußern. Als sich dann 1963 die katholische Kirche in der wichtigen Frage der Wehrdienstverweigerung im Grunde der protestantischen Meinung annäherte und sagte, es gebe einen Friedensdienst mit der Waffe und einen Friedensdienst ohne die Waffe, hätte ich erwartet, daß man gesagt hätte: Leute wie Friedrich Heer oder Carl Amery oder Heinrich Böll haben sieben Jahre lang im Protest zur offiziellen Lehrmeinung eine Wahrheit gesagt, der wir uns verpflichtet fühlen, und wir sind diesen Leuten des Widerstands in unseren eigenen Reihen dankbar; sie hatten den Mut, früher das zu sagen, was wir alle hätten wissen können, aber verschwiegen haben aus Angst. Statt dessen hatten – mitten in der Zeit des Zweiten Vatikanums – die katholischen Bischöfe es nötig, von allen Kanzeln Deutschlands herunter drei Feinde der katholischen Moral zu benennen, mit Namen: Heer, Böll und Amery. Das war die Art, wie die katholische Kirche sich dafür bedankte, daß Menschen eine Wahrheit gesagt hatten, nur sieben Jahre früher, bevor sie selbst sie rezipierte: Es durfte nicht gewesen sein! Die katholische Kirche hatte im Alleinbesitz der Wahrheit zu sein. Damals war ich 16, später 23, und habe mich natürlich gefragt: Was hat die Kirche denn getan in der Zeit der Diktaturen links und rechts des Faschismus und des Bolschewismus?

Vor allem der Faschismus hätte uns betreffen müssen. Dies ist das Schlimmste, dessen ich mich in der katholischen Kirche entsinne: 1941 haben die katholischen Bischöfe in Großdeutschland in einem Hirtenbrief die Soldaten an allen Fronten mit der Erklärung versehen, daß ein Eid, geschworen auf Adolf Hitler, auch auf Gott geschworen sei und daß der Überfall auf Rußland, der Kampf gegen den atheistischen Bolschewismus, Gottes Wille sei. Das heißt: es wurde katholischerseits ausgeschlossen, zu desertieren, Befehle zu verweigern und als Soldat den Dienst an der Front zu verweigern. Man hatte zu Fuß zu gehen bis nach Stalingrad. Man hatte weiterzumachen bis zum Ende. Das sollte katholische Gewissenspflicht sein. Allein diese Tatsache ist so ungeheuerlich, daß ich dringend, um mit der katholischen Kirche klarzukommen, ein Eingeständnis dieser Schuld hören möchte. Die evangelische Kirche nach 1945 hat das geleistet, die katholische Kirche nie, soweit ich weiß.

Und jetzt zur Zeit nach dem Zweiten Vatikanum: Ich bin Ihnen dankbar, wenn Sie aus Ihrer Erinnerung sagen, wie großartig dieser Aufbruch war. Es ist richtig, in meiner Zeit als Theologiestudent ist mir schon vieles selbstverständlich gewesen, was für Sie wie eine Erlösung erschien. Ich glaube aber, daß die Kirche an dem Geist des eigenen Aufbruchs Erschrecken und Angst gelernt hat und die Folgen dessen, was sie einmal gewollt hat, heute selber fürchtet. Darum ist für mich die Zurücknahme all dessen, was damals begonnen wurde, auch kein Zufall.

Vor einiger Zeit bekam ich den Haag-Preis für Mut in der Kirche überreicht, in Tübingen, und man hielt sich die letzten Jahre vor Augen: Herr Haag, mit dem römischen Amt der Glaubenskongregation über zehn Jahre befaßt, aber nicht verurteilt, Küng ähnlich lang befaßt, aber verurteilt, ich selbst gar nicht befaßt, aber um alles gebracht als Priester. Ich glaube, die Beobachtung zeigt einfach, was geschehen ist: Mit Haag beschäftigte man sich in der Zeit dicht nach dem Zweiten Vatikanum, er hatte die Existenz des Teufels und der Hölle geleugnet, aber er konnte noch mit heiler Haut davonkommen. Küng hatte die Unfehlbarkeit des Papstes in einer Weise interpretiert, die dem Zweiten Vatikanum eigentlich sehr nahe kam, er war ganz sicher kein Häretiker; trotzdem hatte man Grund, ihn in eine andere wissenschaftliche Abteilung zu versetzen. Noch mal zehn Jahre später hat Rom in meiner Sache gelernt, daß man überhaupt nicht diskutiert, nicht dialogisch, sondern daß man die Sache regionalisiert und administrativ durch den Ortsbischof verwalten läßt. Und dann kommt ein Punkt hinein, der mich wirklich bitter macht, wenn Sie sagen, Dogmen, Glaubensbekenntnisse sollte man doch miteinander beten und suchen. Ich habe erlebt, daß mein Ortsbischof, als ich ihn ein dutzendmal gebeten habe, mit mir wenigstens zu reden, in Aussicht, er bekäme alle Fragen vom Tisch, die Gläubigen seiner Diözese aufgefordert hat, für meine Bekehrung zu beten. So sicher ist diesen Herrn im Amt ihr Bekenntnis.

Eugen Biser: Nun, immerhin war das doch eine fromme Geste Ihres Erzbischofs!

Eugen Drewermann: Nein: Es war eine Amtsanmaßung und eine religiöse Unverschämtheit. Gott, wenn er bei Trost ist, was ich hoffe, erhört nicht das Gebet von Leuten, die Gott anrufen, statt miteinander als Amtsbrüder, wie sie sich bezeichnen, zu reden.

Eugen Biser: Aber Sie wissen ja, daß der liebe Gott, wenn er Gebete erhört, sie auf seine Weise erhört; und ich nehme an, daß Sie nicht zuletzt auch deswegen so unbeschwert dasitzen, weil die Ihnen so ärgerlichen Gebete in diesem Sinne erhört worden sind.

Eugen Drewermann: Gott möge mir Mut und Stärke geben, ja, wenn es das war, was „Bekehrung" heißt ...

Eugen Biser: Doch jetzt vom Spaß zurück zum Ernst einer Überprüfung der letzten Jahrzehnte, die natürlich zum Dramatischsten gehören, was der Kirche in Europa je zugestoßen ist, wenn ich einmal von den Zeiten der Reformation und der Französischen Revolution absehe. Aber vermutlich sind die Dinge, die sich in diesem Jahrhundert ereigneten, von noch größerem Tiefgang. Sie haben mit Recht auf Fehlleistungen hingewiesen, und ich möchte noch einmal nachfragen: Was sehen Sie in der Kirche?

Eugen Drewermann: Nicht Fehlleistungen, sondern strukturelle Systemfehler. Die dann immer wieder Verhaltensfehler mit sich bringen.

Eugen Biser: Sie sehen dies sicher so mit den Augen eines schwer Verletzten, und ich nehme Ihnen in keiner Weise übel, wenn Sie so streng mit der Kirche ins Gericht gehen. Nun aber doch noch einmal zurück zu den Erfahrungen mit dem Zweiten Vatikanischen Konzil! Sie haben zu Recht bemerkt, daß Sie Ihr Studium als eine Art „Nutznießer" des Konzils aufgenommen haben. Weil Sie damals noch zu jung waren, konnten Sie gar nicht realisieren, was das Konzil für die Theologie und das freie Denken in der Kirche bedeutete. Den Gläubigen eröffnete es die Chance, sich ohne skrupelhafte Ängste Gedanken über den Glauben zu machen, wie dies der Botschaft des Evangeliums und insbesondere der Paulusbriefe entsprach. Und der theologischen Forschung bescherte es – präludiert durch die Enzyklika „Divino afflante Spiritu" – die Freigabe der zuvor inkriminierten historisch-kritischen Methode. Für die theologische Arbeit war das wie ein warmer Mairegen, von dem vor allem die Erforschung der biblischen Schriften, also die alt- und neutestamentliche Exegese, profitierte. In der Folge kam es geradezu zu einer Vertauschung der klassischen Rangfolge. Während in allen vorausgehenden Jahrhunderten die Dogmatik den

Reigen der theologischen Disziplinen anführte, setzte sich jetzt, ganz unaufhaltsam, die Exegese an ihre Spitze. Am deutlichsten machte sich die Auswirkung der Freigabe bei der Behandlung der zweifellos wichtigsten Glaubensfrage, der Auferstehung Jesu, bemerkbar. Während die vorkonziliare Theologie, in deprimierendem Unterschied zu den Publikationen evangelischer Autoren, so gut wie keinen Beitrag von nennenswertem Gewicht leistete, schossen jetzt, bezeichnend für die Bewegung, in welche die Glaubensszene geraten war, die Monographien und Untersuchungen geradezu aus dem Boden.

Eugen Drewermann: Das bestreite ich nicht. Im übrigen ist unsere Übereinstimmung in der kritischen Beurteilung der Exegese historisch-kritischer Provenienz wirklich bemerkenswert. Wir haben sie ja nie angegriffen, weil sie sich um historische Ehrlichkeit bemüht, sondern weil sie zur Würdigung von Religion nicht tauglich ist.

Aber meine Frage ist eine andere: Was haben all die Theologen gemacht, die genau wußten, daß dieses Untersuchungsraster methodisch und sachlich unbedingt notwendig und der Wahrheit dienlich ist, die ihm aber doch auf Zeit ihres Lebens abschwören mußten? Das hat doch auch eine Konsequenz für heute. Wir können nicht darauf warten, ob sich die Kirche vielleicht in zwanzig oder dreißig Jahren jenseits unserer Grabsteine verändert. Wir müssen heute leben. Wenn diese Kirche heute zum Widerspruch zwingt, dann müssen wir ihr heute widersprechen. Wir können doch nicht dauernd hoffen, daß später nach uns oder ohne uns irgendwann durch den Geist Gottes eine besondere charismatische Persönlichkeit, ein neuer Johannes, kommt.

Eugen Biser: Ich stimme Ihnen vollkommen zu. Wir können nicht warten. Anstehende Probleme immer erneut zu vertagen und sich in irgendeine vage Hoffnung zu flüchten, ist unmenschlich. Heute kann von keinem mehr verlangt werden, daß er unter repressiven Bedingungen sein Leben fristet und versucht, in irgendeiner kaschierten oder sich selbst zurücknehmenden Form zu überleben oder doch zu überwintern. Sie haben aber die Frage nach jenen Theologen gestellt, die noch nicht in den Genuß dieses Privilegs gekommen waren. Ich kann Ihnen nur aus genauer Kenntnis sagen: Sie haben schwer gelitten. Ich erwähne das natürlich auch mit einem kleinen Hintergedanken, der wiederum die Frage tangiert: Warum bleiben Sie selber in der Kirche? Denn Ihre Passion, wenn ich diesen hochgegriffenen Ausdruck gebrauchen darf, ist in mancher Hinsicht der Passion vieler Theologen vor dem Zweiten Vatikanischen Konzil vergleichbar. Selbstverständlich wird sich manch einer von denen dieselbe Frage gestellt haben: Kann ich es unter diesen Bedingungen überhaupt noch verantworten, dabeizubleiben? Kann ich meinem Lehramt in vernünftiger und verantwortbarer Weise genügen? Sie haben im Blick auf die Theologen von damals zu einem kleinen Teil diese Frage verneint. Joseph Bernhart beispielsweise, um nur einen und einen besonders profilierten zu nennen, hat anders reagiert. Ich möchte ihn auch deswegen nennen, weil ich jede Gelegenheit wahrnehme, um auf diese bedeutende Persönlichkeit aufmerksam zu machen.

Eugen Drewermann: Es war der einzige, der gehofft hat, daß Tiere unsterblich sind, aus Mitleid mit der Kreatur.

Eugen Biser: Ja, der müßte Ihnen schon aus dieser Perspektive heraus besonders nahestehen. Aber er hat auch ein wunderbares Buch, sein „De profundis", geschrieben, das mit zum Schönsten zählt, was aus der Produktion der Theologie jener Jahrzehnte hervorgegangen ist.

Die meisten also sind „trotzdem" in der Kirche geblieben – und nicht etwa aufgrund des Unvermögens, ihr Leben unter neue Bedingungen zu stellen, sondern weil sie in der Kirche etwas besaßen oder doch zu finden glaubten, was so nirgendwo anders zu gewinnen war. Wenn ich es auf den innersten Punkt zu bringen suche, muß ich feststellen: Sie haben das gefunden, was Guardini das Wesen des Christentums genannt hat. Das Wesen des Christentums ist für ihn aber nicht die äußere Gestalt der Kirche; es ist überhaupt nichts, was man in irgendeinen Begriff kleiden könnte, denn das Wesen des Christentums ist sein Stifter selbst, Jesus Christus. Und ich bin tief davon überzeugt, daß das das eigentliche Band war, welches diese Theologen, ungeachtet aller auf ihnen lastenden Repressionen, ungeachtet ihnen auferlegter wissenschaftlicher Einschränkungen, denen besonders die Exegeten und Moraltheologen unterworfen waren, in der Kirche hielt und sie trotz aller Anfechtung davon abhielt auszubrechen. Indessen habe ich das nur geschildert, um das beglückende Freiheitserlebnis deutlich zu machen, das sich mit dem Fortgang des Konzils zunehmend einstellte. Es gab wohl nie eine Zeit, weder davor noch danach, in der wir, stimuliert durch die Berichterstattung des unvergessenen Mario von Galli, den Nachrichten aus Rom mit ähnlicher Spannung – ich muß wohl sagen: entgegenfieberten. Bisweilen kam auch Enttäuschendes, meist aber wahrhaft Beglückendes; denn die Kirche wurde nie zuvor so sehr wie jetzt als der Raum des Aufatmens und der aufgehobenen Entfremdung erfahren.

Den drohenden Umschlag ahnte ich erstmals, als mir einer der Konzilsväter erklärte, er sei von der Arbeit so mitgenommen, daß er nun am liebsten fünf Jahre lang nichts mehr vom Konzil hören wolle. Ich gab ihm zur Antwort, man könne doch nicht Kirchengeschichte machen und die Folgen dieser Aktion dem Spiel des Zufalls überlassen. Wer den Mut habe, eine Zäsur von diesem Tiefgang in das Leben der Kirche einzutragen, der müsse auch für die Folgen einstehen und für die entscheidende Umsetzung der Beschlüsse eintreten. Genau das ist offensichtlich in den ersten nachkonziliaren Jahren versäumt worden. Und dann kam es, wiederum aufgrund systemtheoretisch festzumachender Gegebenheiten, zu jenem Prozeß, unter dem wir heute noch leiden: dem Prozeß der Einebnung und Zurücknahme.

Aber ich möchte noch einen tieferen Grund nennen, der mir sehr am Herzen liegt. Er betrifft keineswegs nur die Kirche, sondern unsere Lebenswelt insgesamt. Friedrich Nietzsche hat in seinem „Zarathustra" ein Kapitel dem Geist der Schwere gewidmet.

Das ist für ihn jener Geist, der es auf Satzung, Gesetz, Gehorsam angelegt hat und der demzufolge alles Leben in einen Frondienst verwandelt. Als ich mir dieses Kapitel letzthin wieder einmal vornahm, glaubte ich ein geradezu prophetisches Bild unseres gegenwärtigen Zustands vor Augen zu haben. Das gilt für die europäische Lebenswelt insgesamt, vor allem aber für die innerkirchlichen Verhältnisse. Denn hier breitet sich erneut der alte Aberglaube aus, daß das gottwohlgefällig sei, was dem Menschen schwerfällt und weh tut: ein Ungeist, der dem Liebeswillen Jesu diametral entgegensteht.

Sie stehen selber für ein neues Verständnis von Christentum. Das Christentum ist auch in meiner Sicht keine asketische und nomothetische (gesetzgeberische), sondern eine therapeutische und mystische Religion. Das trifft auch auf vieles von dem zu, was Sie mit der Gestalt Jesu und der eigentlichen Aufgabe des Christentums verbinden und was Sie im Zusammenhang mit der Situation des Menschen als unerläßlich und notwendig erachten: daß er nämlich geheilt werden muß.

Eugen Drewermann: Ich glaube, die meisten Menschen fragen sich nicht mehr so, wie Sie es eben schildern: Was passiert da während eines Konzils in Rom, oder was wird im kommenden Katechismus stehen, oder welche Weisungen werden uns die da im Vatikan geben? Die Menschen sagen: Entweder sprechen die Leute Dinge, die uns helfen zu leben, oder sie tun das nicht. Eins von beidem. Die Kirche hat sich nach uns zu richten, nach unseren Lebensbedürfnissen, nach unseren Qualen, nach unseren Verzweiflungen. Entweder sie geht darauf ein, indem sie davon ausgeht. Oder sie läßt es bleiben. Dann stellt sie sich selber ins Abseits. Man mag sich heute noch so sehr um Verständnis für den bestehenden Zustand der Kirche mühen und sie so versuchen zu rechtfertigen – die Menschen spüren, daß das Leben außerhalb der Kirche liegt. Das ist das wirkliche Problem der Kirche heute.

Zugespitzt gesagt: Am Beginn der Neuzeit, ganz am Anfang der Reformation, wird für mich in der Disputation zwischen Luther und Eck 1519 in Leipzig unübertroffen deutlich, worum es geht. Da wurde beispielhaft gerungen um den christlichen Glauben. Es sollte um ganz wichtige Fragen gehen wie diese: Wie notwendig ist die Gnade Gottes dem Menschen, was ist Sünde, was ist Freiheit für einen Menschen im Status der Gottesferne? Es ging um Fragen, von denen man glauben sollte, sie gingen an die Wurzel. Es kam in diesem Gespräch gleichwohl nicht ein einziges Gefühl zum Tragen. Es ging nicht um Menschen, es ging nicht um persönliche Erfahrungen, und es ging nicht um Erlebnishintergründe, um seelsorgliche Anliegen. Es ging einzig um den Nachweis, daß jemand, der die Kirche kritisiert, der böhmischen Pest, der Lehre des Hus, angehören müsse. Und es ging darum, wie man Luther mit geistigen Daumenschrauben in die Enge bringen konnte. Luther hat am Ende in der Diskussion in Leipzig tatsächlich erklärt, daß sogar Konzilien irren können. Und das scheint mir ungeheuer groß: Da wächst also am Anfang der Neuzeit das Bewußtsein, daß Wahrheit in einem einzelnen Menschen wohnen kann, in seiner Angefochtenheit, in seiner Gebrochenheit. Ein Mensch, der ehrlich sucht, verdient mehr Vertrauen als ein ganzes Konzil von Päpsten, Kardinälen, Bischöfen und sonst wem. Das hat sich herumgesprochen und Schule gemacht. Noch ein wenig später, 1521 in Worms, konnte Karl V. das Gespräch aus vielen Tagen dahin zusammenfassen, es wolle ihm nicht erscheinen, wie ein einzelner Mönch recht haben könnte gegen die ganze Christenheit. Aber genau das ist die Geburtsstunde der Reformation. Eine ungeheure Möglichkeit, die in der Bibel immer wieder auftaucht: eine Gestalt wie Jeremia, der gegen König, Priester und Propheten seiner Zeit aufsteht, als ein vollkommen Einsamer, aber mehr auf der Seite Gottes als all die Gottesverwalter.

Wenn das die Möglichkeit der wirklichen Offenbarung ist, welch ein Recht hat dann die Kirche, Gott so zu verwüsten, indem sie aus ihm einen Lehrapparat macht, der die Freiheit fürchten muß, um sich selber zu erhalten? Dies sind keine Zufälle: Repression, Unterdrückung, Meinungskonformität, Unehrlichkeit im wissenschaftlichen Bereich, so daß Nietzsche sagen konnte, ebenfalls im „Zarathustra": „Wenn ein Priester redet, lügt er." Das ist bitter, weil die gesamte Korruption des Lebens wie des Denkens, des Fühlens wie des Handelns aus dieser Struktur hervorgeht.

Ein Satz, den Sie sagten, war für mich psychologisch sehr treffsicher. Papst Pius XII. identifizierte sich mit seiner Person vollkommen mit seinem Amt. Aber genau das habe ich beschrieben in meinem Buch „Kleriker": Ein Priester agiert wesentlich vom Amt her, um Priester zu sein.

Wir haben zum Beispiel eine römische Glaubenskongregation, die vor zwei Jahren erklären konnte: Eine öffentliche Kritik an der Kirche hat nicht zu erfolgen, ein Maulkorberlaß also, und die im letzten Jahr noch weiterging mit der Erklärung, wenn ein Dozent der Theologie oder überhaupt auch nur ein Theologe, ein Journalist, an bestimmten Lehrsätzen der Kirche im Inneren nicht ganz festhalte, solle er Selbstanzeige üben bei seinem Bischof, damit es keinen Skandal gebe, keine Verunsicherung der Gläubigen. Wenn Gott je die Freiheit war, der Mut der offenen Rede, Grundlage von Liebe und Dialog, dann wird er von dieser Kirche, an die ich lang genug zu glauben versucht habe, in solchen Manifestationen Tag für Tag verraten. Ich habe mich, wenn ich eigene Erfahrungen schildern darf, eigentlich bis vor fünf Jahren wie jemand bemüht, der im Hochgebirge klettert und an einer nebeligen Wand hängt und meint, wenn er nur noch ein bißchen höher steigt, besser anklammert, wenn er sich noch mehr Mühe gibt, wird irgendwann die Nebelbank sich auflösen, und er wird das Licht sehen.

Was ich inzwischen als Wahrheit glaube, ist in dem Film „Roma" von Fellini, kurz nach dem Zweiten Vatikanum gedreht, symbolisch deutlich geworden. Fellini hat diesen Film als Persiflage auf die katholische Kirche und das Papsttum gedreht zum Beispiel in folgendem Bild: Da wird beim Streckenvortrieb zum Bau der römischen Metro im Schein der Kopflampen der Bergarbeiter eine Szenerie etruskischer Fresken sichtbar. Für einen Moment lang schimmern die alten Bilder auf, dann wird der Sauerstoffstrahl der Wetterführung herangebracht, und in Sekundenschnelle verblassen die Bilder. Der Film endet mit einer päpstlichen Modenschau, die, je länger sie währt, die Träger der Roben und Gewänder als Skelette entlarvt. Was Fellini sagen wollte, ist: Die katholische Kirche ist ein Vorrat, ein Reservoir, ein Museum wunderbarer Bilder, aber sie muß sich davor hüten, diese Bilder dem Leben auszusetzen, denn dann haben sie keinen Bestand mehr.

Diese Kirche gründet sich seit Jahrhunderten nicht auf die Kräfte der Freiheit der Person, des Austausches von Erfahrungen. Sie erspart sich das Leben durch fertige Redensarten und verlangt am Ende den Ersatz des Lebens durch das Dozieren. Unser gemeinsamer Freund Sören Kierkegaard hat dagegen festgehalten: „Der christliche Glaube ist keine Lehre, sondern eine Existenzbegegnung."

Eugen Biser: Sie haben mit großem Nachdruck die Ratlosigkeit der Kirche gegenüber dem menschlichen Subjekt und seiner Entdeckung zu Beginn der Neuzeit beschrieben. Was Sie für die Reformation sagen, gilt auch für den Humanismus oder die Aufklärung. Daß es zur Neuzeit und ihren Hervorbringungen kam, ist vom Christentum sicher nur unzulänglich wahrgenommen worden. Aber festhalten sollten wir auch: Daß das Subjekt in seiner Würde überhaupt entdeckt werden konnte, ist ebenso eindeutig eine Gabe des Evangeliums an unsere Welt. Insofern reichen die tiefsten Wurzeln der Neuzeit bis in seine Gedankenwelt hinab.

Und dann noch zu dem angesprochenen Thema der schematisierten Wahrheitsverwaltung in der Kirche. Eine – wenngleich nicht genügend rezipierte – Leistung des Zweiten Vatikanums betrifft den Begriff der Offenbarung. Wenn ich recht sehe, hat das Erste Vatikanische Konzil unter Offenbarung die Mitteilung göttlicher Dekrete verstanden, also eine ganz formalistische Beschreibung eines der sensibelsten und geheimnisvollsten theologischen Themen. Um Ihrer Kritik eine Hoffnungsperspektive entgegenzusetzen, möchte ich daran erinnern, daß wir dem Zweiten Vatikanum eine wahrhaft befreiende Einsicht in das Wesen der göttlichen Offenbarung verdanken. Danach ist diese primär – und dies im Unterschied zum Judentum – nicht das Wort und – anders als für den Islam – nicht ein Text, sondern der menschgewordene Gottessohn und er in der Vielfalt seiner Selbstdarstellungen: in seinem Reden wie in seinem Schweigen, in seinem Handeln wie in seinem Leiden, zumal aber in der Totalität seiner Lebenswirklichkeit. Ich muß gestehen, daß ich in allen theologischen Bestimmungsversuchen nie etwas Erhellenderes gefunden habe als in dieser Konzilsaussage. Wenn Gott sich in einem Menschen offenbart, muß Ihnen, Herr Drewermann, das eigentlich aus der Seele gesprochen sein. Denn dann ist der Mensch das lebendige Medium der göttlichen Offenbarung. Ich erinnere mich an einen Satz meines Kollegen Ernst Fuchs, des Nachfolgers von Rudolf Bultmann auf dessen Lehrstuhl in Marburg: „Das Innerste Gottes ist etwas Menschliches." Ich war beim ersten Hören geschockt, aber bei näherem Nachdenken wird mir dieser Satz immer plausibler. Das Innerste Gottes – etwas Menschliches: das ist eine ganz ungeheure Aussage; aber sie trifft ins Herz des Evangeliums. Im Grunde wiederholt das Konzil damit nur, was Dante aus tiefer Einfühlung in den Geist des Evangeliums erlebt, wenn er am Ziel seiner Jenseitsreise im Symbol des dreifaltigen Gottes das menschliche Antlitz Jesu erblickt.

Wenn es uns gelänge, diese zentrale Konzilsaussage endlich ihrer Verborgenheit zu entreißen und zum Zentrum der Verkündigung zu machen, müßte doch alles wieder „ins Fließen" kommen, um es wiederum mit Ihrem erklärten Lieblingsausdruck zu sagen.

Eugen Drewermann: Das führt schon zu der Frage: Wie kann denn die Botschaft und die Erfahrung des Jesus von Nazaret wirklich hilfreich oder sogar heilend sein?

Aber ich muß noch einmal früher einsetzen. Dies glaube ich ja auch, daß der Aufbruch zur Neuzeit, die Wende zum Subjekt, die Ermächtigung des Individuums, selber zu denken, selber auf die Suche nach Wahrheit zu gehen, im Grunde aus christlichem Erbe angestoßen wurde. Aber gerade wenn das so ist, gibt es doch kaum ein größeres Unglück in der abendländischen Geistesgeschichte als dies: daß diese Erfahrungen sich von Rom abspalten mußten, statt die Kirche selber zu renovieren und zu reformieren, daß sie isoliert bleiben mußten, statt zusammenzukommen, daß das Subjekt getrennt wurde von der objektiven Wahrheit, so daß die Substanz der Wahrheit getrennt wurde von dem glaubenden Bemühen. Wenn im Menschen auseinandergerissen wird, was zusammengehört, kann das strukturell nicht heilend sein, es muß zur Schizophrenie führen.

Deutlich wird das auch, wenn Sie sagen, wie wir Offenbarung verstehen müßten. Diese Offenbarung ist nicht sozusagen ein Bankdeposit, das ein reicher Mann einmal hinterlassen hat, um es der Kirche zur Verfügung zu stellen, sondern etwas Dynamisches, das sich im Menschen ausspricht, wenn wir ihn nur richtig wahrnehmen. Mir liegt allerdings daran, daß wir auch das verengte Bild vom Menschen in der kirchlich gepflegten Theologie aufbrechen, indem wir die breiten Bewegungen, die durch die Evolutionslehre, durch die Psychoanalyse, durch die gesamte Kosmologie heute an die Anthropologie herangebracht werden, theologisch neu reflektieren. Sonst laufen wir Gefahr, weiter so zu reden, daß wir unter Menschsein im wesentlichen Intellekt und Willen verstehen, nicht aber die sechs Siebtel seiner Psyche, die im Unbewußten darunter verborgen liegen.

Der Zustand der gegenwärtigen Zeit – Unser Jahrhundert

Michael Albus: Die Frage nach dem Menschen, das Thema der Anthropologie führen uns zum nächsten Abschnitt: eine Zeitansage, auch aus der persönlichen Erfahrung, darauf lege ich großen Wert, beider Gesprächspartner zu entwickeln.

Eugen Biser: Ich empfinde unsere Zeit als eine zutiefst zwiespältige. Man könnte von einer utopisch-reaktionären oder auch von einer avantgardistisch-atavistischen Zeit sprechen, wobei atavistisch soviel wie Rückfall in Primitivismen oder in alte Barbareien bedeutet. Versucht man einzufangen, was wir täglich erleben, so kann man wohl nur in solchen Paradoxien sprechen.

Das erste, was ich ansprechen möchte, ist die Geschichtswende von 1989, die den von der Sowjetdiktatur beherrschten Völkern die langersehnte Freiheit, Deutschland die schmerzlich entbehrte Wiedervereinigung und der Welt das Ende des sie jahrzehntelang paralysierenden Ost-West-Konflikts brachte. In meiner Sicht ist dieser Aufbruch etwas nie Dagewesenes in der Menschheitsgeschichte, der nach vielen Anzeichen zu schließen sogar die Französische Revolution an Tiefgang und Folgen – nicht zuletzt auch Folgen geistig-kultureller Art – übertrifft. Dazu ein Vorgang, der sich von dieser tiefgreifend unterscheidet. Denn es war eine Revolution ohne Führer, ohne Programm und im Gegensatz zu allen vorausgegangenen ohne Blutvergießen. Wir erlebten, was Unzählige vorher kaum zu träumen wagten, die Verwirklichung eines Traumes, eine realisierte Utopie.

Wenn ich an das von Ihnen so eindrucksvoll gewürdigte Siegeslied denke, das Mirjam, die prophetisch begabte Moseschwester, auf die Befreiung Israels anstimmte, wäre doch Vergleichbares auch von unseren Literaten zu erwarten gewesen. Doch sie verfielen, zusammen mit den Philosophen und Theologen, in betretenes Schweigen. Besonders bedenklich erscheint es mir, daß sich auch kaum jemand auf das unbeschreibliche Leiden bezieht, das die ständig überwachten, vielfach bedrohten und ihrer elementaren Freiheitsrechte beraubten Bewohner der Ostgebiete jahrzehntelang auszustehen hatten. Wenn man aber an die Konflikte und unmenschlichen Exzesse denkt, die sich dort abspielen, kommt auch schon die dunkle Kehrseite des Zeitgeschehens zum Vorschein.

Utopisch ist aber zunächst auch das Erscheinungsbild der Technik, die ich mit Heidegger als das signifikanteste Zeitphänomen erachte. Denn die heutige Hochtechnik hat sich, wie schon der späte Sigmund Freud hellsichtig erkannte, von ihrer Aufgabe der Daseinserleichterung abgekoppelt und sich der Verwirklichung von Traumzielen zugewandt. In den Atomreaktoren hat sie buchstäblich das „himmlische Feuer" des Prometheus auf die Erde herabgeholt, in der Mondlandung den Traum von der Sternenreise eingeholt und in der Gentechnik Hand an die Evolution gelegt und sich damit dem Traumziel des „homo creator" angenähert.

Daß sich gleichzeitig auch das Verhältnis zur Kunst tiefgreifend änderte und mit dem Verhältnis zur Kunst auch das des Menschen zur gesamten Kultur, einschließlich der literarischen, scheint mir ebenfalls etwas völlig Neuartiges zu sein. An die Stelle der alten klassischen Gegenüberstellung von Objekt und Subjekt trat eine engagierte Beziehung des Rezipienten zur Kunst: Der Leser wurde zum Mitgestalter des Textes, der Hörer der Musik zum Mitgestalter der Komposition. Namen wie Joseph Beuys und John Cage stehen für diesen Zusammenhang, der ebenfalls dem utopischen Zug der Zeit entspricht.

Dem steht dann allerdings der reaktionär-atavistische Rückfall in die schlimmste Barbarei entgegen. Der gleiche utopische Aufbruch, der den Weltfrieden in eine fast greifbare Nähe zu rücken schien, gab den Weg für blutige Konflikte frei, beginnend mit dem Golfkrieg, von dem sich die Blutspur unverzüglich fortsetzte zu den aller Menschlichkeit hohnsprechenden Bürgerkriegen im Kaukasus und in Jugoslawien. Die Technik hat uns, in ihrer herkömmlichen Form, die Umweltkatastrophe eingetragen. In Gestalt der Atomtechnik hat sie die Gefahr eines dritten, mit Nuklearwaffen ausgetragenen Weltkriegs heraufbeschworen. Und manche Folgen der Gentechnik sind nicht umsonst Anlaß wachsender Besorgnisse, wobei man allerdings nicht an die unter größten Sicherheitsvorkehrungen betriebene Forschung hierzulande, wohl aber an die weit weniger abgesicherte Entwicklung in Fernost denken sollte. Ähnliches gilt aber auch für den Sektor der kulturellen Entwicklung. Hier betreibt die Medientechnik eine Trivialisierung der Kulturszene, wie sie in dieser Form sicher noch nie gegeben war. Das stand mir vor Augen, als ich im Sinn meiner Zeitdiagnose die Feststellung traf: Wir leben in einer utopisch-reaktionären, in einer avantgardistisch-atavistischen Welt.

Eugen Drewermann: Ich stehe diesem Jahrhundert, dem ich erst zur zweiten Hälfte angehöre, völlig hilflos gegenüber. Ich glaube, daß ich die Welt zum Teil glaubensloser, enttäuschter, depressiver sehe, jedenfalls ohne Euphorie, zum anderen aber vielleicht auch glaubenssuchender oder hoffender, ohne recht zu wissen, woran. Ich glaube, daß das, was sich abspielt, nur dialektisch sich beschreiben läßt, und das Schlimme scheint mir, daß es sich auseinander hervortreibt. Die Entwicklung der Technik ist ja nicht nur durch Forscherneugier, durch Genauigkeit des Denkens, durch Verfeinerung der Untersuchungsmethoden, durch Ehrlichkeit völlig überraschenden Problemstellungen und Lösungswegen gegenüber vorangetrieben worden. Ich greife nur ein Problem heraus, auf das Sie am Ende angesichts der Furie des Krieges zu sprechen gekommen sind und das mich entsetzt macht und im Grunde schreiend und stumm gleichzeitig. Man hatte das doch 1917 vor sich, nach Verdun, nach den Schlachten von Ypern und Cambrai, daß man Menschen wie Insektenkolonien, mit allem, was man zur Verfügung hat: mit Sprengstoff, mit Gas, mit Flammenwerfern, ausrotten kann. Und man hat die Menschen moralisch willens gemacht, das zu tun. Es hat Kardinäle gegeben wie Michael Faulhaber in München, die dies hochideologisiert haben. Es gibt von diesem Mann Dutzende von Predigten, in denen er den Menschen unter der Kanzel sagt: Es ist eure Pflicht, für Elsaß-Lothringen zu kämpfen, wir Deutschen dürfen da nicht nachgeben. Dann gab es nach 1918 ehrliche Literaten, Künstler, Dichter, Verzweifelte allesamt wie die Maler des jungen Rheinlandes, beispielsweise Otto Dix, oder Dichter wie Stefan Zweig, es gab Hermann Hesse, französischerseits Romain Rolland, Henri Barbusse, die sagten: Das darf sich niemals wiederholen, der Fehler war nicht dieser Krieg, der Fehler war, daß Menschen überhaupt befähigt wurden, Krieg zu führen. Es muß Schluß sein, daß Menschen damit einverstanden sind und dies als ihre Pflicht begreifen, Menschen zu töten, egal für welche Zwecke. Es gab damals die wirkliche Chance einer allgemeinen Abrüstung in Gesamteuropa, aus humanen Gründen.

Ich wüßte nichts, was schlimmer wäre als das Zusammenbrechen auch nur der Ächtung des Giftgases 1925. Wir haben in jedem Punkt so weitergemacht. Aus dem Ersten Weltkrieg haben wir gelernt, daß man nicht abwarten kann, bis die Zulieferindustrie im Hinterland des Feindes weiter die Produktion aufrechterhält und die gesamte Logistik erstellt. Man muß die Luftwaffe besser einsetzen können, um die zivilen Zentren zu treffen. Der totale Krieg war die erste Logik aus dem Ende des Ersten Weltkrieges. Die Nazis fingen 1939 genau da an.

Auch damit aber nicht genug. Wir mußten die Atombombe bauen, um so töten zu können, daß es uns selber überhaupt nicht mehr erreicht. Wir können heute in Sekundenschnelle 100000 Menschen oder eine Million Menschen töten. Ich bedaure *auch* die Jahre der Diktatur, und es tut mir bitter weh, zu sehen, was man den Völkern im Osten angetan hat und noch heute zufügt. Eine Milliarde Chinesen sind noch heute kommunistisch, leben unter faktischer Diktatur. 80 Prozent der gesamten afrikanischen Landfläche lebt unter dem Schatten der Militärdiktatur. Lateinamerika hat Zugangswege zur Demokratie bis heute noch nicht im Schatten der Kolonialregierung des christlichen Abendlandes in Ruhe finden können. Das Ausmaß an Verwüstung – seelisch, politisch, wirtschaftlich – ist ungeheuer. Aber mich bestürzt dann doch, daß ein amerikanischer Präsident, wie der gerade abgetretene George Bush, kürzlich erklären konnte: „Wir haben den kalten Krieg gewonnen." Das ist die *Erklärung* für die Befreiung der Ostvölker. Der Westen hatte 1962 bei der Kubakrise wirklich den moralischen Willen, die strategischen Bomberkommandos in Gang zu setzen und unbekannt wie viele 100 Millionen Menschen zu opfern, um zu siegen. Wir hätten diesen moralischen Willen gehabt, in einer Zeit, wo die Kirche nur sagte, dies ist Pflicht, ohne Ausnahme, ohne Regreß auf euer persönliches Gewissen.

Diese moralische Konzeption und Korruption des Zwangsdenkens ist mir eine der ungeheuerlichen Seiten des Menschen im 20. Jahrhundert. Drum sage ich mir als erstes, fast beschwörend: Wenn es eine Rettung in und aus diesem Zustand gibt, dann die:

den Mut, die Menschen als Individuen groß werden zu lassen. Und dann ist das, was Sie eben nannten als die Folge der Offenbarung Gottes in Jesus von Nazaret, eine Rettungsfolie für dieses gottverdammte 20. Jahrhundert, das wir schon wegen seines Hochmuts, seiner Arroganz und Unmenschlichkeit am besten vor Jahrzehnten hätten abblasen sollen. Die entscheidende Frage ist für mich: Wie gewinnen wir in der Massengesellschaft, unter Hunderttausenden, mit denen wir in den Hochhäusern zusammengepfercht leben und durch die Straßenzeilen drängen, wie gewinnen wir unter Millionen, mit denen wir morgens in der Metro zum Arbeitsplatz fahren, Individuen zurück, die wagen, selber zu leben, selber zu denken und selber zu fühlen? „Rettet den Eigensinn!" – das meinte Hermann Hesse schon 1918.

Der zweite Punkt ist, daß wir keinerlei Kontrolle mehr haben. Uns hat der wissenschaftliche Erkenntnisfortschritt, weit mehr noch als die Nutzung im technischen Bereich, in eine Welt hineingeworfen, die wir endgültig nicht mehr verstehen. Wir haben keine Grenzen mehr. Wir können scheinbar alles machen, aber wir wissen überhaupt nicht mehr, was wir machen sollen bzw. was wir machen dürfen, weil wir die Parameter der Verantwortung nicht mehr kennen. Wir können zum Beispiel in der Gentechnologie heute im Kampf gegen die Hungersnot in den Ländern der Dritten Welt Tomaten oder Bohnen mit weit höherem Eiweißgehalt züchten, die vielleicht eine erste Antwort auf die Überbevölkerung sind. Aber sollen wir das wirklich tun? Das wissen wir nicht. Wir begreifen langsam, daß unser ganzes Denken, das sich dann auch theologisch niedergeschlagen hat, im Grunde einer so simplen Struktur folgt, wie daß ein Affe von diesem Ast zu jenem springen kann: Wir denken von A nach B, in linearen Mustern der Verknüpfung von Ursache und Wirkung. Was wir zum ersten Mal in den Computern nachspielen können, ist eine vernetzte Struktur von hohen Komplikationsgraden, so daß wir ein beliebiges Biotop oder auch das gesamte System Erde in seinen Zusammenhängen wenigstens zu ahnen beginnen, doch aus diesen Verflechtungen heraus scheint uns keine klare Handlungsanweisung, ja nicht einmal mehr die Abschätzbarkeit von Nutzen oder Schaden vorzugehen.

Illusionär, wie wir waren, und klein in unserem Denken, wie wir uns gehalten sahen, glaubten wir, wir brauchten diese Zusammenhänge nicht zu sehen. Ein simples Beispiel: Es scheint jedem klar zu sein, daß es menschlich sinnvoll sein mag, die Anopheles-Mücke auszurotten, um die Malaria zu bekämpfen und damit eine der Menschheitsgeißeln endgültig in Afrika zu besiegen. Wir tun das gerade, und die Folge ist, daß die Rinderherden unter dem Vormarsch der Sahara weiter in den letzten verbleibenden Grüngürtel Afrikas hineingedrückt werden. Da wird ein noch intaktes Paradies endgültig verwüstet, durch eine winzige ausrottende Maßnahme gegenüber einem einzigen Insekt. Die Malaria war der letzte Schutz des Regenwaldes vor dem Menschen. Und nun zum Vergleich: Wir haben einen Papst, für den die Überbevölkerung nach wie vor kein Problem ist, der in Nigeria sagen kann: Wachset und mehret euch! In der Zeit, in der wir hier miteinander reden, in 1 ½ Stunden, ist die doppelte Stadtfläche vom Gesamtgebiet Kölns in den tropischen Regenwäldern verwüstet worden unter dem Druck des sozialen Elends und der biologischen Bevölkerungsexplosion. Wir begreifen zum ersten Mal, daß wir Menschen Teil einer Natur sind, die uns selber fremd ist, weil wir sie nie wirklich kennengelernt haben. Und wir lernen plötzlich, daß wir keine religiöse Situationsbeschreibung zum Verständnis der Natur im Christentum haben.

Eine der schlimmsten Folgen des kirchlichen Dogmatismus scheint mir zu sein: Wir haben Gott immer ausgelegt auf den Menschen hin, völlig isoliert vom Kontext der Natur. Und im Menschen haben wir wieder nur gelten lassen, was ihn ganz sicher weit entfernt hielt von seinen Triebbedürfnissen, von seinen archaischen Resten. Wenn Sie sagten, das Christentum sei nicht, wie der Buddhismus, eine asketische Religion, möchte ich das schon glauben. Aber integraler, menschlich und psychologisch, scheint mir der Buddhismus, bei weitem mehr als das heutige Christentum.

Der Buddhismus hat zumindest den Gedanken des Einklangs mit der Welt, die uns umgibt, und die Universalität von Mitleid und Liebe zur Grundlage. Alle seine Handlungen sind religiös begründet.

Wir müssen wieder zu einer glaubwürdigen Synthese kommen: zwischen Mensch und Natur kosmologisch und ökologisch, psychologisch zwischen Bewußtsein und Unbewußtem, zwischen Ich und Es, soziologisch zwischen den Machtverwaltern der Kirche und der Basis, die verwaltet werden soll und hoffentlich nicht weiter verwaltet werden will, indem sie Mitsprache, Dialog, Meinungsfreiheit, Transparenz der Entscheidungswege und Mitverantwortung als ihr Recht deklariert und einbringt.

Und ich stelle mir vor, daß wir eine Religion haben müssen, die im Zusammenwachsen der Menschheit in der Welt von morgen lernfähig ist und willens, aufeinander zu hören. Das Modell einer Kirche und eines Kirchenglaubens scheint mir endgültig erledigt, wo wir dastehen und den Missionsbefehl so wahrnehmen wie zu den Zeiten des noch nicht lange zurückliegenden Neokolonialismus, daß wir als erstes die fremden Kulturen in ihrem Zentrum verwüsten müssen, um dann die Botschaft des Christlichen dort hineinzuzwingen.

Wir hätten von den *Hindus* heute so viel zu lernen über die religiöse Interpretation der Natur, über das Sprechen Gottes im Schimmer des Lichts auf dem Wasser oder dem Gesang der Zikaden oder im Rufen der Gibbons in den Wipfeln der Bäume am Morgen. Wir hätten von den *Buddhisten* so viel zu lernen von der Güte gegenüber allen Lebenden, oder von den *Indianerreligionen* über das einfache Entsetzen über eine Kultur, in der es möglich ist, viele Tausende, viele Millionen Menschen dem Tod zu überliefern, nur um gesiegt zu haben, und Ozeane zu verwüsten mit brennendem Öl und Tausende von Tierarten auszurotten, nur um damit Geld zu gewinnen. Wir hätten von den Kindern der Natur zu lernen, was es bedeuten würde, Kinder Gottes zu werden. Das alles wäre der Abschied von den Problemen, über die wir vorhin gesprochen haben. Und nicht zuletzt hätten wir Christen zu lernen von den *Juden* und *Muslimen*, was es heißt, an einen Gott des Himmels zu glauben.

Die gesamte Diskussion über den Dogmatismus der Kirche und wie man ihn versteht, ist ein Scheinproblem angesichts der wirklichen Fragen – eine Ablenkung der Energien von dem, womit wir uns wirklich beschäftigen sollten. Die Menschen fragen nicht mehr, was die Kirche macht. Die Menschen fragen, was sie selber machen können, und zwar unter enormem Zeitdruck, gerade noch am Rande.

Visionen und Auswege

Michael Albus: Es war Erich Fromm, der gesagt hat: Die Menschen sind zu träge, um aus ihrer Geschichte zu lernen. Ich habe den Eindruck, daß in dem, was Eugen Drewermann jetzt gesagt hat, einerseits ein tiefer Pessimismus liegt, andererseits auch ein Optimismus, daß sich das alles ändern könnte. Meine Frage: Gibt es Auswege aus der eben beschriebenen Situation?

Eugen Biser: Ich bin Optimist. Und ich möchte in keinem anderen Jahrhundert gelebt haben als in diesem 20., obwohl es mich wiederholt an den Rand des Todes gebracht hat. Ich kenne kein Jahrhundert, das Größeres geleistet, allerdings auch keines, das Schrecklicheres angerichtet hat. Es ist nicht so sehr die Schlechtigkeit oder Borniertheit des Menschen, was die Katastrophe heraufbeschwört, sondern das unkontrollierte Wachstum an Macht. Offensichtlich erleben wir am Menschen eine Art Überlappung seiner praktischen Fähigkeiten gegenüber seinen Kontrollmechanismen, gegenüber seiner Gewissenskraft, ja sogar gegenüber seiner Intelligenz. Wir können mehr, als wir erkennen.

Deswegen stimme ich Ihrer Forderung zu: Was wir brauchen, auch innerhalb der Kirche, ist die Rezeption der Neuzeit. Der Mensch in seiner Verantwortlichkeit, in seiner Intelligenz, in seiner Erkenntniskraft, auch in seiner Kreativität, muß ein volles Hausrecht sowohl in unserer Lebenswelt als auch in der Kirche erhalten. Deswegen muß die grassierende Ichschwäche überwunden und ein neues Interesse an der Persönlichkeitskultur geweckt werden. Wenn es gelingt, ihm das ungehobene Potential seiner Werdemöglichkeit bewußtzumachen und seinen Willen zur Selbstaneignung zu stimulieren, wird es zu der von Ihnen geforderten Gegensteuerung kommen. Doch wo könnte damit anders der Anfang gemacht werden als in der Kirche, wo doch das Wissen um die unvertretbare Würde der Einzelpersönlichkeit zu den großen Gaben zählt, mit denen das Evangelium unsere Welt beschenkte?

Eugen Drewermann: Ich bin froh, daß Sie jetzt so deutlich sagen: Woran die Kirche leidet, ist die mangelnde Rezeption all dessen, was seit einem halben Jahrtausend in Europa angestoßen wurde und was Gestalt gewonnen hat, füge ich hinzu, in der Kirche der Reformation.

Eugen Biser: Und in deren säkularem Umfeld!

Eugen Drewermann: Ja. Durch die Französische Revolution hat die politische Kultur eine Vernunft gewonnen, die wir heute in der Kirche bitter vermissen. Diese politische Kultur hat, paradoxerweise unter dem Druck des Ausgleichs von Interessengegensätzen, einen Kräfteverteilungsmechanismus gewonnen, der genügend Gruppen miteinander ins Gespräch oder in Kontrast bringt, um sich selber ausbalancieren zu können – lauter Steuermechanismen, die wir in der Kirche nie gewagt haben einzubringen, weil wir immer wieder dachten, die Vorgabe Gottes in einer fertigen Lehre nötige uns zu einem autoritären Lehrstil mit Weisungen von oben nach unten. Die Rettung von alldem steht in Schillers Don Carlos: „Geben Sie Gedankenfreiheit, Sire!" Darauf warten wir.

Aber wir sollten uns auch als Theologen davon Rechenschaft geben: In dem, was wir bisher unter Offenbarung verstanden haben und was wir wie selbstverständlich auf die Person Jesu und auf den Hintergrund des biblischen Kontextes bezogen haben, können strukturelle Einseitigkeiten liegen, deren Konsequenz wir erst jetzt sehr bitter zu spüren bekommen. Viele Probleme, die wir gegenwärtig haben, stammen aus dem abendländischen Interpretationsschema der Welt und der Stellung des Menschen in ihr. So hat im 19. Jahrhundert zum Beispiel die Entdeckung Charles Darwins vom Dynamismus in der Entstehung der Arten und der Einbeziehung des Menschen in die enorme Erstreckung der Zeit und der Geschichte des Lebens auf diesem Planeten den atheistischen aufklärerischen Gedanken hervorgetrieben, weil die Kirche selber statisch dachte, nicht evolutiv sein durfte und sich, ihrer ganzen Struktur nach, der Einsicht in den Weg zu stellen hatte, es könnte Wahrheit von unten nach oben emporwachsen.

Eugen Biser: Ich darf einwerfen: Dies ist geschehen, obwohl es ausgerechnet bei Augustinus eine dynamisch-evolutive Konzeption gegeben hat. Er spricht von den rationes seminales, also von den Keimen, die Gott in seiner Schöpfung angelegt hat und die auf Entwicklung und Fortgestaltung drängen. Das Unglück bestand nicht zuletzt in dem Sieg des Aristotelismus gegenüber dem Augustinismus und der paulinisch-augustinischen Linie, wie sie dann von Denkern wie Bonaventura und Nikolaus von Kues im Hoch- und Spätmittelalter vertreten wurde. Unter dem Eindruck der statischen Denkweise des siegreichen Aristotelismus wurde diese evolutive Konzeption dann allerdings beiseite geschoben. In diesem Sinn wirkte sich außerdem die Resistenz der Kirche gegenüber den dynamisch vorandrängenden Ideen der neuzeitlichen Philosophie und Wissenschaft aus, einschließlich der Evolutionslehre von Charles Darwin.

Eugen Drewermann: Wobei wir hinzufügen müssen, daß das, was Sie richtig beschreiben, auch zu tun hat mit verwalteter Macht. Das Umschwenken von platonisch-plotinischen Gedanken zu den starren Anschauungsformen, den klar zu denkenden Kategorien des Aristoteles ist nicht unabhängig von dem Machtgewinn, den eine Kirche bekommt, wenn sie den Glauben an Gott in eindeutig formulierbaren Sprachspielen festlegen kann. Der Evolutionsgedanke wurde ja auch in der Biologie am Anfang des 19. Jahrhunderts immer wieder verzögert durch den Autoritarismus in der Politik. Die Restauration nach dem Wiener Kongreß zum Beispiel als Entscheidungsinstanz hat dieses Denken für gefährlich und „unwissenschaftlich" erklärt. Die katholische Kirche tut sich bis heute schwer, die Selbstverständlichkeiten dessen, was jeder 14jährige in der Schule heute lernt, religiös zu interpretieren oder auch nur als politische Kultur in den eigenen Reihen zuzulassen. Schon deswegen wirkt das, was wir als Kirchenglauben heute vorgesetzt bekommen, in Anbetracht dessen, was wir in allen anderen Lebensbereichen wie selbstverständlich integrieren müssen, Atheismus produzierend. Und die Kluft wächst in den Köpfen ganzer heranwachsender Generationen immer weiter, mit der Folge, daß wir einer buchstäblich gottlosen und gnadenlosen Welt gegenüberstehen, die uns das Grausen lehrt und eine Angst produziert, die wir immer wieder durch weitere Angstverarbeitung instrumentalisieren.

Hinzu kommt: Im christlichen Abendland, gestützt auf den Boden der Bibel, haben wir uns bis heute geweigert, den Anschluß zwischen Mensch und Tier als eine religiöse Frage aufzugreifen. Auch der Schöpfungsbericht im ersten Kapitel der Genesis wurde im Grunde aristotelisch, nie evolutiv gelesen. Der Mensch war die Krönung der Schöpfung, er allein war der Herrscher über die Welt: und – trotz Joseph Bernhart – man hat sich geweigert, auch nur für möglich zu halten, daß Tiere eine Seele oder vergleichbare Gefühle wie wir Menschen hätten. Man hat auf diese Weise unzählige Grausamkeiten im Umgang mit der Natur an unserer Seite theologisch wie selbstverständlich legitimiert. Und wem das noch kein Problem ist in Anbetracht des Millionenelends der Tiere an unserer Seite, dem wird durch die Psychoanalyse deutlich werden, daß diese Form des Umgangs mit der leidenden Kreatur dieselbe ist, in der wir mit dem tierischen Erbe in uns selber umgehen: Grausamkeit für Grausamkeit! Eine reduzierte Anthropologie, eine verwüstete Kosmologie, dies alles widerspruchsfrei gegründet auf die biblische Botschaft – das macht mich glauben, hoffen und jedenfalls fordern, daß wir von vergleichbaren anderen Religionen, dem Hinduismus, den Naturreligionen, dem Buddhismus, dringlich lernen müssen, mit der Welt zurechtzukommen. Wir sind nicht der Ort der einzigen Offenbarung Gottes auf diesem Planeten, nicht einmal auf diesem Planeten.

Eugen Biser: Es ist gut, daß Sie nach den wiederholten Hinweisen auf Anregungen, die dem Hinduismus und Buddhismus entnommen werden sollten, nun auch auf den alttestamentlichen Schöpfungsbericht zu sprechen kamen. Für mich steht fest, daß einer halbierten und dazu noch einseitigen Auslegung dieses Berichts ein Großteil der Schuld an unseren gegenwärtigen Problemen zuzuschreiben ist. Denn neben den vergegenständlichenden Tendenzen, die schon vom Griechentum, vor allem aber vom Beginn der Neuzeit her in unsere Lebenswelt eingingen, war es vor allem der Satz: „Macht euch die Erde untertan", der immer wieder als eine Art Freibrief für die rücksichtslose Ausbeutung der Natur und ihrer Ressourcen herangezogen wurde.

Eugen Drewermann: Bis zur heutigen Zeit.

Eugen Biser: Ja, daß dieser Satz damit aber mißverstanden wurde, ist den wenigsten deutlich geworden. Schöpferwille kann kein Widerwille zu sich selber sein. Deshalb kann der Satz immer nur meinen: Herrschen nach Maßgabe und im Sinn des göttlichen Schöpferwillens, der selbstverständlich auf die Erhaltung und Förderung des Geschaffenen ausgerichtet ist. Anders hätte nie interpretiert werden dürfen. Das betrifft indessen nur den ersten Schöpfungsbericht. Sie aber haben vorhin auf das zweite Kapitel der Genesis hingewiesen, wo die Erschaffung der Welt ganz anders, fast möchte man sagen dramatisch, genauerhin im Stil einer Genealogie erzählt wird. Dort steht der Mensch nicht am Ende, sondern am Anfang der Schöpfung, die um seinetwillen ins Dasein gerufen wird. Die Welt erscheint hier als der ihm zuerschaffene

Garten, ihm zugewiesen, daß er ihn beschützt und betreut. Beschützt, weil sie, wie die Erscheinung der dämonischen Schlange verdeutlicht, bedroht ist. Und mit dem Kulturauftrag verbunden, weil sie sich in einer Art „Rohzustand" befindet, aus dem er die Dinge durch ihre – schöpferische – Benennung herausführen muß.

Eugen Drewermann: Darf ich dazu etwas ergänzen? Ich glaube, daß in Genesis 2, in der jahwistischen Urgeschichte, ein Moment auftaucht, das wie im Brennpunkt Mißverstehen und Notwendigkeit heutiger Theologie zusammenfaßt. Erzählt wird ja, daß Gott an seiner Kreatur entdeckt, daß das, was er geschaffen hat, offensichtlich anders ist als er selber. Für einen Menschen, heißt es da, ist es nicht gut, allein zu sein. In der Absicht, dem Menschen ein Gegenüber zu schaffen, schlägt Gott in der Geschichte nun aber einen merkwürdigen Umweg ein, indem er als erstes jetzt die Tiere genauso schafft wie den Menschen, genommen aus der Erde, begabt mit seinem Atem. Er führt sie ihm zu und wartet, welchen Namen der Mensch ihnen gäbe. In der gegenwärtigen Exegese finden Sie in den Hauptkommentaren ausnahmslos die Meinung vertreten, die Namengabe für die Tiere sei nach dem Modell des Rumpelstilzchenmärchens zu verstehen: Wer einen Dämon benennt, kann ihn beherrschen, wer die Tiere benennt, kann sich ihrer bedienen. Diese Magie des Machtverleihs lesen wir theologisch selbst noch aus Stellen der Bibel heraus, die uns eigentlich korrigieren könnten. Die sogenannten Naturvölker wußten, daß „sprechen" *tanzen* heißt und daß das Leben ein Tanz ist, den man gemeinsam aufführt mit allen Lebewesen. Deswegen sollten wir auf die Weisheit dieser Völker hören: Den Tieren einen Namen zu geben, ist soviel, wie sie in einen Gesang einzubetten, den sie selber uns gelehrt haben.

Eugen Biser: Ja und ihnen zur Wesensvollendung zu verhelfen. Die Namengebung ist, wie ich bereits bemerkte, im Sinne des semitischen Denkens ein schöpferischer Akt.

Eugen Drewermann: Aber in der christlichen Ethik hat es, bis heute gestützt auf diese Texte, oder wie wir jetzt finden, *trotz* dieser Texte, als Parameter sittlicher Verantwortung auch unter den Augen Gottes nie etwas anderes gegeben als dies: Träger der sittlichen Verantwortung konnte nur der Mensch sein. Nur wir Menschen waren vernunftbegabt, fähig, die Offenbarung Gottes in uns aufzunehmen, der Erlösung bedürftig und teilhaftig und als einzige berufen zur Ewigkeit. Da haben wir schon das ganze christliche Glaubensbekenntnis, das uns als Spezies radikal trennt von allem, was uns an der Seite an Lebendem von Gott anvertraut wurde.

Mit anderen Worten: Es gibt vernünftigerweise, wenn Ethik so konzipiert wird, überhaupt kein Halten. Die Menschheit ist gerade dabei, sich auf 8 bis 10 Milliarden Menschen zu vermehren. Und wenn ich noch zwanzig Jahre lebe, werde ich miterleben müssen, daß Hunderttausende, Millionen von Tier- und Pflanzenarten, die wir überhaupt nicht kennen, herausgedrängt werden aus der Evolution, daß mithin eine Querschnittslähmung durch den gesamten Motor der Lebensentwicklung auf diesem Planeten stattfindet, und zwar mit dem Segen von Theologen, die wieder zu spät bedauern werden, daß die Anthropozentrik ihres Weltbildes ruinös ist. Sie haben auch als Theologen nur Gottes Wort ausgelegt, sie waren unfehlbar, bis in die Gegenwart des jetzt regierenden Papstes hinein. Das macht mich aufschreien, und dies bezeichnet das Ende jeglicher Geduld mit dieser Sorte Theologie. Theologie müßte umlernen, sie müßte beginnen, evolutiv zu denken.

Das hätte freilich auch sofort Folgen für die Kirchenstruktur. Theologie müßte lernen von der Psychoanalyse, daß Geist nicht etwas ist, das vom Himmel fallend in uns eingesenkt ist, sondern das selben einen Teil der evolutiven Prozesse darstellt, und sie müßte uns lehren, eine Ethik zu begründen, die zwischen Denken und Gefühl in uns selber und zwischen Mensch und Tier Frieden stiftet.

Eugen Biser: Ich kann das nur sehr erfreut zur Kenntnis nehmen. Denn anfangs hatte ich den Eindruck, daß Ihre Äußerungen zur Kirche weitgehend aus einer Protesthaltung hervorgingen; das werden Sie vermutlich selbst bestätigen. Jetzt aber, in diesen letzten Ausführungen, kam ein neuer Ton in Ihre Worte. Es war nach meinem Empfinden der Ton der Sorge um die Vorgänge in der Kirche, um das Schicksal der Kirche und um ihre Zukunft in der Welt.

Eugen Drewermann: ... mit dem Menschen angesichts dieser Kirche.

Eugen Biser: Ich hatte wirklich den Eindruck, es sei echte Sorge um die Kirche, um ihr Überleben in dieser Welt und um ihre Rolle, die sie aufgrund des ihr anvertrauten Schatzes in dieser Welt zu spielen hat, denn ihr ist sehr viel anvertraut. Das Bewußtsein dessen, was ihr übergeben und zu treuen Händen überlassen ist, hat auch die früher so sehr in Mitleidenschaft gezogenen Theologen veranlaßt, nicht mit ihr zu brechen, sondern trotz allem dabeizubleiben. Ich denke, diese Sorge, dieses sorgende Mit-der-Kirche-Denken und Für-sie-Denken, wenn auch im Widerspruch, das klang zuletzt aus Ihren Aussagen heraus.

Eugen Drewermann: Dieser Preis ist mir oft zu hoch. Ich stehe immer noch erschrocken zum Beispiel vor dem sehr ehrlichen Rechenschaftsbericht des katholischen Exegeten Otto Kuß, der in Paderborn gelehrt hat und am Ende seines Theologenlebens zur Kenntnis gibt, ich zitiere ihn jetzt frei: „Natürlich wußten wir, daß Dibelius recht hat mit seinem Buch: *Jungfrauen-Sohn und Krippenkind;* natürlich wußten wir, daß die Geschichten von Johannes dem Täufer, von der Jungfrauengeburt Jesu, Legenden sind, aber", das ist jetzt fast wörtlich: „Durften wir denn das sagen unter den Augen des kirchlichen Lehramts? Wir wären doch sofort um die Stelle gebracht worden." Das sind die Leute, von denen Sie jetzt sprechen, Herr Biser. Dieser Preis ist mir zu hoch. Im 20. Jahrhundert hat es zuviel Anpassung gegeben. Wir haben zuviel geglaubt, wir waren zu gehorsam, wir haben uns zu oft gebeugt, wir haben Hoffnung immer wieder in die Zukunft geworfen, anstatt in die Gegenwart, wir haben zuwenig widersprochen, wir haben zuwenig gelebt, wir waren zuwenig aufsässig. Diese Kultur des Widerstandes ist das erste. Ob die katholische Kirche sie duldet, ist für mich das zweite oder fünfte. Erst kommt das Leben, heißt es bei Zuckmayer, und dann kommt die Lebensordnung, erst die Wanze, dann die Wanzenordnung, erst die Menschen, die Glauben suchen, und dann von mir aus auch eine Kirche, die sich dem fügt. Auf diese zu hoffen, irgendwann, ist mir noch nicht entschwunden.

Eugen Biser: Das ist ganz im Sinne Jesu: „Zuerst der Mensch und dann erst der Sabbat." Daß dieser Grundsatz heute neu und angesichts der von Rahner prognostizierten „winterlichen" Verhältnisse intensiver als bisher zum Zug gebracht werden muß, entspricht durchaus meiner Auffassung. Denn es kam nicht zuletzt auch deshalb zur Neuentdeckung Jesu im heutigen Glaubensbewußtsein, damit sein Werk an ihm und seinen Intentionen bemessen werden kann.

Der Zustand des Menschen: Angst – Angstüberwindung

Michael Albus: Wir haben über die großen Strukturen gesprochen, über das, was sich innerhalb der Strukturen verändert, verhärtet, wo Hoffnung ist, wo keine Hoffnung mehr gesehen wird. Ich frage Sie jetzt beide, als Theologen, als Seelsorger, die sich um Menschen kümmern, nach Ihrer persönlichen seelsorglichen Erfahrung. Wie erleben Sie heute den einzelnen innerhalb dieser Strukturen, die Sie beschrieben haben? Mir liegt sehr daran, daß wir den Versuch der Zustandsbeschreibung jetzt zuspitzen auf den Menschen als einzelnen.

Eugen Drewermann: Zwei Erfahrungen sind es, die sich durchziehen: einmal das nackte Grauen vor dem, was Menschen Menschen und der Natur zufügen können, dann aber auch ein inniges und ringendes Bemühen, die Menschen zu verstehen, die das tun. Ich habe noch niemals Gründe gefunden, Menschen zu verachten oder abzulehnen, egal was sie getan haben.

Dieses Bemühen um Verstehen war übrigens der einzige Grund, warum ich überhaupt Priester wurde. Ich hätte sonst, ehrlich gesagt, Amok laufen können. Wenn man sich vorstellt, wie man für diese Welt verantwortlich sein soll, kann man schon allein durch die Vorstellung einen Schrecken bekommen, daß so wenig Menschen ein Problem dabei finden, wie es in dieser Welt zugeht. Was ich heute vor mir sehe in der Seelsorge, hilft mir oft gegenüber der eigenen Verzweiflung, die mich überkommt, wenn ich die Zeitung lese oder fernsehe. In der Seelsorge erfahre ich eine andere Seite: Die Menschen hören nicht auf, zu suchen und sehnsüchtig zu sein. Sie können enttäuscht sein in der Liebe, sie können enttäuscht sein schon seit Kindertagen an der Religion der Kirche, sie können betrogen worden sein im Arbeitsbereich, sie können sich mißbraucht vorkommen in ihren besten Absichten – wenn man sie nur zu Wort kommen läßt, sagen sie Dinge, die biblisches Niveau haben. Eigentlich will kein Mensch das, was da in unserer Welt gemacht wird. Jeder hat zwar irgendwie daran teil, fährt halt auch Auto, hat halt auch einen Kühlschrank, plädiert natürlich für die Vermehrung seiner Löhne und die Ausbreitung der westlichen Kultur. Trotzdem möchte er die Konsequenzen nicht, er schützt sich mit Blindheit.

Die Fragen, die in diesem Zusammenhang politisch aufbrechen, sind gewiß nur politisch lösbar, und ich kann den Druck der damit verbundenen Schuldgefühle nicht von den Menschen nehmen. Aber ich versuche sie zu begleiten bis zu den Stellen, wo sie persönlich ein Stück Übereinstimmung mit sich finden.

Ginge es nach kirchlichen Vorgaben, sollte ich im Gefälle der von Gott gegebenen Offenbarung und der Auslegungen des kirchlichen Lehramtes ganz genau wissen, ob man etwa eine Ehe scheiden kann oder nicht, ob ein Junge homosexuell sein darf oder nicht, ob ein Mädchen vor der Ehe dies und das tun soll oder nicht. Meine Erfahrung ist: Menschen tut immer unrecht, wer von fertigen Vorgaben ausgeht. Hier hatte Sigmund Freud vollkommen recht: Man muß die eigenen Werturteile, die eigene Moral hintanstellen, um offen dafür zu bleiben, was jemand jetzt, mit seinen Träumen, mit seinen Symptomen, mit seiner zerbrochenen Sprache zu sagen versucht. Anders wird man ihn nicht verstehen. Erst wenn man aufhört, ihn zu zensieren, ihn mit fertigen Vorgaben zu normieren oder auch mit Zielvorgaben gegenüber dem Abstand seines Lebens hin zu kontrollieren, den er von meinen Idealsetzungen her hat, erst dann kann man ihm gerecht werden.

In dieser Form der Seelsorge, die ich durch den Juden Sigmund Freud gelernt habe, im Hören auf die Geschichten von Menschen, denen ich so nahe kommen möchte wie nur irgend möglich, glaube ich auch dem Juden Jesus von Nazaret nahe gekommen zu sein. Und ich glaube, in der Nähe zu Jesus den Menschen selber näher gekommen zu sein. Was ich sehe, ist etwas ganz Einfaches: Wenn Menschen wirklich verzweifeln, liegt das nicht an einem brennenden Tanker in der Straße von Malakka oder am Aussterben des tropischen Regenwaldes auf Madagaskar, obwohl das objektiv Gründe genügend wären zu verzweifeln. Wenn Menschen wirklich verzweifeln, liegt das allemal daran, daß mindestens ein Mensch – das genügt in dieser Welt –, auf den sie Hoffnung setzen, weil sie glaubten, er hätte sie ein Stück weit lieb, ihr Vertrauen enttäuscht.

Ich sehe, daß etwas so Einfaches, wie Vertrauen zu haben oder zurückzugewinnen, unglaublich schwer sein kann. Vertrauen zurückzugewinnen, das bedeutet, das abtragen zu müssen, was die Menschen, die einem schon als Kind am nächsten standen, der eigene Vater, die eigene Mutter, an Angst in die Seele eines Kindes gelegt haben – übrigens fast immer im Widerspruch zu sich selber, an den Stellen, wo sie selber verhindert waren, zu leben.

Und jetzt religionspsychologisch ausgedrückt: Der heutige Kirchenglaube ist schon dadurch sehr unglaubwürdig, daß er nicht über Worte verfügt, die unterscheiden lehren oder Rechenschaft geben können, ob das Sprechen von Gott oder Erlösung das späte Echo von Kinderängsten ist, eine neurotisch verfestigte Sprache im Überich, eine Form der autoritären Entfremdung vom eigenen Ich, *oder* ob es in Funktion eines Reifungsprozesses zu sich selbst, einem wirklich personalen Geschehen, steht. Was da stattfindet, kann ich nicht von der Theologie lernen, so wie sie heute gelehrt und organisiert wird. Ich muß das aus dem Kontext lernen, in dem jemand eine bestimmte religiöse Sprache verwendet oder nicht verwendet. Ich habe gelernt, daß manche Menschen, die Gott ablehnen, dem Gott, an den Jesus glaubte, näher sein können als viele Kirchenfromme. Diese Erfahrung war für mich zunächst verwirrend, sie hat mich aber auch mutig gemacht und mir Kraft gegeben, zugunsten der Menschen, die mit viel Risiko neue Wege für ihr Leben versuchen, Rückmeldung an die Kirche zu verlangen, damit sie Platz hätten. Und es tut mir bitter weh, daß die Ausgrenzung heute zugunsten der vorgegebenen vermeintlichen Wahrheitsinstanzen wieder über Menschen hinwegschreitet.

Zum Problem der Seelsorge: Ich meine, daß wir noch vor jedem Recht, das wir uns nehmen, als Theologen zu sagen: Jesus Christus war der Sohn Gottes oder die zweite Person des dreifaltigen Gottes, erst jene Rede studieren müßten, die die Zeitgenossen Jesu selbst verwandt haben, voller Haß oder voller Zustimmung. Was auch immer sie sagten, so herum oder so herum, Tatsache ist: Er war in ihren Augen ein Freund der Zöllner und der Huren. Weit genug sind wir erst, wenn es eine Seelsorge gibt, die genau das vermag: Grenzen aufzubrechen und nur noch Menschen zu sehen und sie verstehen zu wollen, egal, was sie tun, und sie nicht zu verurteilen, sondern weiter hinüberzunehmen nach Jerusalem, damit die Tempeltore sich öffnen. Aber dies ist das Letzte, was die Kirche heute wünscht.

Eugen Biser: Es hat der Seelsorger gesprochen, und dem ist eigentlich nichts hinzuzufügen. Jetzt muß aber auch der Theoretiker zu Wort kommen. Dabei greife ich wiederum auf unseren gemeinsamen Ausgangspunkt, also auf Sören Kierkegaard zurück. Ich habe allerdings den Eindruck, daß wir zwar an zwei eng benachbarten, aber nicht identischen Stellen bei ihm ansetzen. Sie stärker bei seiner „Krankheit zum Tode" (von 1849), ich mehr bei seiner „Einübung im Christentum" (von 1850), die zu der erstgenannten Schrift in einem geradezu spiegelbildlichen Verhältnis steht. Deshalb nehme ich, um die „Einübung" begreifen zu können, natürlich auch von der „Krankheit zum Tode" Kenntnis ...

Eugen Drewermann: ... und ich auch vom „Augenblick" von 1855, die Abrechnung ...

Eugen Biser: ... natürlich, aber jetzt zur Sache. Für mich ist dies von größter Bedeutung, gerade für die Erfassung dessen, was die Menschheit unter den extremen Bedingungen dieses Jahrhunderts, dieser Zeit der beiden Weltkriege und der jahrzehntelangen Drohung eines mit Atomwaffen ausgetragenen dritten, weltweiten Krieges, dieser Zeit des industrialisierten Todes und einer sich ständig perfektionierenden Mediendiktatur, erlitt und erlebte. Die klassische Anthropologie bemühte sich, das „Wesen" des Menschen in den Griff zu bekommen, um sagen zu können, was es um ihn ist. Dabei benutzte sie zu seiner Erkundung die Wasfrage – „was ist der Mensch?" –, auf die sich nach Kant alle Hauptfragen menschlichen Denkens und Strebens zurückführen lassen. Bei Kierkegaard setzt, damit verglichen, ein radikaler Paradigmenwechsel ein, am deutlichsten an einer Stelle seiner Schrift „Die Wiederholung", auf die der Heidelberger Philosoph Karl Löwith mit Nachdruck aufmerksam machte. Etwas gekürzt lautet sie: „Mein Dasein ist zum Äußersten gebracht; es ist geschmacklos, ohne Salz und Sinn." Ich unterbreche, um anzumerken, daß hier wohl erstmals von „Sinn" im modernen Verständnis des Ausdrucks die Rede ist. Kierkegaard fährt fort: „Man steckt den Finger in die Erde, um zu riechen, in welchem Land man ist. Ich stecke den Finger ins Dasein. Es riecht nach – Nichts. Wer hat mich in dieses Unternehmen hereingestellt und einfach stehen lassen?" Und dann die beiden Schlußfragen: „Wo bin ich? Wer bin ich?" Mit der zweiten stimmt er sich ein auf die neuzeitliche, vor allem von der Romantik empfundenen Identitätsnot. Mit der ersten greift er auf die Urfrage zurück, wie sie dem gefallenen Menschen in der biblischen Paradiesgeschichte nachgerufen wird: „Wo bist du?" Es ist die Frage nach seiner definitiven Beheimatung und Geborgenheit, nach dem „Ort" seines Glücks und Friedens und damit nach dem Sinn seines Daseins. Mit ihr reißt Kierkegaard den Abgrund auf, in dem sich der faktisch existierende Mensch ständig zu verlieren droht, den Abgrund, vor dem ihn der „Schwindelblick der Angst" erfaßt und in dessen Tiefe eine sich selbst widerstreitende Verzweiflung nistet, der verzweifelte Wille des geängsteten Menschen, er selbst zu sein, und der ebenso verzweifelte Widerwille dagegen, der Hang, sich fallenzulassen und sich aufzugeben. So lebt der Mensch im Zwiespalt zwischen Selbstbehauptung und Selbstverweigerung, den er aus eigener Kraft nicht zu überwinden vermag, der ihn aber dem in die Arme treibt, der ihm die „Heilung von Grund auf" – das Thema der „Einübung" – verheißt. Die ethischen Folgerungen daraus zog der Kierkegaard-Leser Guardini, wie ich dem noch hinzufügen möchte, bekanntlich in seiner Schrift „Die Annahme seiner selbst".

Eugen Drewermann: Unsere gemeinsame Liebe zu Sören Kierkegaard ist gewiß ein starkes Fundament unserer Übereinstimmung. Aber ich habe Probleme damit, zu sagen: Dies ist die Seelsorge, und nun kommt die Theorie. Sie wollen das ja auch für sich nicht trennen. Kierkegaard gibt eine wichtige Antwort, an die wir heute noch gebunden sind. Vor Augen hatte er den Totentanz des Christentums am Rande der Aufklärung. Da wurde im Grunde versucht, mit den Mitteln des Deutschen Idealismus die Gott-ist-tot-Theologie vorwegzunehmen und positiv zu beantworten. Glaube als Religion schien erledigt für das Denken – das ist die Erfahrung seit Immanuel Kants „Religion innerhalb der Grenzen der reinen Vernunft". Um aber die christliche Botschaft zu retten, für die Politik, für die Gesellschaft und für den Staat, erschien es vielleicht möglich, jenes Denken zu transformieren und philosophisch zu rechtfertigen. Nur mußte es dann eine völlig andere Form bekommen entsprechend den Grundvoraussetzungen: Es muß das Ich selber frei sein, und es muß sich selber in den eigenen Gedanken wiederfinden. Religion darf nichts mehr von außen dogmatistisch Zugemutetes sein. Der Dogmatismus, so konnte Fichte zur gleichen Zeit schreiben, ist ein Nihilismus, der seiner nur noch nicht geständig ist.

Wenn das als epochaler Neubeginn und als Bestandsaufnahme der Zeit richtig ist, stellt sich in der Tat die Frage: Mit welcher Legitimation treiben wir dann noch diese Art von Theologie weiter? Genau das war Kierkegaards persönliches Problem, als er, voller Verzweiflung in Berlin studierend, sich fragte, ob er ein Mädchen wie Regine Olsen lieben und heiraten dürfe. Er notierte damals im Tagebuch: „Schelling faselt fürchterlich." Denn all die schönen Gedankenkonstruktionen enthalten nicht auf eine einzige Frage eines Menschen, der um Liebe ringt, eine plausible Antwort, bei allem Geschwätz von Liebe und Offenbarung, von Geist und Vernunft.

Eugen Biser: Ganz so radikal war das dann doch nicht, denn wenn Sie an sein Konzept der „Wiederholung" denken, hat er doch manches von Schelling, so sehr er ihn verbal abqualifiziert hat, übernommen.

Eugen Drewermann: Natürlich mußte er übernehmen, was er bekämpfen wollte – auch Schelling, Hegel –, um sie loszuwerden! Mit solchem Kierkegaardschen Anspruch möchte ja auch ich Theologie treiben: die historisch-kritische Exegese zum Beispiel – um sie loszuwerden! Nicht anders übrigens auch die Psychoanalyse: Ich betreibe sie, um sie in einer tieferen, religiösen Frage aufzuheben. Man muß das alles kennen, wie eine Art Gift, damit es zum Medikament wird. Aber die Ebene der Medikation muß die Existenz sein, und das ist entscheidend, also: runter vom Dozieren. Für mich war das, und ist es geblieben, die Grundfrage Kierkegaards: Mit welchem Recht wird man ein Dozent der Theologie? Wie kann man verkünden, daß Jesus bis zum Kreuz gelitten hat, auf der Suche nach Menschen, unter den Augen Gottes, indem man im Rahmen der kirchlichen Vorgaben erklärt, warum das alles nötig war unter dem Willen Gottes? Der Professor wird am Ende ein berühmter und angesehener Mann, aber er wird nie da sein, wo Jesus war. Das ist der Unterschied. Und hier liegt das Illegitime in der Theologenexistenz. Darum wollte ich nie etwas anderes sein als ein Trojanisches Pferd, als ein Privatdozent. Das ist etwas Lächerliches, dachte ich, es wird nie bezahlt, für keine Vorlesung, das also kann ich mir erlauben. Daß ich jetzt nicht einmal das sein darf, befriedigt mich, weil es in gewissem Sinn der Kierkegaardschen Problemstellung recht gibt.

Eugen Biser: Insofern erkennen Sie sich natürlich in Kierkegaard weitgehend wieder, und das hat wahrscheinlich auch neue Affinitäten in Ihnen geschaffen.

Eugen Drewermann: Ich will doch noch sagen, wo für mich der Unterschied in der Kierkegaard-Rezeption liegt. Sie haben recht, auf seine kleine Arbeit über die „Wiederholung" im Leben einer Schauspielerin hinzuweisen. Wichtig ist, daß Kierkegaard in „Furcht und Zittern" dieses Moment der Wiederholung noch einmal ganz anders durchspielt. Es kann sein, daß ein Mensch glauben lernen muß, indem er auf alles verzichtet, was er selber erhofft und erwartet. Aus dem Verzicht, etwas wiederzugewinnen, werden zum erstenmal seelische Stadien der Reifung psychologisch reflektiert. Dies ist mir ganz wichtig, gerade an der Gestalt Kierkegaards. Da hat um 1840 ein genialer Mann gelebt, der am Ende wußte: Wenn er von Gott spricht, meint er im Grunde seinen eigenen Vater. Er lebt in der Interpretation des Christentums immer noch im Schatten jener alten Angst, die den jungen Isaak

überkam, als Abraham ihn opfern wollte. Das ist der Punk
mir fürs sogenannte Fegefeuer dringlichst wünsche, Kier
wiederzubegegnen. Denn ich möchte, daß das Neurotisc.
schwindet an all dem, was dieser große Mann gegen die Christenheit eingewandt hat und gegen sich selber. In seinem Werk hat
Kierkegaard all das vorweggenommen, was wir heute Psychoanalyse nennen, Existenzphilosophie und existentielle Dichtung. Er
betreibt Theologie, wie wir sie brauchen. Aber alles nur im Widerspruch. Der Mensch darf bei ihm um keinen Preis glücklich werden. Das ist am Ende so fanatisch asketisch, daß jeder Laientie-
fenpsychologe den Ödipuskomplex ...

Eugen Biser: ... geradezu mit Händen greifen kann ...

Eugen Drewermann: Wir brauchen über Kierkegaard hinaus das,
was er genial angeregt hat und was Sie selber so formuliert haben:
Glauben muß mit Selbstidentität, Selbstfindung, persönlicher Reifung zu tun haben. Kierkegaard hat dies beschworen und gezeigt,
daß ein Mensch nur zu sich selbst kommen kann, wenn er die
Angst überwindet, die es kostet, ein Individuum zu sein, indem er
in seiner Existenz gründet in jener Macht, die ihn selber als reflek-
tierendes Individuum gesetzt hat. Der Bezug zu dem absoluten Ich
ist notwendig, damit ein Mensch sich selbst in seiner Relativität
bejahen kann. Das ist nicht nur ein großartiger Entwurf, um zu
zeigen, was Glauben ist. Es ist zugleich auch das Ende jeder dogma-
tisierbaren Lehrvorgabe in Sachen Glauben. Nichts existiert dann
mehr, was nicht am eigenen Leben geprüft werden müßte. Das ist
das Große, das Revolutionäre, das typisch Protestantische an Kierkegaard, das die katholische Kirche integrieren müßte, wenn sie
für mich je wieder Glaubwürdigkeit gewinnen sollte.

Eugen Biser: Man könnte das natürlich auch etwas milder formulieren und sagen: Der Mensch muß den Glauben in einer Weise
interpretiert bekommen, daß er sich in ihm selber wiederfindet.
Dies ist ja ein Grundanliegen Ihrer ganzen Theologie. Aber ich

hätte gerne den Gedanken von den Gründen des menschlichen Glaubens an Gott fortgeführt. Eine meiner Überzeugungen, die Sie sicher teilen, lautet: Wir glauben nicht an Sätze, sondern an den, den diese Sätze meinen, in dessen Namen sie formuliert sind, der durch sie zu uns spricht und der insofern hinter ihrem Gitterwerk immer neu entdeckt und vernommen werden will.

Aber zurück zum Problem des Menschen! Nach Kierkegaard ist der Mensch ein zutiefst in einem Selbstzerwürfnis begriffenes Wesen. Und daraus entspringt seine eigentliche Daseinsnot, vor allen Dingen jene Angst, die ihrerseits wieder hellsichtig macht für den Abgrund im eigenen Leben. Der Mensch ist das einzige Wesen, das von sich selber abfallen kann – das ist Kierkegaards schreckliche Erkenntnis. Wir kennen die Vorstellung, daß ein Mensch vom Glauben abfällt, ja daß er durch den Abfall schließlich sogar von Gott abfällt. Aber daß er auch von sich selbst abfallen, daß er unter sein eigenes Niveau absinken kann, diese Erkenntnis greift erst mit Kierkegaard um sich und wird dann fortgeführt in der Anthropologie Heideggers und der modernen Existenzphilosophie.

Doch worin besteht das Organ, das diese neue Selbstverständigung ermöglicht? Die Antwort führt über eine umfänglichere Ausleuchtung des meist zu verkürzt begriffenen Gewissens.

Ich denke, es gibt vier Gewissensformen: ein moralisches Gewissen, mit dem wir ständig zu tun haben. Ein kognitives oder intellektuelles Gewissen, das über das Verhältnis des Menschen zur Wahrheit urteilt. Und ein ästhetisches Gewissen, das über das Verhältnis zur Ordnung des Schönen entscheidet und über Kitsch und Kunst urteilt. Doch so, wie Kant die Ansicht vertrat, daß sich die drei Grundfragen des Menschengeistes – die Frage der Philosophie: was kann ich wissen?, die Frage der Religion: was darf ich hoffen? und die Frage der Ethik: was soll ich tun? – auf die ihnen zugrundeliegende Frage „was ist der Mensch?" zurückgeführt werden können, nehme ich Ähnliches auch für die Gewissensformen an. Demnach liegt dem moralischen, dem intellektuellen und dem ästhetischen Gewissen ein fundamentales zugrunde: das „Existenzgewissen", das über die letztlich entscheidende Frage befindet ...

Eugen Drewermann: ... Wer darf ich sein?

Eugen Biser: Ganz genau! Also nicht: was soll ich tun? Nicht: wie habe ich das und das zu beurteilen? und auch nicht: was ist Kunst oder was ist Kitsch?, sondern: wie kann ich sein? Es ist das Gewissen, das hineinleuchtet in den Abgrund meines Selbst und mich aufklärt über den Grad meiner Selbstintegration, meines Selbstverhältnisses: Bin ich wirklich der, der ich sein soll? Habe ich von meinen Möglichkeiten den jeweils besseren Gebrauch gemacht, oder bin ich den Weg des geringsten Widerstands gegangen und habe ich mich einfach treiben lassen? Denn das ist die Alternative: der manipulierbare Mensch, der aber sehr wohl durch dieses Existenzgewissen erfährt, daß er sich manipulieren läßt und daß er auf dem Weg ist, sich selbst und – wie die Bibel sich ausdrückt – seine Seele zu verlieren. In diesem Zusammenhang ist mir noch wichtig, was ich bei Nikolaus von Kues gelernt habe. Dieser geniale Denker hat eine Reihe wenig glücklicher Jahre als Bischof in Brixen zugebracht. Und ausgerechnet in dieser Zeit hat er für die Mönche vom Kloster Tegernsee die kleine, aber wunderbare Schrift „Vom Sehen Gottes" verfaßt. Dort findet sich die wahrhaft luzide Stelle: „Wenn ich in mich selbst hineinhorche, höre ich deine Stimme, die mir sagt: Sei dein eigen, dann bin auch ich dein eigen!"

Was Nikolaus von Kues damit anspricht, beweist, daß das Existenzgewissen in den Bereich der Mystik hineinreicht. Es gibt aber auch einen Zusammenhang mit der heutigen Lebenswelt. Denn was diese letztlich belastet, sind die fortwirkenden totalitären Strukturen. Zu denken, daß Hitler und Stalin diese Strukturen mit ins Grab genommen haben, wäre eine gewaltige Selbsttäuschung. Wir wissen vom amerikanischen Medienkritiker Neil Postman, daß die elektronischen Medien in gewisser Weise das Erbe der terroristischen Diktaturen übernommen haben. Sie erreichen ihre Zwecke nur sehr viel effektiver, weil sie nicht mit den Mitteln des Terrors arbeiten, sondern mit denen der Überredung und Illusion. Nicht mehr diejenigen seien heute zu fürchten, sagt Postman, welche die Wahrheit unterdrücken, sondern diejenigen, die sie in einem Schaum von Belanglosigkeiten untergehen lassen; nicht mehr diejenigen, die Bücher verbrennen, sondern die, die den Menschen die Lust am Lesen abgewöhnen. Das gilt natürlich nicht nur für die Medien, sondern ist Kennzeichen der Leistungs- und Konsumgesellschaft insgesamt. Die Leistungsgesellschaft unterwirft uns einem permanenten Druck, unter dem heute viele Menschen, oft fast unmerklich, zerbrechen. Denken wir nur an die extrem perfektionierte Reklameindustrie, die uns unter der Suggestivität ihrer Einflüsterungen zu Konsumenten von Dingen macht, die wir nicht im Traum gewollt haben. Das ist der häufigste Fall des manipulierten, des ferngesteuerten Menschen. Er tut nicht mehr das, was seiner Überzeugung und seinem tatsächlichen Bedarf entspricht, sondern das, was ihm eingeredet wird.

Diese schreckliche Beobachtung, daß der Mensch unter sich selbst absinken, von sich selber abfallen kann, rückt den Glauben in eine nach meiner Ansicht zu wenig beachtete Perspektive. Und die besagt: Glaube, das ist nicht nur ein Weg des Menschen zu Gott, sondern auch zu sich selbst: ein Weg der Selbstfindung in Gott. Das müßte gerade angesichts des manipulierten Menschen, auch im seelsorglichen Interesse, deutlicher als bisher gesehen und geltend gemacht werden.

Eugen Drewermann: An diesem Punkt kommen wir beide so sehr zusammen, daß der Gesprächsverlauf in eine vollständige Ergänzung mündet. Empirisch geurteilt und systematisch stimme ich Ihnen zu: Die Grundgefährdung des Menschen liegt darin, von sich selber abzuweichen und unterhalb seines eigenen Niveaus in Fluchtmechanismen auszuweichen, die kollektiv mißbrauchbar werden. Auch den Hinweis auf das Gebet des Nikolaus von Kues, das Sie erwähnen, nehme ich mit Dankbarkeit auf. Ich habe es am Ende meines Buches „Kleriker" zitiert und gesagt, wenn das doch wahr würde, was Nikolaus von Kues hier Anfang des 15. Jahrhunderts hat sagen können, wenn es wenigstens im Abstand von mehr als 600 Jahren endlich wahr würde – wir hätten eine ganz andere

Kirche. Und wir hätten die Kraft, eine neue Gesellschaft zu gewinnen.

Eugen Biser: Nikolaus von Kues hätte im Sinne mittelalterlicher Theologie eigentlich umgekehrt votieren müssen: „Ich werde dein sein; dann kommst du ganz zu dir selbst." Aber nein, er setzt die Initiative des Menschen an den Anfang. Insofern ist dieser Satz, von dem ich mit Freuden höre, daß er auch für Sie höchst bedeutungsvoll ist, für mich das Morgenrot der Neuzeit. Hier geht es zunächst einmal um die Initiative des Menschen, um seine Selbstentschließung. Erst dann kommt der göttliche Beistand, der ihm dann zu dem verhilft, was er zwar gewollt, aber nicht gekonnt hat.

Eugen Drewermann: Sehr wahr! Aber es ist, auch nach 600 Jahren, das Morgenrot einer Zukunft, die wir immer noch nicht haben. Nikolaus von Kues entwickelte die konziliare Idee in einer Zeit, als man Jan Hus verbrannte. Diese Ideen verhinderten nicht, daß Giordano Bruno, ein Mann, der ganz ähnlich dachte, 1600 auf dem Marktplatz von Rom verbrannt wurde.

Mit anderen Worten: Damit unsere Ideen wirklich wahr werden und bleiben, müssen sie innerhalb der Realität durchgearbeitet werden. Sonst sitzen wir moralischen Utopien auf.

Gehen wir also gemeinsam davon aus, daß die zentrale Frage der menschlichen Existenz in der Selbstfindung liegt: Wer darf ich sein und wer bin ich selbst? Ich stimme sehr mit Ihnen überein: In dieser Frage liegt der Kern der ganzen Aufregung, die vom Christentum angeregt wurde und die in der Person Jesu zentriert ist. Dann zeigt sich aber gerade bei der Analyse, die Kierkegaard von der menschlichen Existenz gegeben hat, daß es ein Motiv gibt, das den Menschen immer wieder davon abbringt, mit sich selbst zusammenzuwachsen. Das ist von Ihnen richtig als Angst bezeichnet worden. Ich möchte an dieser Stelle die Analyse noch weiter vorantreiben. Es zeigt sich nämlich, daß jedes totalitäre System die Neigung hat, den Menschen gerade diese Angst, die dazu gehört, ein Individuum zu werden, abzunehmen, indem es Vorgaben erstellt, die garantiertermaßen Rechtfertigungen im Leben bedeuten. Das kann eine bestimmte Leistung sein: Man darf leben, wenn man sich – zum Beispiel – als Dozent einen Namen schafft, oder als Künstler einen Ruf, oder als Journalist einen Bekanntheitsgrad. Aber es kann auch sein, daß die Kirche selber so spricht, wie – zum Beispiel – Bischof Dyba in Fulda vor kurzem: „Wer all das tut und glaubt, was die katholische Kirche sagt, der braucht keine Angst zu haben am Jüngsten Tag. Am Kirchentor werden nicht die Küngs und die Drewermanns stehen (letzterer sitzt im Fegefeuer der Tiefenpsychologie). Aber wir sind gerettet …"

Eugen Biser: Ach, deswegen haben Sie sich vorhin mit Kierkegaard im Fegefeuer vorgefunden? Ich dachte, Sie hätten sich doch ein etwas angenehmeres Plätzchen für dieses Interview heraussuchen können.

Eugen Drewermann: Ich habe das für uns beide, für Kierkegaard und mich, vermutet, und manch einen Erzbischof möchte ich erst noch mal aus der Ferne betrachten, um mich an den Himmel zu gewöhnen.

Aber auch jetzt, in unserem Gespräch, haben wir tatsächlich eine Aufgabe vor uns, die uns noch ein wenig an der Seligkeit hindert. Unser größtes Problem liegt darin, wie wir den gesamten ideologiebefrachteten Sprachraum, den die Kirche um Gott und das Einfache der Botschaft Jesu gelegt hat, endlich aufbrechen können. So kann es ja nicht mehr sein, daß wir einer bestimmten Sprache, einem bestimmten gegebenen Glauben folgen und damit eine Garantie für die Ewigkeit in der Tasche haben. Es ist sogar möglich, was Kierkegaard als Kind erlebt hat: Da ist ein Mann wie sein eigener Vater, der versucht, all das zu tun, was die Kirche sagt: er büßt, er leidet, er opfert, und Kierkegaard als Kind schon ahnt, daß dieser Mann trotz aller Gottesdienste, die er besucht, trotz all seiner Gebete, die er verrichtet, im Grunde nicht zum Glauben findet. In den Augen der Kirche ist all das kein Problem, aber für Kierkegaards Vater: Er spricht jedes Wort des Glaubensbekenntnisses vollkommen wort- und sachidentisch nach, er möchte all das genau so für wahr haben, aber er ist in seiner Angst kein Mensch, der Vertrauen hat. Derselbe Mann kann denken, daß er für den Ehebruch an seiner Frau verflucht ist in alle Ewigkeit. Da ist die Moral viel, viel stärker als das Vertrauen. Das erlebt der junge Kierkegaard mit fünf Jahren, als er mit seinem Vater im Zimmer auf und ab geht.

Und jetzt ist dies genau auch meine Frage, weil ich das gleiche bei den Menschen unserer Tage erfahre: Was ist der kirchliche Glaube wert? Wie findet man einen Weg, der die Angst des Menschen abbaut, die ein bestimmtes Gottesbild und ein bestimmter Kirchenglaube selber produzieren können? Und selbst, wenn es alles das gar nicht gäbe, die Frage lautet: Wie bekommen Menschen eine Grundlage unter ihre Füße, damit sie nicht in den Abgrund ihrer Angst versinken?

Das ist der Punkt, wo mir heute selbst Kierkegaard noch zu kurz gedacht hat. Er war ein Genie, das ganze Strömungen, ganze Perspektiven im 20. Jahrhundert vorweg formuliert hat, aber in dem Sinn blieb er natürlich seinem Widerpart, dem Deutschen Idealismus, verpflichtet, daß er sogar den Angstbegriff und die Fehlform des Daseins in Gestalt der Verzweiflung *deduktiv*, aus geistigen Strukturen, entwickelt hat. Das beginnt schon in der „Krankheit zum Tode": „Der Mensch ist Geist. Was ist Geist?" Dann kommen rund zwanzig Ableitungen, wie Menschen ungeistig oder geistlos sich zerstören können, wenn sie ihre Mitte nicht gegen die Angst im Vertrauen auf Gott wiederfinden.

Ich denke, es stimmt, was man Kierkegaard selber, aber auch dem Existentialismus später immer wieder vorgeworfen hat: Hier wird von Welt oder von Geschichtlichkeit, von Sein und Zeit geredet, ohne daß die wirkliche Geschichte, die wirkliche Welt irgendeine Rolle spielt. Kierkegaards Gedanken sind so fixiert auf das persönliche Ich, daß ringsumher eigentlich passieren kann, was will, es spielt für den Glauben keine Rolle. Da liegt von Anfang an natürlich ein schwerer Mangel, der noch gesteigert wird dadurch, daß der Begriff von Geist und Seele, der im Christentum entwikkelt wurde, den Zusammenhang mit den Lebewesen an unserer Seite ständig unterschlagen hat.

Mit anderen Worten: Um zu begreifen, warum Menschen Angst haben und wie sie aus ihren Ängsten erlöst werden können, komme ich heute nicht mehr daran vorbei, die gesamte Verhaltensforschung, die Tierpsychologie und die Psychoanalyse einzusetzen. Die Menschen haben zunächst nicht Angst vor der Freiheit an sich, wie Kierkegaard es lehrt. Das mag der letzte systematische Hintergrund aller Erklärung sein. Aber ein Mädchen hat zum Beispiel Angst, der Mutter zu widersprechen, und ein Junge hat Angst, eine Schularbeit zu schwänzen, oder ein Lehrer hat Angst, sich vor seinem Chef zu blamieren, oder ein Dozent hat Angst, Ideen zu äußern, die veraltet oder noch zu ungewohnt sind. Kurz: alle Ängste sind konkret und haben im Hintergrund eine Frage, auf die Sigmund Freud sehr tief aufmerksam gemacht hat. Er hat gemeint, die Auffassung, alle Angst sei Todesangst, sei zu allgemein und im letzten unbeweisbar. Das Genie Freuds bestand darin, zu sehen, welch eine Angst ein Kind bereits hat, wenn es verlassen wird. *Das* ist im Leben eines Säuglings soviel wie Todesangst.

Nehmen wir ein Beispiel: Wenn wir zu Hause einen Haushund haben, den wir heute für diese Diskussion zurückgelassen haben, ist die Welt dieses Hundes, der auf uns geprägt und dressiert wurde, vollkommen leer, und wir haben keine Sprache, ihm zu sagen, wann wir wiederkommen. Er wird explodieren vor Glück, wenn wir wieder da sind, aber er kann es zunächst nicht wissen, ob wir überhaupt je wiederkommen. Das ist analog etwa zu einem kleinen Kind, das sich in einer Welt vorfindet, in der es ausgeliefert ist, in der es die Mutter oder irgendeinen menschlichen Beistand braucht, buchstäblich um zu überleben. Selbst die Angst vor dem Tod hat viele Gestalten. Und das schlimmste nun ist, daß Menschen selber anderen Menschen noch fürchterlicher werden können als der Tod, und zwar sogar oft beim besten Willen. Das ist das eigentliche Thema der gesamten Neurosenpsychologie.

Auch das gehört zu dem, was ich im „Fegefeuer" mit Kierkegaard erörtern möchte: Glaube kann nicht das sein, was er asketisch später dazu verformt hat: Der Mensch möchte sich selber finden, das sei das Heidnische; aber Christus wollte das Leid, damit wir im Zerbruch aller Unmittelbarkeit der Freude erlöst würden. So kann das nicht bleiben. Ich denke dagegen: Die Chiffre „Fegefeuer" besagt, daß wir nach und nach die Hinderungsgründe auf dem Weg zum Vertrauen im Erbe uralter Ängste, die uns Menschen gemacht haben oder die aus der Tierreihe auf uns gekommen sind bzw. die wir selber uns durch Verstellungen der Wirklichkeit zufügen, durchgehen.

Heute brauchen wir, um uns diesen Fragen systematisch anzunähern, noch andere Einsichten. Die *Verhaltensforschung* kann uns zum Beispiel zeigen, daß wir aus dem Erbgedächtnis von 150 Millionen Jahren Säugetiergeschichte nicht beliebig viele Ängste haben, sondern eigentlich nur vier. Wenn ich sie kurz aufzählen darf: Da ist

Erstens, die Angst zu verhungern – für jeden, der das Ende des letzten Weltkrieges miterlebt hat, ist das gewiß noch sehr nahe, für 50 Millionen Menschen, die jedes Jahr an Hunger sterben, ist diese Angst evident. Sie kann sich aber auch im Gefühl der Depression auf alles beziehen, was wir nicht besitzen, wo wir uns selbst entleeren und keine Ressourcen in uns selber psychisch finden.

Zweitens ist da die Angst, einem Beutegreifer ausgesetzt zu sein, also in der Situation zu stehen, daß wir selber tödlich bedroht werden durch ein anderes Lebewesen. Diese Angst kann bis zum Suizid gehen: In Situationen der Ausweglosigkeit legt uns die Natur einen letalen Ausweg in Form des Vagus-Todes nahe: Alles in uns *will* in solchen Augenblicken instinktiv sterben, um nicht länger zu leiden – ein Gnadenweg der Natur.

Drittens die Angst, durch Normübertretung aus dem Verband der Gruppe herauszufallen, und zwar ohne jede moralische Schuld möglicherweise. Es genügt, daß bestimmte Vorgaben des Sozialverhaltens subjektiv nicht befolgt wurden, und schon bricht Strafangst aus. Das fordert die Frage heraus: Wieviel Angst müßten wir auf uns nehmen, um, zum Beispiel im Schatten einer Diktatur, eine eigene Meinung, ein eigenes Wort, eine eigene Existenz zu reklamieren – koste es, was es wolle? Ich sehe im Neuen Testament, mit welchem Mut Jesus sich zum Beispiel über die Sabbatordnung hinwegsetzen kann zugunsten der Not eines Menschen. Da sind göttliche Gesetze, die man brechen muß, vielleicht lieber als das Herz eines Menschen. Wir hatten zum Beispiel vor 60 Jahren 60 Millionen Deutsche, die wußten seit 1935, daß die Gesetze, die die Nazis machen, zum Beispiel Juden darf man nicht heiraten als Arier, vom Teufel sind. Aber wer hätte gewagt, teuflische Gesetze zu brechen? Und was hat unsere Kirche getan in der Zeit damals? Das Beispiel macht offenkundig, wie individuelle und kollektive Ängste in diesem Bereich zusammenhängen.

Viertens schließlich noch die Angst vor Vereinsamung. Sie hängt psychologisch eigentlich mit dem eben Gesagten zusammen und ist so groß, daß wir, quer durch alle Sprachen, sogar eine eigene Terz beim Rufen um Hilfe und Annäherung gebrauchen, die sogenannte Kuckucksterz: „Hallo" oder „Her da"; das ist ein Tongefälle, das überall auf Erden genauso benutzt wird und offenbar angeboren ist, weil es weittragend ist und Hilfsbedürftigkeit signalisiert.

Auf diesem Hintergrund kommt es mir darauf an zu beschreiben, daß wir theologisch wirklich das sind, als was der Thomismus uns dargestellt hat mit den Worten des Aristoteles: Wir sind denkende Tiere. Das heißt, wir haben all die Ängste, die die Tiere auch haben, bis auf den einzigen Unterschied, daß unser Verstand uns sagt, daß sie im letzten allesamt unentrinnbar sind. Wir können dem Tod so oft entlaufen, wie wir wollen, er wird uns einholen. Wir können so korrekt leben mögen, wie wir wollen, wir werden irgendwann etwas falsch machen. Wir können uns vergesellschaften, wie wir wollen, wir werden irgendwann radikal einsam sein.

Das ist nun der Punkt, wo ich dem Buddhismus Gerechtigkeit widerfahren lassen möchte, dessen Thema im Grunde die Frage gewesen ist: Wie rettet man den Menschen aus der Angst vor Krankheit, Alter und Tod? Und nur wer darauf eine Antwort weiß, wie der Prinz Siddharta Gautama Buddha, der darf und kann nach Hause kommen. Lieber stirbt er, als daß er auf diese Fragen keine Antwort hätte. Hierin liegt für mich die Größe des Buddhismus: Er versucht eine Antwort zu geben auf die großen Grundängste des Daseins, die aus der Tierreihe her in unserer Seele liegen.

Die Ebene der Verhaltenspsychologie, der Ethologie, wird in einem zweiten Schritt jetzt noch von der Psychoanalyse vertieft, indem wir sehen, wie die Ängste der äußeren Realität ein Kind ja nur erreichen können durch die Vermittlung, die Interpretation der Menschen, die es liebt und an die es in gewissem Sinne glaubt. Ich selber entsinne mich noch als Kind, was passierte, als im Bunker Panik ausbrach. Bis dahin waren Bombenangriffe für mich als Vierjährigen nicht gefährlich gewesen. Aber als plötzlich die Erwachsenen, mit denen ich gesungen, gespielt hatte, in Angst ausbrachen, brach für mich der Boden weg. Psychoanalytisch wird man größtes Augenmerk darauf lenken müssen, herauszufinden, welche Fehlinterpretationen der Realität im Bewußtsein der Menschen Ängste schaffen, die eigentlich nicht nötig wären, die aber geformt wurden unter den Ängsten, die die Menschen selber hatten, in deren Gemeinschaft jemand groß werden mußte, Ängste, die sich nun in endlosen Wiederholungsschleifen übertragen und neu einspielen. All dies möchte ich vom heutigen theologischen und seelsorgerischen Bemühen im Namen Jesu durchgearbeitet sehen. Wenn Religion das nicht kann, wenn Sprechen von Gott das nicht vermag, hat es nach meinem Betracht kein Recht, sich zu legitimieren durch die Botschaft des Jesus von Nazaret, der seinen Jüngern sagte, im 6. Kapitel des Markus: „Geht in die Dörfer Galiläas, treibt die Dämonen aus, heilt die Krankheiten, und dann sprecht von der Nähe Gottes."

Wir heute delegieren unsere Neurotiker, unsere Psychotiker nicht selten an die Ärzte, die über die seelischen Dinge kaum etwas wissen und sich über die religiösen Fragen in aller Regel gar nicht Rechenschaft geben. Wir ersparen uns das Durcharbeiten von allem. Und wir wagen es noch, diese Drückebergerei vor den wirklichen Herausforderungen mit Worten der „Erlösungstheologie" und der „Heilsökonomie" des „trinitarischen Gottes" abzusegnen.

Deshalb bin ich auch skeptisch, wenn Sie sagen, die Taufe zum Beispiel sei ein so wunderbares Symbol. Ich glaube das ja. Nur, wir vermitteln es als ein fertiges Sakrament kleinen Kindern und ersparen uns in der Kirche die Neuwerdung von Menschen, die doch so viel ist wie ein Heraustreten aus einer Angst zum Tode, einer Krankheit der Verzweiflung, zu einem Neuanfang radikaler Güte und Gnade.

Dieser Weg ist so lang, daß ich außerhalb von all dem, was ich, angeregt von Sören Kierkegaard und Sigmund Freud, heute in Existenzphilosophie, Psychoanalyse, aber auch in Verhaltensforschung, Evolutionstheorie und Systemtheorie über den Menschen lernen kann, keine Theologie mehr vernünftig begründet sehe.

Eugen Biser: Darin kann ich Ihnen nur zustimmen. Auch für mich besteht eine der zentralen Aufgaben des Christentums in der Angstüberwindung. Mit dieser Zielsetzung ist das Evangelium dem heutigen, von Ängsten heimgesuchten und bedrängten Menschen geradezu „auf den Leib geschrieben".

Doch lassen Sie mich nochmals auf Kierkegaard zurückkommen! Sie haben sicher recht, wenn Sie ihm eine gewisse Einseitigkeit vorwerfen. Diese betrifft in erster Linie sein Verhältnis zur Welt und zur Gesellschaft. Kierkegaard ist Akosmist. Karl Löwith, auf den ich mich bereits dankbar bezogen habe, zitiert Kierkegaard mit dem Satz, daß es ihm gleichgültig sei, auch wenn der Mond „aus grünem Käse" bestehe. Den Kosmos, der für die Griechen das wahrhaft Bedenkens- und Verehrungswürdige war, bringt unser dänischer Kronzeuge überhaupt nicht in den Blick. Das gilt aber genauso auch von der Gesellschaft und damit von der sozialen und geschichtlichen Einbettung des Menschen. Dafür hat Kierkegaard keinen Sinn. Abraham und Lessing, auf die er großartige „Lobreden" hält, sind für ihn nur paradigmatische Spiegelungen des Existenzproblems, keine geschichtlich fortwirkender Gestalten. Ihn interessiert ausschließlich der einzelne. Nicht umsonst sprach sein Interpret Georg Brandes im Blick auf diesen einzelnen von der „Perle", die Kierkegaard in der Tiefe des Menschseins entdeckt und in seinen Werken mit sichtlichem Entdeckerstolz vorgezeigt habe.

Doch nun zu den von Ihnen angesprochenen Formen der Angst. Sicher gehen Sie mit mir einig in der Überzeugung, daß alle Ängste letztlich auf die Todverfallenheit der Menschen – für mich der einzig ernst zu nehmende Einwand gegen Gott – zurückzuführen sind, also auf seine ständig verdrängte und doch nicht zu beschwichtigende Todesangst. Sie ist die Extremform der von Ihnen erwähnten Isolationsängste, die allesamt mit der Befürchtung des Menschen zusammenhängen, plötzlich aus dem Verbund der übrigen ausgegrenzt, allein gelassen und auf sich selbst zurückgeworfen zu werden.

Indessen gibt es sicher auch eine dazu gegensinnige Form der Angst, die in dem Gefühl besteht, von dem, wie Sartre sich ausdrückt, „Allzuvielen", was ständig an Menschen, Dingen, Eindrükken und nicht zuletzt auch an Anforderungen auf uns zukommt, überhäuft, überfordert und regelrecht erdrückt zu werden. Hier handelt es sich vermutlich sogar um eine Urform der Angst, die schon vom Wort her mit Beengung und Atemlosigkeit zu tun hat. Hier liegt aber wohl auch der Schlüssel zu der hochaktuellen Angst, die von der Umweltzerstörung herrührt, also von dem Eindruck so vieler Zeitgenossen, ausweglos in einen durch die zunehmende Unwohnlichkeit der Erde sich ständig „verengenden", zusammenschrumpfenden Lebensraum eingeschlossen zu sein. Man könnte das als eine „kosmische Klaustrophobie" bezeichnen. Doch auch diese „Beengungsangst" – eigentlich ein Pleonasmus – hat eine soziale Komponente, auf die der amerikanische Soziologe David Riesman mit dem vielsagenden Titelwort von der „Einsamen Masse", also der Vereinsamung in der modernen Massengesellschaft, aufmerksam machte. Es ist die Angst vieler Alternder, durch die Auflösung der Familie und den Verlust von Freunden und Bekannten ganz auf sich zurückverwiesen und sich selbst überlassen zu sein.

Fast im Vorbeigehen nannte ich vorhin die menschliche Todverfallenheit und die aller Lebewesen den einzig ernst zu nehmenden Einwand gegen Gott. Deshalb nochmals zurück zum Problem der Todesangst! Auch hier zeichnet sich auf dem Grund der Angst der von Kierkegaard registrierte Zwiespalt ab. Auf der einen Seite wissen wir, vermutlich aufgrund eines aus unserer Leiblichkeit aufsteigenden und immer wieder an uns ergehenden dunklen Bescheids, um unser Sterbenmüssen – nicht umsonst sprach Nietzsche von der „großen Vernunft" unseres Leibes. Auf der anderen Seite widersetzt sich dem unser Intellekt durch sein Unvermögen, sich zusammen mit uns, den Denkenden, wegzudenken; denn bei diesem Versuch bleibt das denkende Ich stets als unauslöschlicher Restbestand zurück. So stellt uns der Todesgedanke vor das unlösbare Problem, etwas Unausdenkliches und doch Gewisses denken zu müssen. Eine Möglichkeit dazu bietet – vielleicht – die buddhistische Meditation als Anleitung, sich ins Nirvana zu versenken und damit einen Zustand absoluter Wunsch- und Willenlosigkeit, womöglich sogar des völligen Auslöschens zu erreichen. Doch das ist keine abendländische Möglichkeit, wohl aber eine Position, mit der sich das Christentum nach Ansicht Guardinis noch auseinandersetzen muß; denn das sei das große Thema des nächsten Jahrhunderts.

Eugen Drewermann: Guardini hat auch gesagt, daß er in der Religionsgeschichte niemanden so dicht an der Seite Jesu wie den Buddha sehe.

Ich möchte aber noch einmal zurückkommen auf die Verwüstung der Welt und des Menschen durch die Angst im Erbe der Tierpsychologie. Der Verhaltensforscher Niko Tinbergen hat die Meinung vertreten, die Tatsache, daß wir Menschen um den Tod wissen, also nicht nur ihn erleben, sondern mit ihm leben müssen, mache uns zu den gefährlichsten aller Lebewesen auf diesem Planeten. Ich lese etwas Ähnliches tatsächlich aus der biblischen Geschichte von Kain und Abel: Da bemühen Menschen sich verzweifelt, bei Gott Aufnahme und Akzeptation zu finden. Sie tun das so, wie noch heute die Opfertheologie der Kirche es ihnen nahelegt: Sie produzieren das Beste, was sie haben, sie verbrennen das Beste, was sie hervorgebracht haben, sie konsumieren es nicht für sich, sie geben es einem Gott, der offenbar immer wieder nur durch Opfer versöhnungsbereit ist. Mehr können sie überhaupt nicht tun. Wenn wir uns heute umsehen, sehen wir lauter Menschen, die so handeln: Sie zerstören ihr Leben, sie verbrennen ihre Freude in der Hoffnung, nach all den Qualen könnte irgend jemand sie doch ein bißchen mögen. Und das Furchtbare ist, je besser das gelingt, wird man, unmittelbar an der eigenen Seite, den Menschen wiederfinden, der uns am ähnlichsten ist: Da erscheint uns der eigene Bruder als Todfeind und Konkurrent, denn gerade weil er alles genauso macht wie wir selbst, wird er uns zur Gefahr. Das, was man bei ihm bewundern könnte, wird für uns zur Gegnerschaft auf Leben und Tod.

Tinbergen nun meinte, wir Menschen hätten im Verlauf der Evolution etwas gelernt, das Tieren fremd sei. Wenn Tiere um die Gunst der Weibchen kämpfen, Hirsche in der Brunftzeit etwa, wird das stärkere Tier siegen. Aber dem schwächeren wird in aller Regel nicht *mehr* zugemutet, als daß es – im Moment jedenfalls – an der Weitergabe der Gene gehindert, aus dem Strom des Lebens ausgegrenzt wird. Es kann woanders sein Glück versuchen und mindestens individuell noch ein Stückchen weiterleben. Wir Menschen als einzige offenbar haben begriffen, daß ein besiegter Feind aus seiner Niederlage lernen wird. Er wird gefährlicher zurückkommen, als er war, mit besseren Waffen, mit besserer Taktik, in günstigerer Wahl des Kampfplatzes zu seinem Vorteil. In letzter Logik ist es unser Verstand, der die Tierpsychologie in uns dahin treibt, mörderisch zu werden und Ängste in unser Großhirn zu implantieren, auf die wir keine Antwort haben. Die Spirale der Angst geht ja weiter.

Auf die Frage z. B., was wir angesichts eines militärischen Aggressors machen, wissen wir bis heute keine andere politisch verantwortliche und verantwortbare Antwort als: ihm zuvor zu sein. Und: schlimmer zu sein als seine Mordkapazität. Wir sind, so wie wir Sicherheit definieren, schon allein unter dem Wahnsinnsdruck der Rüstung im Gefälle der Angst, noch immer bereit, jeden für einen Utopisten und einen unverantwortlichen Spinner zu halten, der an die Bergpredigt erinnern und sagen wollte: Wir müssen endlich lernen, mit Ängsten anders umzugehen, als indem wir sie mechanisieren durch eigene Angstverbreitung. Wir müssen aus der Kain-und-Abel-Geschichte endlich das Richtige lernen, damit wir Menschen werden. So etwas hat bis heute keine Chance. Und das ist doch nur erst die eine Angstform vor dem Beutegreifer und Konkurrenten Mensch!

Auch mit der Angst, zu verhungern, müssen wir neu umgehen. Das Nord-Süd-Gefälle basiert heute darauf, daß wir mit einem Achtel der Menschheit die restlichen sieben Achtel in den Ruin bringen, immer aus Angst, wir hätten noch nicht genug und wir seien nicht genug und wir müßten mit dem Hungertod bezahlen, wenn wir nicht immer weiter raffen und raffen.

Wir aus dem Erbe der Tierreihe erwachsenen Menschen stehen heute global vor der Frage, ob wir auf die Ängste, die dazu gehören, unsere Situation in der Welt mit Bewußtsein zu vollziehen, nur Antworten geben, die lediglich die Tierpsychologie verunendlichen und unsere Situation über jedes Maß in den Irrwitz treiben. Oder, ob wir darauf Antworten finden, in denen wir auf etwas ausgreifen, das nicht die Natur selber ist, die uns in absehbarer Zeit, nachdem sie uns hervorgebracht hat, zurücknehmen wird, sondern auf einen Erfahrungshintergrund, der Vertrauen begründet, weil er mindestens so liebesfähig ist wie wir auch, so vertrauenswürdig wie wir auch, so personenhaft wie wir auch, so gütig wie zumindest manchmal auch wir selber.

Eugen Biser: Wir sind damit schon bei der entscheidenden Frage nach der Angstüberwindung. Bei meinem Versuch, darauf einzugehen, knüpfe ich unmittelbar an Ihre Deutung der Geschichte von Kain und Abel an.

Zunächst einmal kommt in dieser Geschichte geradezu überwältigend deutlich die Dialektik des Gottesbildes zum Vorschein. Dieser Gott ist, mit Rudolf Otto gesprochen, gleichzeitig mysterium fascinosum – deswegen wendet er sich huldvoll dem Opfer des Abel zu – und mysterium tremendum, und deswegen verweigert er sich dem Kain; er stößt ihn zurück mit den bekannten Folgen. Für mich besteht die zentrale Lebensleistung Jesu darin, dieses zwiespältige Bild eines Gottes korrigiert zu haben, von dem ich nicht weiß und wissen kann, ob er mich huldvoll annimmt wie Abel oder ob er mich verwirft wie Kain.

Die von Ihnen in Erinnerung gerufene Geschichte ist aber kaum weniger aufschlußreich für das gebrochene Verhältnis von Mensch und Mitmensch. Denn dieses ist von einem ganz ähnlichen Zwiespalt belastet wie sein Verhältnis zu Gott. Auf der einen Seite ist der Mitmensch für ihn der erwünschte Partner und der ersehnte Freund. Auf der anderen Seite wird er die Befürchtung nicht los, daß sich der Partner und Freund über Nacht und ohne Vorwarnung in einen gefürchteten Konkurrenten und verhaßten Feind verwandeln könne. Und wie viele Partner- und Freundschaften gehen auf diese Weise zu Bruch!

Was die Erzählung von Kain und Abel aber mit der Verleihung des „Kainsmals" nur andeutet, betrifft das nicht minder gebrochene Verhältnis des Menschen zu sich selbst. Denn keiner kann ganz für sich einstehen, keiner gewährleisten, daß er sein Leistungs- und Seinsniveau auf die Dauer zu halten vermag. Nicht zuletzt hat die Erfahrung mit den Diktaturen auf erschreckende Weise gezeigt, wozu harmlose, ja wohlanständige Menschen unter extremen Bedingungen fähig sind. Stets ist der Mensch von außen oder auch von innen her von der Gefahr des Abfalls von sich selbst bedroht. So lebt ein jeder in dem Zwiespalt, für sich und seine Verläßlichkeit einstehen zu sollen, denn nur so ist er für seine Mitwelt kalkulierbar, und im Grunde doch nie ganz für sich einstehen zu können – die wohl intimste Wurzel seiner Lebensangst.

So ergeben sich aus meiner Sicht drei Fundamentalängste: die Angst des zwischen Hoffnung und Befürchtungen hin- und hergerissenen Menschen vor dem unbestimmbaren Gott, die Angst des gleicherweise verunsicherten Menschen vor dem unverläßlichen Du und die Angst des seiner selbst nicht sicheren Menschen vor der eigenen Ambivalenz.

Doch darauf hält das Evangelium Jesu drei wahrhaft „erlösende" Antworten bereit. Die erste gibt er mit seiner Gottesanrede „Abba – Vater!" Denn damit beseitigt er den Schatten des Grauenhaften ein für allemal aus dem Gottesbild der Menschheit, auch aus dem seines eigenen Volkes. Denn sein Gott will nicht gefürchtet, wohl aber aus ganzem Herzen und aus ganzer Wesenskraft geliebt werden, weil er selbst der bedingungslos Liebende ist: gütig selbst gegen die Undankbaren und Bösen! Er sinnt nicht auf Genugtuung und Strafe, sondern auf Heil und Frieden.

Die zweite, nicht minder folgenschwere Antwort gibt er mit dem Gebot der Nächstenliebe, das er – hochbedeutsam für unsere Überlegungen – dem der Gottesliebe gleichordnet. Bekanntlich meinte Kierkegaard, es sollte nicht mit „liebe deinen Nächsten wie dich selbst" übersetzt werden, sondern: liebe ihn „als dich selbst". Erkenne, daß dein Schicksal in ihm auf dem Spiel steht, daß du in deinem Verhalten zu ihm über dich selbst befindest, daß du dich aufgibst, wenn du dich ihm verweigerst, und daß du dich annimmst – wir sprachen von Guardinis Forderung der „Annahme seiner selbst" –, wenn du auf ihn zugehst und ihm beistehst.

Auf die menschliche Existenzangst aber antwortet Jesus mit dem noch nicht von ferne ausgeloteten Wort von der Gotteskindschaft. Denn selbst der „zum Bild" Gottes geschaffene Mensch hing, mit einer poetischen Metapher gesprochen, als „Tropfen" am Eimer der göttlichen Schöpfermacht. Als Kind ist er dagegen in ein genealogisches Verhältnis zu Gott erhoben und damit in das Gottesleben einbezogen. Gott führt seine Sache; er steht für ihn ein. Gottes Vaterliebe setzt seiner intimsten Angst, der Angst vor sich selbst, ein Ende.

So gesehen kann man immer nur wieder sagen: Das Christentum ist in seinem innersten Wesen eine therapeutische Religion, konkreter formuliert: eine Religion der Angstüberwindung. Von der religiösen Situation der Gegenwart aber weiß ich nichts Schöneres zu sagen, als daß die Menschen mit dieser Erwartung auf das Christentum zugehen. Nicht mit irgendeiner, sondern mit eben der, die an die Mitte des Evangeliums, ich sollte besser sagen, die an das Herz Gottes rührt.

Eugen Drewermann: Ich bin glücklich, daß Sie diese beiden Punkte so zentral in die Interpretation der Botschaft Jesu setzen: Glauben ist Überwindung von Angst in Vertrauen und, daraus folgend, Heilung des Menschen bis in die Wurzel seiner Existenz hinein.

Damit wir das wirklich tun können, brauchen wir heute allerdings eine Reihe von Zwischenschritten, die wir nicht zu schnell wegsystematisieren dürfen. Mir scheint auch dies völlig evident: Jesus hat versucht, gewissermaßen einen anderen Standpunkt zu finden inmitten dieser geängsteten Welt, in der einer den anderen flieht in immer den gleichen Teufelskreisen und dann ausweicht zu Machterwerb, Gelderwerb, Herrschaft, Unterdrückung, Sadismus, Leistung, und was sonst die Surrogate sein mögen. In diese Welt des Aberwitzes hat Jesus, wie von einem anderen Stern kommend, statt der horizontalen Achse die vertikale gesetzt, um von Gott her den Menschen zu erlösen. Er hat dies getan durch ein Vertrauen, das sich an dem geängsteten Menschen selber nicht mehr letztlich begründen kann, weil in der Erfahrung der Angst alles ambivalent wird.

Was aber die Grundlage der Ängste angeht, denke ich in umgekehrter Reihenfolge, gestützt auch auf die biblischen Texte, auf die Sie anspielen.

Die Erzählung von Kain und Abel hat ja eine Vorgeschichte im sogenannten Sündenfall. Hier wird vorausgesetzt, daß es sicher nicht an Gott liegt, wenn sein Bild uns als ambivalent erscheint.

Wenn der Mensch so sein könnte, wie er von Gott gemeint war – die Welt wäre ihm ein Garten, meint die Paradieserzählung, und morgens in der Frühe, wenn der Tau noch auf den Wiesen liegt, ginge Gott selbst einher im Garten seiner Welt, fußgleich zu den Menschen. Er ist nicht furchtbar, dieser Gott, sondern den Menschen fast zum Verwechseln ähnlich. Er ist kein allwissender Gott, er lernt immer wieder Schritt für Schritt aus dem, was er gerade macht. Er kann bereuen, was er getan hat, er kann Einsichten gewinnen aus den Handlungen, zu denen die Menschen selber ihn nötigen. Er ist völlig undogmatisch, der Gott der Bibel, er ist ganz und gar anthropomorph gezeichnet und eben deshalb schon sehr liebenswürdig. Was sich abspielt, mit Kierkegaard gesprochen, wenn die Menschen sich selbst und Gott ganz anders erleben, ist das, was Sie an dritter Stelle sagten: es wohnt in ihnen eine Angst, die darin besteht, der Lage ihrer Existenz inmitten dieser Welt und der Situation ihrer Freiheit bewußt zu werden. Frei zu sein bedeutet ein unerhörtes Risiko: Niemand kann mir die Verantwortung für mein Leben abnehmen, keiner kann eine von außen kommende Garantieerklärung liefern, ob das, was ich jetzt tue, richtig oder falsch ist. Die biblische Chiffre in Gen 3, 1–7 dafür ist das geheimnisvolle Bild der Schlange, die in den Mythen der Völker mit Vorliebe den Abgrund, das Nichtsein verkörpert.

Psychoanalytisch wie existenzphilosophisch gesprochen, ist der ganze Prozeß der Selbstfindung viel komplizierter, als daß er sich in einfachen Schemata unterbringen ließe. Kierkegaard zum Beispiel konnte von der *Verzweiflung der Notwendigkeit* sprechen und dabei eine Welt beschreiben, in der Menschen nur dann legitimiert sind, etwas zu tun, wenn sie ein Ableitungsprinzip haben, das zeigt, warum es so und nicht anders notwendig sein muß.

Diese Welt einer verzweifelten Notwendigkeit und Rechtfertigungsbedürftigkeit kennen wir Theologen in- und auswendig. Wir brauchen für die kleinsten Handlungen metaphysische Erklärungen. Wir können kein Auto kaufen und keinen Kleiderschrank, ohne daß wir rechtfertigen müssen, warum Gott uns das jetzt so zur Verfügung gestellt hat. Wir haben eine perfekt erklärte Welt, in der im Kern immer wieder gefürchtet wird, daß wir freie, kontingente, nichtnotwendige Wesen sind. Das ist oft der Inhalt *unserer* Todesangst. Daß wir *sterben* müssen, ist für einen Menschen, der, biblisch geredet, alt und lebenssatt geworden ist, vielleicht fast wünschenswert, jedenfalls nicht schlimm. Aber herausgerissen zu werden aus einem Dasein, das man nie in die Hand zu nehmen gewagt hat – das ist, wie einen Scheck ausgestellt zu bekommen, den man blanco unterschreiben soll, und man weiß genau: die Ziffer, die da eingetragen wird, kann man nie bezahlen. Das bringt uns um den Verstand. Wenn Sterben *das* bedeutet: ein Leben zu beschließen, das nie zu Ende sein durfte, weil es nie angefangen hat, dann ist der Tod ein Fluch. Und so kommt der Tod in Genesis 3 auch in die Welt: für Menschen, die so weit in der eigenen Angst verloren sind, daß sie auch Gott nicht mehr wirklich wahrnehmen. Und jetzt erst beginnt dieser Sog der Angst nach der ersten Infragestellung der Schlange, die Ambivalenz des Gottesbildes und, daraus folgend, die Widersprüchlichkeit des menschlichen Daseins.

Die Dialektik in der Bibel ist an dieser Stelle sehr merkwürdig, und unstimmig sind bis heute auch die theologischen Erklärungen zu der Sündenfallerzählung. Das Problem ist: Gott hat, unter Todesstrafe, verboten, von einem bestimmten Baum zu essen. Daß Gott dieses Gebot gegeben hat, wird in den meisten Kommentaren heute damit erklärt, daß er eine Schranke setzen mußte zwischen sich und den Menschen. Aber: Stünde es so, ginge es nur um den Machterhalt Gottes, und ein solcher Gott wäre in sich selbst tatsächlich so zwiespältig wie die Götter Sumers und Assyriens. Man muß offenbar umgekehrt denken. Gott will dem Menschen nichts vorenthalten. Gott will in dieser Geschichte dem Menschen etwas *ersparen*, was er nur kennenlernen kann, wenn er aus der Einheit mit Gott herausfällt: nämlich, was es bedeutet, als Geschöpf existieren zu sollen, ohne den tragenden Hintergrund seines Schöpfers. Da lautet die erste Entdeckung nach dem Essen vom Baum: Die Menschen sind nackt. In einer Gemeinsamkeit der Liebe ist Nacktheit nicht beschämend, sondern sehnsuchtsvoll. Menschen hingegen, die Angst haben vor den Augen, mit denen ein anderer sie anschaut, brauchen Feigenblätter und werden den Gott fürchten, der genau wie früher in denselben Garten kommt; jetzt aber wie ein Oberaufseher. Mit einemmal sind die Menschen nur noch auf der Flucht. Solche von Angst verwüstete Wesen können Gott nie anders mehr erleben denn als gefährlich, als verfolgend, als rechtfertigungsbedürftig, als in sich selber ambivalent.

Und so beginnt dann die Psychologie *des Opfers* und der Selbstzerstörung. Im Vorfeld dazu aber, das dürfen wir nicht vergessen, schildert die Bibel, daß die Schlange es dahin bringt, dieses Moment eines Verbotes, das den Menschen schützen wollte, umzukehren in eine Setzung, die den Menschen seiner Glücksmöglichkeiten berauben wollte. Kierkegaard hat diesen Prozeß einmal als Selbsthypnose der Angst gedeutet und zum Schlüssel der Erklärung dieser Stelle gemeint: Wenn am Ende uns sogar Gott unglaubwürdig erscheint, muß das daran liegen, daß wir aus lauter Angst nur noch in den Abgrund starren, der uns zu verschlingen droht. Es ist, wie wenn wir auf einem Turm stehen, und es wird uns schwindelig beim Schauen nach unten. Im Schwindel werden wir versuchen, paradoxerweise dort uns festzuhalten und Sicherheit zu finden, wo wir gewiß zerschellen werden: im Abgrund selbst, – wir stürzen nach unten ab. Alles das scheint vollkommen notwendig im Getto der Angst. Wie aber wäre es, wenn wir gar nicht nach unten geschaut hätten, sondern auf die Hand, die uns halten könnte? Ich denke, das ist es, was Jesus bringen wollte. Er wollte die Menschen an der Hand nehmen und zurückführen in ein verlorenes Paradies.

Aber, warum nimmt denn Gott in der Kain-und-Abel-Geschichte den einen an und den anderen nicht? Ich erkläre es mir damit, daß Gott im Grunde *jeden* Menschen annimmt. Nur: die Menschen können das niemals glauben, solange sie Angst haben. Es wird das, was sie machen, niemals gut genug sein, und immer wird es an ihrer Seite gerade denjenigen geben, der ihnen am meisten verwandt ist, der sie aber gerade deshalb bedroht; weil er all die Dinge ganz genau so macht wie wir selber – deshalb ist er unser

gefährlichster Konkurrent. Wären die Menschen voneinander un\
terschieden wie Bantuneger und Eskimos, dann wäre keine Konkurrenz zwischen ihnen zu befürchten. Wenn jedoch Menschen
versuchen, ihre Anerkennung auf dem gleichen Feld, mit den gleichen Mitteln, mit demselben Tüchtigkeitsgrad zu erkämpfen,
wird die Konkurrenz tödlich. Und das ist die Welt, in der wir heute
leben.

Jesus hat einmal ein wunderschönes Gleichnis gerade auf diese
Situation hin erzählt: die Geschichte von den unterschiedlichen
Talenten: Jemand hat das Gefühl, er ist von vornherein minderpri-
vilegiert, mit dem einen Talent wird er nie ankommen gegen die
Brüder, die vier oder fünf Talente haben, und aus lauter Angst tut
er gar nichts. Er vergräbt alles, was er hat. Diese Haltung ist völlig
logisch, solange wir nur Menschen sehen, die untereinander in
Konkurrenz leben, und nur darauf starren: Wer kann es noch besser? Die Lösung, die Jesus in seinem Gleichnis findet, besteht
darin, die Angst bis zum Äußersten zu treiben. Er zeigt, daß diese
Spirale nie zu Ende kommt. Der Mann wird am Ende seinen eigenen Herrn, der Mensch seinen Gott, für eifersüchtig, willkürlich
und monströs halten. Einen solchen Gott kann man nur bestrei-
ken. Und ich glaube, was wir heute Unglauben in unserer Gesellschaft nennen, ist weitgehend ein solcher Streik des Bewußtseins
gegenüber unserem angsteinflößenden Kirchengott. Das machen
die Menschen nicht mehr mit, ganz einfach. Diese Probleme sind
zweitausend Jahre alt. Und genau das sah Jesus vor sich, als er
sagte: Umgekehrt müßtet ihr denken. Gott will doch überhaupt
nicht mehr, als er euch gegeben hat. Du mußt nicht danach schie-
len: Hat der andere mehr oder weniger? Du mußt ganz einfach sehen: Wer du bist vor Gott – und dann bist du wunderbar genug.
Du brauchst keine Angst zu haben.

Es gibt eine wunderbare taoistische Geschichte, die das beschreibt: Ein Mann geht übers Land und sieht im Schein der Sonne
seinen Schatten. Der macht ihm angst. Und dieser Mann läuft und
läuft, um dem dunklen Schatten zu entrinnen, bis er tot zusammenbricht. Was wäre, wenn der Mann sich unter einem Baum nie-

dergesetzt und ausgeruht hätte? Aber darauf kam er nicht in seiner Angst.

Ich glaube, daß Jesus für uns viele Orte bilden wollte, um auszuruhen. Darum sagte er: „Kommt zu mir, Mühselige und Beladene!" Oder: „Selig sind die Weinenden!" Wie man zurückfindet, vorbei an den Wächterengeln mit dem Flammenschwert, zum Ort eines Vertrauens, wo Menschen endlich wieder leben könnten, das ist die ganze Geschichte des Lebens Jesu in meinen Augen.

II. Das Glaubensbekenntnis

Erlösung – Befreiung – Gottesbild

Michael Albus: Wenn wir jetzt zum Glaubensbekenntnis selber kommen, zu den wichtigsten Punkten, dann sollten wir das nicht Artikel für Artikel tun, das wäre schulmeisterlich, sondern in den großen Komplexen, die sich hier anbieten und die sich auch aus der Konsequenz unseres Gesprächs ergeben. Es geht zunächst um die Frage der Erlösung von der Angst, denn Erlösung ist ja ein anderes Wort für Angstüberwindung. Und Angstüberwindung ist wohl der generelle Gesichtspunkt, unter dem wir das Glaubensbekenntnis schon bisher diskutieren.

Eugen Biser: Unter dem Eindruck einer stark besuchten Drewermann-Tagung wurde gefragt: Warum strömen die Massen zu Drewermann, und warum werden die Kirchen immer leerer? Meine Antwort darauf lautete: weil er in seinen Lesern und Hörern eine Erwartung weckt, die in dieser Intensität von keinem anderen ausgeht. Wie die wissenschaftliche Erkenntnis nicht nur von denen gefördert wird, die neue Theorien entwickeln, sondern ebenso von jenen, die neue Fragen stellen, so lebt der theologische Erkenntnisfortschritt nicht nur von den Entwürfen neuer Systeme, sondern auch von denen, die eine Veränderung der Glaubenserwartung herbeiführen. Die von Eugen Drewermann erweckte Erwartung bezieht sich nach meinem Eindruck auf eine Neuinterpretation des Glaubens, die sich vom Programm der „Neuevangelisierung" deutlich unterscheidet.

Mir scheint, daß die Probleme, die viele mit ihrem Glauben haben, nicht so sehr die geglaubten Inhalte als vielmehr die Tatsache betreffen, daß diese Inhalte in nichtinterpretierten Formeln tradiert werden. Wenn eine Aussage jedoch als bloß unreflektierte Formel weitergegeben wird, kommt es zunächst zwar zu einem oberflächlichen Verständniseffekt: Man glaubt sie zu verstehen, einfach weil sie seit Jahrhunderten so tradiert worden ist. Aber im weiteren Verlauf kommt es zu einer Abschleifung dieser Formeln; denn wenn sie nur in stereotyper Weise weitergegeben werden, sinken sie eines Tages zu nicht mehr verstandenen Leerformeln herab. Genau an diesem Punkt stehen wir in unserer derzeitigen Glaubenskrise. Durch Eugen Drewermann scheint etwas aufgebrochen zu sein, was zunächst einmal den Charakter einer bloßen Erwartung hat. Inhaltlich gesehen aber zielt es auf die von mir angesprochene Neuinterpretation des Glaubens.

Eugen Drewermann: Ich will hinzufügen: Die Neuinterpretation setzt eine Veränderung in der Lebensform voraus, die uns als theologischen Stand zutiefst betrifft. Wir haben von dem Problem Kierkegaards gesprochen, ob man es rechtfertigen kann, im Angesicht Jesu Dozent des Christentums zu sein. Er hat das für unmöglich erklärt, und das leuchtet mir ein. Wenn das aber stimmt, was wir jetzt gemeinsam sagen: die Menschen brauchten, um zu sich selbst und zu Gott zu finden, eine Befreiung von der Angst, dann ist bei dieser Diagnosestellung mitgegeben: Angst kann sich nur beruhigen im Gegenüber eines anderen Menschen, der durch seine Nähe, durch sein Vertrauen, durch seine Liebe einen Ort der Ruhe bildet, gerade dort, wo im Abgrund der Angst alles sonst zu versinken droht. Keine Theorie, keine Erklärung, keine Interpretation, und sei sie noch so richtig, vermag dies. Wenn die Diagnose wirklich stimmt: die Menschen leiden fundamental und basal an der Angst – dann hilft ihnen nur ein Mensch, der sich riskiert. Und das bedeutet: die ganze Bergpredigt Jesu müßte noch mal neu in diesem Sinn durchlebt und durchlitten werden. „Selig sind die Weinenden" heißt dann: Glücklich sind die Menschen, die sich noch getrauen zu weinen, denn nur sie werden Weinende trösten können.

Und „Selig sind die Armen" heißt dann: Glücklich sind die Menschen, die zu ihrer Armut ja sagen, nur die werden zu den Armen Zugang gewinnen. „Glücklich sind die Wehrlosen und die Ungeschützten" heißt dann: nur sie werden diejenigen verstehen, die vor Angst verkommen. Es gilt in all dem offensichtlich, sich in einer Form mit dem eigenen Leben zu wagen, der gegenüber uns das Lehramt, die Kirche, die Beruhigung in den fertigen Formeln, in den festgelegten Sprachspielen, in der Verwaltung kirchlich entscheidender Macht geradezu geschützt hat. Es hat sich damit sehr weit entfernt von der Wirklichkeit des Jesus von Nazaret.

Heute gerät selbst die Frage danach, was eigentlich den Menschen so verloren macht, sobald wir sagen, es sei Angst, unter Verdacht. Der Vorwurf lautet, wir nähmen die Kirchensprache nicht wirklich ernst genug, der Mensch müsse vielmehr erlöst werden von der *Sünde*. Wir stehen heute kirchlich in einer Situation, wo bereits der Versuch, die Worte ein wenig zu verändern, *denen* Angst macht, die in der zwangsneurotischen Sicherheitsformel sich zu beruhigen gewohnt waren.

Aber Sehnsüchte und Erwartungen sind geweckt, daß Glauben endlich wieder verbunden werden soll mit Leben. Ich glaube, die Krise des religiösen Bewußtseins in der Neuzeit hat zentral damit zu tun, daß die Reformversuche der Kirche seit Jahrhunderten, seit den Tagen des Jan Hus und Martin Luther, fehlgeschlagen sind. Wir haben vorhin schon kurz das Problem angesprochen, wie Seelsorge und Systematik sich verbinden. Das war ja das Ereignis Luthers: das seelsorgliche Anliegen, rückverbunden mit der Botschaft der Bibel, theologisch reflektiert, und zwar jetzt nicht mehr als geduldiger Vorschlag, sondern als unbedingte Forderung an die real existierende Kirche zurückgemeldet, da gibt es in diesem Punkt schon für Luther kein Zögern mehr und kein Bitten. Es gilt, im Namen Jesu endlich zu verwirklichen, was auf dem Spiel steht.

Wenn wir von Angst reden, können wir uns Ende des 20. Jahrhunderts zudem auch nicht mehr in der akademischen Formel der Angstanalysen des Existentialismus beruhigen, in den Ableitungen aus den Freiheitsstrukturen des Bewußtseins. Wir müssen den ganzen gequälten Weg der Triebangst, der Realangst, der Über-ichangst, der Schuldgefühle, der Wiederholungszwänge, das rie-sige Erbe aus Jahrmillionen Säugetierevolution, die ganze Bedürf-tigkeit der Armut des Menschen durcharbeiten.

Das Problem ist freilich: Wer von uns Theologen hat heute den Mut, so zu denken, geschweige denn, so zu leben?

Michael Albus: Sie haben eben die Formulierung von der zwangs-neurotischen Sicherheitsformel gebraucht. Ich habe immer wieder die Erfahrung gemacht, daß Menschen in schwerer Not, körper-lich oder seelisch, Beruhigung finden, wenn man ihnen eine For-mel sagt, die ihnen von Kindheit auf vertraut ist. Ich kann darin aufs erste nichts Krankhaftes sehen.

Eugen Drewermann: Also genauer: Ich denke mit Ihnen, jeder kann sich beruhigen lassen, indem man ihn mit der Hand strei-chelt oder indem man ihm Erinnerungen an Orte vermittelt, in de-nen und an denen er sich als Kind geborgen fühlte. Wenn eine Formel das leistet, ist das psychologisch gerechtfertigt. Aber etwas vollkommen anderes ist die kirchliche Realität, die wir vor uns ha-ben. Man absorbiert die Angst, die zur Unsicherheit und zur Risi-kostruktur des Daseins gehört, indem man lehramtlich sichere Antworten gibt, die intellektuell indessen weder den Charakter eines Beweises noch einer Gewißheit haben können, bestenfalls eines Hinweises, eines Versuchs, es zu wagen, eines flehenden Ge-betes, wie Herr Biser so schön sagte. Statt dessen aber werden mit bestimmten Formeln in der Kirche Wahrheitsgarantien gegeben. Und was das schlimmste ist: es wird sogar der Zweifel an diesen Sicherheitsformeln unter Androhung von Sünde verboten. Mit anderen Worten: Es ist fortan nicht einmal mehr möglich, intel-lektuell redlich den Bereich zu definieren, in dem wir uns noch einigermaßen auskennen und in dem wir uns nicht mehr auskennen. Die Formel beruhigt in einer Weise, die das Denken verbiegt, die das Gefühl zerstört und die das Leben ruiniert. Sie nimmt dem Menschen die Verantwortung und die Chance, bei sich selber beginnen zu müssen, aber auch zu dürfen, um in einem ehrlichen Dialog zu suchen, wo er steht.

Ich sage es einmal mit einem Wort des Malers van Gogh, den ich sehr liebe. Der beruhigte seine Angst, die ihn bis zur Psychose treiben konnte, indem er das Geflecht im Wurzelgrund eines Baumes, oder Äpfel oder Birnen auf einem Tisch zu malen versuchte. Er wollte, daß die Dinge so zu reden anfangen, daß sie Vertrauen bilden. Dieser Maler war ein tiefreligiöser Mensch, der irgendwann seinem Bruder schrieb: „Ich male nicht mehr Kathedralen, aber das Antlitz von Menschen möchte ich malen. Die Religion der Priester ist tot, mausetot, ich aber liebe, und also lebe ich doch."

Dieses Wagnis, von der Akademie herunterzukommen und sich ins Leben zu getrauen, sei es, wie bei van Gogh, vielleicht auch rein dilettantisch, autodidaktisch, aber lebendig, glühend und liebend, hat für mich zu tun mit dem Autodidakten und glühenden Propheten Jesus von Nazaret. Alles andere ist ein Possenspiel darauf, eine Travestie des Christus.

Eugen Biser: Das ist jetzt eine entschiedene Verdeutlichung Ihres Standpunktes. Ich würde jedoch die Formeln so schlecht nicht beurteilen, Herr Drewermann. Formeln sind Gefäße, und Gefäße bergen einen Inhalt. Es kann natürlich sein, daß man nur noch auf das Gefäß Wert legt und den Inhalt mehr oder weniger vergißt. Aber es kann auch geschehen, daß das Gefäß aus irgendeinem Grund zerbricht und daß der Inhalt verlorengeht. Diese Gefahr scheint mir bei Ihnen, offen gestanden, bisweilen gegeben zu sein.

Doch möchte ich jetzt auf etwas Wesentlicheres eingehen, denn aus Ihren Worten ist jetzt Ihr theologischer Ansatz mit unüberbietbarer Deutlichkeit hervorgegangen. Was Sie wollen, ist die vollkommene Einbringung des Menschen in den religiösen Akt. Der Mensch soll in seiner ganzen Befindlichkeit, auch in seiner ganzen Vorgeschichte bis hinein in seine evolutionäre Vorgeschichte ins Spiel gebracht werden. Der Mensch soll sich im religiösen Akt selber annehmen lernen, auch mit all seinen Defiziten, mit seinen Sorgen, mit seinen Nöten, mit seinen Ängsten. Soweit meine Wiedergabe Ihres Standpunkts.

Nun bin ich versucht, das Gesagte ins Methodologische zu vertiefen; denn Sie wissen ja, daß das ein Gegenstand ständiger Kontroversen ist, besonders im Blick auf Ihre tiefenpsychologische Methode.

Zwischen uns geistern ja immer zwei Gestalten, Kierkegaard und Nietzsche. Nietzsche hat sich in einem seiner letzten Werke zu dem Satz verstiegen, daß er mit dem Hammer philosophiere. Ich habe manchmal den Eindruck, daß Eugen Drewermann mit dem Hammer Theologie treibt. Aber Nietzsche hat auch gesagt, daß er den Hammer wie eine Stimmgabel verwende, und ich habe den Eindruck, auch das tun Sie. Wenn ich mir nun die Natur der Stimmgabel genauer vergegenwärtige, dann ist das in erster Linie gar nicht die tiefenpsychologische Methode; denn die ist meines Erachtens nur die Instrumentalisierung von etwas ganz anderem. Die Stimmgabel, Herr Drewermann, sind Sie selber. Sie legen sich selbst mit Ihrer ganzen menschlichen Erfahrung, auch mit Ihrer theologischen Leidensgeschichte, wie eine Art Raster über das Evangelium, oder besser gesagt: Sie gehen mit sich selbst als Stimmgabel an das Evangelium heran, um seine Botschaft nach ihren Untertönen abzuhorchen, insbesondere nach jenen Tönen, in denen es vom Menschen und zu Menschen spricht.

Was ich da sage, habe ich bei Nietzsche gefunden. Als dieser erkannte, daß ihm die Ausarbeitung des über Jahre hinweg angezielten systematischen Hauptwerks nicht mehr gelingen werde, verfiel er auf den genialen Gedanken, seine bereits veröffentlichten Werke einer Neulektüre zu unterziehen, wobei er sich seiner eigenen Person wie eines Prismas, also als einer Art lebendiger Lesehilfe, bediente. Das Ergebnis ist das an die augustinischen „Retractationes" (Überprüfungen) erinnernde Mittelstück seines Lebensrückblicks „Ecce homo" mit den mitunter fulminanten Äußerungen zu seinen früheren Werken.

Noch wichtiger ist mir aber etwas anderes. Gleich zu Beginn Ihrer Ausführungen haben Sie etwas ganz Wesentliches zum Problem der Angstüberwindung festgestellt: Angst werde nicht durch irgendwelche Therapien überwunden, auch nicht durch Formeln, erst recht nicht durch Drogen, sondern durch menschliche Zuwendung. Wenn ich das Gefühl habe, daß jemand für mich da ist und mich annimmt, dann schmilzt der Eisberg der Angst in meiner Seele weg. Bei aller Zustimmung berühre ich damit zugleich den entscheidenden Differenzpunkt zwischen Ihnen und mir. Wenn es gelingen würde, den aus der Welt zu schaffen, könnte ich mich wirklich glücklich schätzen.

Ihnen ist wiederholt vorgeworfen worden – und einige Ihrer Äußerungen scheinen diesen Vorwurf auch zu stützen –, als gelte das, was ich vorhin von Ihnen im Blick auf Nietzsche sagte, auch von Ihrem Verhältnis zu Jesus und seiner Botschaft. Und das besagt: als sei er für Sie in erster Linie eine Art Detektor für die Erschließung menschlicher Zustände, Befindlichkeiten und Notstände, therapeutisch gesehen: eine Hilfe zu menschlicher Selbsterfahrung, Selbstfindung und Selbstheilung. An dieser Stelle möchte ich nun nochmals Kierkegaard mit seinem Schlüsselwerk, der „Einübung im Christentum" ins Spiel bringen. Denn in dessen Zentrum geht es exakt um das, was Sie als das Wesen der Angstüberwindung ausgemacht haben: die Zuwendung. Nur bezieht sich diese jetzt auf den Satz, den Kierkegaard im ersten Teil der Schrift wie das Thema in einer Variationenfolge behandelt: „Her zu mir, ihr Bedrücken und Bedrängten; ich will euch aufatmen lassen" (so die schöne Übersetzung von Fridolin Stier). Was er mit Hilfe dieses Heilsrufs entdeckt, faßt er schließlich in den lapidaren Satz zusammen: „Der Helfer ist die Hilfe." Was ist damit gemeint? Die Antwort kann nur lauten: etwas nie Dagewesenes! Bekanntlich lebt die Weltgeschichte von ihren Großen, am meisten jedoch von den großen Wohltätern der Menschheit. Mit ihnen hat Jesus vieles gemein. Wie die Philosophen von Platon bis Hegel will auch er Licht in das Dunkel von Wahn und Irrtum bringen. Doch nur er kann von sich sagen: „Ich bin das Licht der Welt." Wie den Moralisten von Konfuzius bis Kant geht es auch ihm um Verinnerlichung der menschlichen Sittlichkeit. Doch nur er kann von sich sagen: „Ich bin der Weg." Und wie die großen Sozialkritiker erstrebt er mit seiner Reich-Gottes-Botschaft die Vermenschlichung, um nicht zu sagen, die Vergöttlichung der sozialen Verhältnisse. Doch nur ihn konnte der größte Denker des Frühchristentums Origenes das „Gottreich in Person" (autobasileia) nennen. Denn Jesus unterscheidet sich von den übrigen Wohltätern der Menschheit dadurch – und darin besteht die bahnbrechende Entdeckung Kierkegaards –, daß er sich in und mit seinen Gaben selber gibt. In dieser fortwährenden – und fortwirkenden – Selbstübereignung besteht der mystische Kern des Christentums. Jesus kommt auf mich zu, genau in der Form, wie Sie es in Ihrer Rede vom Wesen gelungener Angstüberwindung beschrieben haben, und nimmt mir durch die Bestätigung, die er mir angedeihen läßt, durch seine Selbstzuwendung, also durch die Tatsache, daß er sein Leben mit dem meinen vereinigen und teilen will, die Angst aus der Seele. Ich möchte hoffen, daß Sie dem zustimmen können.

Eugen Drewermann: Vollkommen. Und mehr als Sie wünschen. Ich gehe dieser Dreierstaffelung Ihrer Darlegung noch einmal nach und beginne mit dem Wert, den Formeln haben.

Ich gebe ein Beispiel. Als Priester, 25 Jahre lang, war ich gelehrt worden und gewohnt, das Institut der Beichte zu pflegen. Menschen kamen, sagten ihre Sünden, soweit sie entlang dem Beichtspiegel dazu imstande waren, betonten, daß ihnen das Begangene leid tue, und ich gab ihnen die priesterliche Lossprechung. Ich habe mittlerweile lernen müssen, daß das Institut der Beichte fast wie tot erscheint. Es kommen heute nur noch Kinder, die abhängig genug sind, dem elterlichen Zwang samstags um 16 Uhr nicht ausweichen zu können, und alte Leute, die in innerem Zwang kaum anders können. Da ist eines der kostbarsten Sakramente der Kirche stumpf geworden, weil es den Detektor, wie Sie sagen, nicht mehr bietet, der von der Gestalt Jesu in den Formeln der Selbstbegegnung und der Selbstannahme liegen könnte. Gewiß kenne ich auch Situationen, wo Menschen der Formel bedürfen. Die aber sind für mich erkennbar zwangsneurotisch; ich gebe ihnen, wenn nötig, die Lossprechung dreimal am Tag, schon damit sie wenigstens eine Stunde in Ruhe wieder atmen können; dann aber verbraucht sich das Vertrauen gleich einer Batterie, die leer wird, und es ist eine neue Beruhigung notwendig. Das sind Krankheitszustände, die ich nicht ändern kann und wo ich gewissermaßen das zwangsneurotische Ritual mitspiele, um Erleichterung zu schaffen, immer im Bewußtsein, es durch die Mechanik möglicherweise noch zu verstärken. Was ich gerade im Umgang mit der Beichte gelernt habe, ist dies: Noch viel wichtiger, als das Zeichen der Lossprechung von außen zu geben, müßte der Weg sein, der Menschen dahin bringt, zunächst einmal zu verstehen, warum sie dies und das getan haben. Das ist freilich ein oft langer Weg. In aller Regel können die Menschen gar nicht bereuen, was ihnen da passiert ist. Sie begreifen auch nur im ungefähren, daß ein bestimmter Charakteraufbau hinter ihren Mängeln oder Fehlern oder Versagensformen steckt. Noch weniger wissen sie, wieviel an Prägung aus der frühen Kindheit da mit eingeht. Wie weit sie Opfer sind und Täter, ist ihnen selber zumeist nicht klar. Vor allem aber: Es gibt so viele Gründe, vor sich Angst zu haben, sich zu schämen, sich unfertig vorzukommen, also sich auszuweichen und sich selber alles mögliche vorzumachen, daß man wirklich dringend eines Gegenübers bedarf, von dem man weiß: es wird sicher nicht verurteilen, denn nur so kann man sich selber gegenüber ein wenig Ehrlichkeit aufbringen. Wenn ich dem anderen zusagen soll, daß Gott ihm vergibt, dann möchte ich das nur im Nachsprechen dessen tun, was er selber erfahren hat, nach Art eines Resonanzeffekts sozusagen. Anders fühle ich mich dazu nicht bevollmächtigt.

Nun sehe ich freilich, daß die Kirche diesen mühsamen Prozeß, der durchaus den Charakter einer Psychotherapie annehmen kann und mit vielen analytischen Mitteln arbeiten sollte, wenn er fruchtbar werden will, verbeamtet und verrechtlicht hat, und eben darin liegt wieder die Gefahr für eine wahrhaft religiöse Erfahrung. Wenn „Vergebung" veräußerlicht und also magisch verwaltet ist, macht dies die Menschen abhängig. Und selbst wenn das alles noch hingehen möchte, mein Vorwurf lautet, daß die Menschen, die als Kirchenbeamte bei „Vergeben" fremder „Sünden" so tun, sich nicht wirklich aussetzen, nicht der Not, nicht der Verzweiflung.

Wir stoßen auf ein Problem, auf das Sie, Herr Biser, in Ihren Schriften genauso zentral wie ich hingewiesen haben. Wir leiden in der Auslegung der Botschaft Jesu unter einer ständigen Moralisierung des Erlösungsbegriffs. Wir fahren die existentiellen Konflikte an die Oberfläche, indem wir nach einem bestimmten Katalog von Regeln des „du sollst" und „du darfst nicht" durchchecken, ob und wann das menschliche Dasein in Ordnung ist im Sinne der Obrigkeit in Kirche und Staat, und wann es nicht in Ordnung ist.

Ganz entscheidend ist der Unterschied an dieser Stelle zwischen der Botschaft Johannes' des Täufers und dem Auftreten Jesu selber. Im Neuen Testament werden da die Spuren fast schon verwischt, so schmerzhaft muß dieser Bruch in der Täuferbewegung historisch damals gewesen sein. Der Täufer steht für mich in einer Linie mit den großen moralischen Gestalten. Er engagiert alles, was möglich ist, wenn man moralisch an den Menschen glaubt: den guten Willen, die Unmittelbarkeit der Drohung, die Peitsche der Angst, um die Menschen gegen die Angst nach vorne zu treiben, jetzt oder nie, ein hohes Maß an Entscheidungsernst, klare Gebote, Erfüllbarkeit im Praktischen – mehr ist dem Menschen nicht möglich, wenn er moralisch sein Leben im Sinne der Gesetzesreligion in Ordnung zu bringen versucht. Jesus muß außerhalb des Tempels, außerhalb der Priesterschaft, außerhalb der Rabbinen, diesem Propheten nach Jahrhunderten der Verschüttung und Versandung glühend nachgefolgt sein und sich seiner Bewegung angeschlossen haben: da redete Gott am Jordan, nicht in Jerusalem. Es muß aber Jesus irgendwann gelernt haben, daß das nicht genügt, was Johannes der Täufer tut, weil die Menschen viel zu arm sind: Die Bettler nicht, die Huren nicht, die Zöllner nicht – wer eigentlich kann das, was Johannes der Täufer möchte? Ein Mann, der die Geschichte erzählt von dem hundertsten Schaf, das sich verloren hat, sieht allerorten nur Menschen vor sich, die nicht mehr aus noch ein wissen. Das Bild in dem Gleichnis Jesu von derartig Verlorenen ist: sie können nur noch kläglich um Hilfe rufen, und selbst ihr Hilferuf wird die Beutegreifer anlocken. Wenn man sie nicht auf den Arm nimmt und zurückträgt, können sie nicht von selbst sich zurechtfinden. Wenn dies das Bild der Menschen ist, hat das Erbarmen kein Ende mehr. Und es ist falsch, zunächst zu sagen, „du sollst" und „du mußt".

Das erste ist daher, zu sagen: Gott ist überhaupt niemand, der fordert, Gott ist jemand, der gibt. Und wenn du ein noch so armes Schaf bist, er steht auf deiner Seite. Das ist es, was ich dir zeigen will. Das kann ich dir aber nur zeigen, indem ich es selber lebe, mit meiner Person. Da gilt also: Wer sich nicht selber schenkt, betrügt den anderen Menschen.

Es kommt aber noch viel stärker. Ich nehme die Bilder im Neuen Testament ganz wörtlich, die, wenn auch legendär in der historischen Bewertung, davon erzählen, daß Jesus bei der Heilung etwa eines Taubstummen zum Himmel aufgeblickt habe, ehe er heilen konnte. Mein Problem ist oft, daß ich bei vielen Vorträgen zu sehr ins Lager der Theologen rede und denen dann sage: Leute, ihr müßt lernen von der Psychoanalyse. Ihr betrügt euch ums Leben, wenn ihr die Herausforderung einer Integration von sieben Achteln der Psyche in Gestalt des Unbewußten immer noch vermeiden wollt, indem ihr Kletterübungen in dem restlich verbliebenen Terrain veranstaltet. Die Psychoanalyse ist nicht ein Seitenphänomen der Kulturgeschichte im 20. Jahrhundert, sondern eine zentrale Veränderung der ganzen Bewußtseinslage. Dann bekomme ich natürlich leicht Schwierigkeiten mit der theologischen Zunft.

Aber auch den Psychotherapeuten und Psychoanalytikern würde ich gern ins Gewissen reden und ihnen sagen, was in der Praxis des Juden Sigmund Freud eigentlich schon deutlich wird: Es ist überhaupt nicht möglich, sich auf einen Menschen wirklich einzulassen und zu glauben, man könnte ihm helfen, wenn man wirklich nur das sieht, was man vor Augen hat. Das rein Empirische scheint oft derart unlösbar – da ist eine Verflechtung von vielen Jahrzehnten durchzuarbeiten, da sind die Lebensumstände oft so hoffnungslos, da ist der Wirrwarr in allen Bereichen so groß, auch die subjektive Verzweiflung, die miserable Selbsteinschätzung eines anderen Menschen so überwältigend, daß man alle empirisch guten Gründe hätte, mit dem anderen gemeinsam zu resignieren.

Was Freud in der Analyse versucht hat, sind zwei Paradoxe auf einmal. Ein einzelner Mensch soll so kostbar sein, daß er verdient, acht Jahre, zehn Jahre, fünfzehn Jahre, jeden Tag, den Sabbat ausgenommen, mindestens eine halbe Stunde täglich kommen zu dürfen, in der Sicherheit, man hört ihm zu, ohne jede Bewertung, ohne jede Verurteilung, nur bemüht, ihn zu akzeptieren, und in der Bereitschaft, jedem Winkelzug seiner Darstellung nachzugehen, so gut das unter Menschen möglich ist. Schon daß ein einzelner Mensch so viel an Aufmerksamkeit und Wertschätzung verdient, ist für mich voller religiöser Implikationen. Das setzt für mich voraus, daß man die Person anders sieht, als sie in den bloßen Austauschprozessen im Nahrungshaushalt und Energiehaushalt der Natur vorkommt. Zum anderen muß man offensichtlich an die Möglichkeiten gewisser Lösungen glauben, und zwar jenseits dessen, was man planen und strukturieren kann. Man muß an den anderen Menschen buchstäblich mehr glauben als dieser wogmöglich sogar an sich selbst, und es gibt dafür zunächst keine vernünftigen Gründe. Man leistet da etwas Absurdes. Man blickt, im Bilde der Bibel gesprochen, wirklich auf zum Himmel und sagt sich: Es muß eine Hoffnung geben. Mindestens fiktiv tue ich so, wie wenn es eine solche Aussicht gäbe, und lege das – ich spreche jetzt in meiner Sprache – Gott in die Hände, was daraus wird: das Leben des anderen, aber auch mein eigenes. Denn ich riskiere mich mit. Ein einziger kleiner Fehler kann enorme Konsequenzen haben, auch für mich persönlich.

Und nun zu Ihrer Frage. Sie wird mir ständig gestellt. Der Vorwurf lautet: Wenn es nur darum geht, daß die Menschen zu sich selber finden, was machen wir dann mit der Kreuzigung Jesu, mit dem Opfertod, mit all dem Leidvollen, das darin enthalten ist? Ist das alles, was da im Rahmen einer solchen Theologie der Heilung gesagt wird, nicht Selbsterlösung und im Grunde bürgerliche Zufriedenheit?

Ich halte dagegen: So kann nur sprechen, wer nicht vor Augen hat, wieviel an Leid es kostet, ein eigenes Leben gegen so viel Angst, Neurotizismus, Abhängigkeit und Entfremdung, oft und sehr stark kirchlich verursacht und im Namen Gottes eingeprägt, abzuarbeiten und gemeinsam durchzugehen. Alle Menschen sagen ja, daß sie frei sind, und sie bekommen das im Alter von acht Jahren schon in der Grundschule beigebracht. Aber wenn wir einen Menschen treffen, der wirklich frei ist, dann bringen wir ihn um, weil er uns Angst macht.

Eugen Biser: Ich möchte noch einmal auf den Unterschied zwischen Jesus und Johannes dem Täufer zurückkommen. Der Täufer ist in der Tat ein religiöser Moralist der radikalsten, kompromißlosesten Art. Jesus dagegen liegt mehr an der Rettung des verlorenen Schafes als an den hundert, die sich in, vielleicht auch nur eingebildeter, Sicherheit wiegen. Er nimmt dieses eine auf seine Schulter und trägt es nach Hause.

Sie haben höchst plausibel den Adressatenwechsel herausgearbeitet: zwischen dem Täufer, der sich an eine moralisch desorientierte Hörerschaft wendet, und Jesus mit seiner Liebe zu den Ausgestoßenen, Enterbten, den Erniedrigten und Beleidigten. Doch hinter diesem Unterschied in der Adressatengruppe und in der Botschaft steht ein ungleich tieferer, der das Gottesbild betrifft. Aufschlußreich dafür ist eine Szene des Evangeliums, in welcher der an Jesus offensichtlich irregewordene Täufer aus dem Gefängnis heraus an diesen die Frage richtet: „Bist du es wirklich, den ich als den Kommenden angekündigt habe, oder müssen wir doch auf einen anderen warten?" Jesus antwortet darauf mit dem Hinweis: „Blinde sehen, Lahme gehen, Aussätzige werden rein, und den Armen wird die Frohbotschaft verkündet." Wenn man sich nun fragt, worin das Freudebringende dieser Verkündigung

besteht, wird man im Sinn dieser Szene nur so antworten können: Sosehr Jesus das große Erbe seines Volkes, insbesondere des
jüdischen Prophetismus, in sich aufnahm und sosehr er seine
Wurzeln in die religiöse Tradition der Menschheit senkte, ist er
doch gleichzeitig der größte Revolutionär der Religionsgeschichte. Er hat in dieser die an ihre Fundamente rührende Innovation herbeigeführt. Johannes stand noch ganz im Bann des
Gottes, der jetzt, am bevorstehenden Ende der Geschichte, mit
der untreu gewordenen Welt ins Gericht gehen, gleichzeitig aber
denen eine letzte Chance der Rettung eröffnen will, die sich der
Botschaft des Täufers unterwerfen und sich zu der von ihm geforderten Umkehr bereitfinden. Jesus geht hingegen davon aus,
daß Gott ein anderer ist. Dabei bestreite ich keineswegs, daß in
die Botschaft Jesu eine Fülle von Motiven aus dem Alten Testament und aus dem religionsgeschichtlichen Umfeld eingeflossen
ist. Aber seine spezifische Tat besteht in einer Korrektur des tradierten Gottesbildes, einschließlich dessen, von dem sich der
Täufer leiten ließ. Für Jesus gibt es diesen Gott des Gerichtes
nicht, diesen Gott des entbrennenden Zornes, dem man nur
noch in den Arm fallen kann, indem man sich rigoristischen Direktiven unterwirft. Sein Gott ist die Liebe. Für mich steht im
Zentrum der Botschaft Jesu die Entdeckung der Vaterliebe Gottes. Er hat den Schatten des Grauenhaften, des Furchterregen-
den, der zum traditionellen Gottesbild gehörte, getilgt, um statt
dessen das Antlitz des bedingungslos liebenden Vaters zum Vorschein zu bringen.

Eugen Drewermann: Ich teile ganz und gar, was Sie über die Auflösung der Ambivalenz des Gottesbildes in der Botschaft Jesu sagten.
Die Gefahr, wenn wir so denken, liegt in mancher Leute Augen
freilich darin, daß ein solch deutliches Bekenntnis zu der Einzigar-
tigkeit Jesu zu einer Trennung vom jüdischen Erbe führen könnte,
also einen sublimen Antijudaismus vorbereiten könnte. Das wollen wir beide nicht, eben deshalb wollte ich das ausschließen.
Denn auch die Rückgewinnung der Eindeutigkeit, sagen wir: der

reinen Lichthaftigkeit, der reinen Liebe Gottes, ist ja ein uraltes jüdisches Anliegen.

Ich komme deshalb noch einmal auf die Texte zurück, von denen wir bereits gesprochen haben: die Erzählungen der Genesis vom Sündenfall, der Vertreibung aus dem Paradies, von der Kain-und-Abel-Geschichte. Das Problem aller Religionen, die wir kennen, den Buddhismus in gewissem Sinne ausgenommen, scheint mir darin zu liegen, daß die Zuwendung Gottes immer wieder abhängig gemacht wird von bestimmten menschlichen Vorleistungen. Der religionsgeschichtliche Begriff dafür ist das Opfer. Immer wieder lautet der Grundsatz: Erst wenn Menschen bestimmte Verzichtleistungen erbringen, wenn sie von ihrem Glück Teile abgeben, wenn sie in moralischem Sinne erst einmal gewisse Voraussetzungen erfüllt haben, die einem bestimmten Perfektions- und Gerechtigkeitsanspruch Genüge tun, wird Gott ein Einsehen haben und aus Gründen seiner Gerechtigkeit den Menschen belohnen. Da sind Moral und Religion auf eine Weise verflochten, die bei Jesus – in seinem Verhalten noch viel mehr als in seiner Lehre – radikal durchbrochen scheint, und zwar unter der Not der Menschen, das ist für mich das Ungeheuerliche. Jesus muß offensichtlich gesehen haben, daß Menschen in einem so starken Umfang hilfsbedürftig sind, daß das gesamte Wollen der Rabbinen in einer noch so guten Gesetzesauslegung diesen Menschen nur weh tut und sie immer weiter in die Irre treibt.

Umgekehrt, wenn wir sagen, daß die Art Jesu, mit Menschen umzugehen, sich zum Ziel setzt, die Voraussetzungslosigkeit der Güte und der Zuwendung Gottes selber für glaubhaft lebendig zu setzen, können wir vermutlich ein Anliegen mit aufgreifen, das in der Gegenwart von der feministischen Theologie zu Recht stark betont wird. Auch darin liegt ein Paradigmenwechsel vor zwischen der Anrede Gottes als dem Vater und dem, was viele heute einzubringen versuchen, indem sie von der mütterlichen Seite Gottes sprechen. Tiefenpsychologisch ist die Gestalt des Vaters tatsächlich sehr stark belegt mit bestimmten Erwartungen an Leistungsfähigkeit, an Aufgaben, die man durch Tun abarbeiten kann, an bestimmte Forderungen, die erst einmal erfüllt sein müssen, während das Erleben der Mutter stärker verbunden ist mit der Erfahrung, auf der Welt sein zu dürfen wie ein Kind, das noch nichts kann, noch nichts ist, noch nichts hat und trotzdem gemocht wird.

Die ganze Bergpredigt Jesu scheint mir in dieser Sicht überhaupt nur verstehbar als Umkehrung jener moralischen Ordnung, die immer darauf gründet, Rechte einzuteilen entlang den Fragen, was man hat, was man kann und was man ist. *Das* zu verteilen, es zu verteidigen notfalls, es dem anderen entgegenzusetzen, oder ihn zu zwingen, unter bestimmten fixierten Voraussetzungen sich mit einzubringen, das ist der Inhalt der traditionellen Moral. Jesus hingegen spricht offensichtlich aus der Erfahrung, daß all die Menschen, die viel zu schwach sind, weil sie nichts sind, nichts haben und nichts können, ewig unter die Räder kommen, wenn dieser moralische Triumphwagen weiter durch die Gassen rollt. Also muß man, um Gott zu verstehen, den Ansatzpunkt umkehren. Man muß von Gott so sprechen und besser noch, man muß so in seiner Nähe leben, daß gerade diejenigen eine Chance haben, die sonst verloren wären. Man muß die Blickrichtung völlig ändern. Aus der Perspektive derer muß man sehen, die am meisten weinen, die am meisten verzweifelt sind. Und man muß sich fragen: Wie erreichen wir, daß diese Menschen nicht weiter zurückgestoßen werden, nicht weiter ausgegrenzt bleiben, sich nicht weiter als Verlorene fühlen? Unter einem Himmel, an dem jeden Morgen die Sonne aufgeht und an jedem Abend untergeht aus den Händen Gottes, darf kein Mensch als verloren betrachtet werden.

Dann aber gibt es keine Grenzen mehr, kein Halten mehr: So ein Gott ist, wenn Sie so wollen, mütterlich. Darum meinte ich: Es ist, wie wenn Sie den Menschen zurücknehmen jenseits der Geschichte von Kain und Abel und ihn beschwören: Bitte hör auf zu denken, ein Gott sei im Himmel, der möchte erst mal, daß du gut wirst, daß du tüchtig wirst, daß du fleißig bist, daß du erfolgreich bist, daß du Opfer darbringst, denn nur das zählt im Raum von

Kirche und Gesellschaft; ein solches Bild von Gott wird dich b
den Opfern, die du bringst, am Ende immer wieder zwingen zu
ten, als erstes dich selbst und als nächstes deinen Nächsten. Wenn
es dir statt dessen gelingt, das Bild von dem Paradieseseingang zu
vergessen, der bewacht wird von Engeln mit dem Flammenschwert, in ewiger Drohung, und wir gehen einfach vorbei an dieser Angst und kehren zurück an die Stelle, wo die Welt ein Garten
ist und ein inneres Zentrum hat, eine Achse zwischen Himmel
und Erde, dann begegnet Gott uns wieder wie in der Morgenfrühe
des Schöpfungsanfangs; freilich: das wäre das Ende all der Religionen, die wir kennen. Und das wäre auch das Ende der Form von
Katholizismus, die wir heute haben. Bis in das Herz unserer Got-
tesbegegnung, bis in die Eucharistie, sind wir voll von patriarcha-
lisch verwalteten Opferideen. Wir haben eigene Ämter dafür
aufgebaut, ganz analog zum Judentum, um zu organisieren, was
alles rituell abgeleistet sein muß, bis Gott uns für würdig hält, ihm
zu begegnen.

Gestern erst las ich in der Paderborner Zeitung, daß man in Del-
brück einen neuen Jugendpfleger auf Dekanatsebene kurz nach
seiner Anstellung mit Frau und Kindern wieder arbeitslos gemacht
hat. Der Grund: er hatte sich angemeldet zu einer katholischen
Trauung. Daraus hatte man erfahren, daß das Paar bis dahin nur
standesamtlich geheiratet hatte. Es genügt also nicht einmal, daß
jemand katholisch heiraten will. Daß er es nicht immer schon getan hat, war genug, um ihn ins Nichts zu entlassen. Das ist eine
Groteske auf das, was Jesus wollte: Einladung an alle – alle Menschen an einen Tisch, ohne Ausschluß. Daraus machen wir einen
Daumenpeilkatalog nach Würdigen und Unwürdigen: Kein Prote-
stant darf bei unserer „Mahlgemeinschaft" zugelassen sein, keine
Wiederverheiratete, kein Geschiedener, kein Homosexueller,
weiß der Teufel wer nicht alles. Wir teilen die Menschen immer
noch in Richtige und Falsche, Gläubige und Ungläubige. Selbst
wenn Sie sagen, Nossack habe gemeint, wir müßten den anderen
akzeptieren, und das Wort von den „Nichtgläubigen" sei sicher
schöner als „Ungläubige", genügt mir das noch nicht: Leute wie

Mahatma Gandhi sind für mich nicht Nichtgläubige, sondern Gläubige.

Eugen Biser: Die hat Nossack natürlich nicht gemeint, sondern jene, die sich für Ungläubige halten. Aber ich hätte gern zu etwas anderem einige Bemerkungen gemacht, vor allem zum religiösen Vaterbild, aber auch zur feministischen Theologie. Vermutlich wissen Sie, daß ich dieser gegenüber, bei aller Zustimmung zur Aufwertung der Frau, gerade auch im Lebensraum der Kirche, erhebliche Vorbehalte habe ...

Eugen Drewermann: ... Darum sage ich es ja ...

Eugen Biser: Meine Vorbehalte gehen aber noch in eine ganz andere Richtung. Denn es gibt Vertreterinnen dieser theologischen Konzeption, die ganz offen zugeben, daß sie zurückstreben zu muttergöttlichen Vorstellungen im Sinne der babylonischen Ischtar. Es existiert sogar ein pervertiertes Vaterunser, in dem der Vater gleichzeitig als Eva, als Maria, aber auch als Ischtar und damit als Muttergottheit angerufen wird. Dazu sage ich allerdings ein radikales Nein. Denn das würde wirklich die Lebensleistung Jesu zurückwerfen in archaische Vorstellungen, und zwar wieder mitten hinein in das, was durch ihn überwunden worden ist. Es gibt ja nichts Blutigeres als diese Muttergottvorstellungen, in deren Namen jahrtausendelang die größten Grausamkeiten begangen worden sind. Das nur als Nebenbemerkung.

Wichtiger ist mir die Klärung des Vaterbildes. Ich bezweifle in keiner Weise, daß im Laufe der Interpretationsgeschichte, und das ist gleicherweise die Kirchen- und Theologiegeschichte, die Vorstellung vom Vater Jesu Christi patriarchalische Züge angenommen hat. Und daran hat sich dann all das gekettet, was Sie wortgewaltig angesprochen haben. Aber ich leugne, daß dies das Vaterbild Jesu Christi ist. Der Vater Jesu Christi impliziert die ganze Fülle der Weiblichkeit, die ganze Fülle und Zärtlichkeit des Mutterseins. Er steht absolut über allen Geschlechtsdifferenzen.

Wenn Jesus seinen Gott „Vater" nennt, dann appelliert er genau an jene Dimension des Göttlichen, ich würde lieber sagen: an jenes Herz Gottes, wo Gott die absolute Erfüllung und Bestätigung, und damit die absolute Antwort auf alle menschlichen Sehnsüchte und alle Bedürfnisse ist, auch auf das Verlangen nach mütterlicher Geborgenheit.

Eugen Drewermann: Ich stimme Ihnen vollkommen zu: Das Gottesbild Jesu läßt sich in keiner Weise, nicht einmal im Kontrast, beziehen auf patriarchalischen Machtmißbrauch und auf Phantasien vom Allherrscher oder auf bestimmte sozusagen machohafte Überhöhungen religiösen Wahns. Auf der anderen Seite stehen wir dann natürlich vor dem Problem, daß gewisse Worte ihren Sinn verlieren: Wer von Vater spricht, meint religionspsychologisch ein bestimmtes Umfeld, das nicht mütterlich ist. Wenn Sie jetzt sagen, das umgreift aber das Mütterliche, müssen wir die Worte theologisch außerhalb ihres normalen Bedeutungsfeldes neu definieren.

Eugen Biser: Wir besitzen zu unserem Glück eine authentische Übersetzung dessen, was Jesus mit „Vater" meint, und das ist er selbst. Sie haben das vorhin in einer unüberbietbar schönen Weise selber angesprochen. Er wendet sich den Verlorenen zu, er geht dem verlorenen Schaf nach. Im Matthäusevangelium werden zwei Bilder gebraucht, die treffender nicht mehr sein könnten: „Das geknickte Rohr bricht er nicht, den glimmenden Docht löscht er nicht." Er wendet sich also an die, die unter ihrer Lebenslast zusammenbrechen, bei denen das Lebenslicht auszugehen droht. Natürlich konnte Jesus sich nur einer menschlichen und seinem soziokulturellen Umfeld entnommenen Sprache bedienen, wenn er seiner Entdeckung des neuen Gottes Ausdrücke verleihen wollte. Wenn er diesen Gott dann mit dem Vaternamen anrief, waren damit selbstverständlich traditionsgeschichtliche Implikationen verbunden, die später hochgespielt und zu einem patriarchalischen Gottesbild überdehnt werden konnten. Indessen wird doch all das durch die Tatsache konterkariert, daß er sich selbst als die authentische Interpretation seines Gottes ins Spiel bringt, deutlicher noch gesagt, daß er in seiner Person und seinem Leben der eigentliche Offenbarer Gottes ist. Und das heißt: Wer wissen will, welchen Gott Jesus meint, der kann sich nicht an eine bestimmte Formel halten, und auch nicht an einen bestimmten Namen, noch nicht einmal an den Abba-Namen, sondern der sieht sich an Jesus in seiner Menschlichkeit und seiner Selbsthingabe verwiesen. Er lebt für Gott und die anderen. „Wohltaten spendend geht er durchs Land", um die Apostelgeschichte zu zitieren. Wer das einmal realisiert hat, dürfte mit dem Vaterbegriff Jesu keine Schwierigkeiten mehr haben.

Eugen Drewermann: Es sei denn, man besteht immer noch auf dem Vaterbegriff in einer Weise, die Sie selber ja verändern möchten. Mir scheint es nicht ganz unplausibel, wenn etwa das Beispiel der Ischtar bemüht wird, um zu sagen: Gott ist anders, und auch Jesus war anders. Ischtar hat, der mesopotamischen Mythologie nach, das getan: Sie ist ihrem verstorbenen Geliebten und Gemahl Dumuzi nachgegangen in die Unterwelt, sie ist hinabgestiegen in das Reich des Todes, sie hat an der siebenten Türe der Totengöttin Erischkigal alle Kleider ausgezogen und sich nackt in die Hand des Todes selbst gegeben, um Dumuzi wieder zurückzuführen. Wenn man das erzählt, ist man ganz dicht bei den Bildern, die auch die Kirche im Glaubensbekenntnis für das aufbietet, was Jesus tat, als er in die Unterwelt ging, um die Verlorenen zu retten. Entscheidend ist mir dabei nur: diese Bilder sind tatsächlich zunächst aus dem weiblichen Bereich genommen. Diesen Hintergrund zu sehen sind wir allerdings nicht gewöhnt. Das schockiert. Und es braucht auch für die Männerkirche noch eine gewisse Zeit, um den Sinn solcher mythischen Bilder freizusetzen. Alleine schon, daß man Jesus einmal in seinem Leben so anschaut, wie ich es gerade skizziere, bedeutet eine enorme Veränderung. Wir sprechen darüber gewiß nachher noch, wenn wir auf den Zustand nach dem Tode Jesu zu sprechen kommen. Da sei er, sagt man, hinabgestiegen zu den Verdammten und habe ihnen die Erlösung gepredigt. Ich frage mich: Wieso erst nach dem Tode? Mir scheint, genau das ist der Grund, weswegen man ihn sogar ziemlich rasch umbringen wollte. Das war sein ganzes Leben: Er hat die Augen aufgemacht und nur arme Teufel gesehen, denen er nachgehen wollte, in jede Hölle, denn billiger geht es nicht.

Für mich ist erschütternd ein Bild auf den Kapitellen von Autun. Da findet man einmal eine Judasdarstellung im üblichen Sinne: der Mann mit offenem geldgierigem Maul, die Hände verklammert um einen Geldbeutel – Raffgier, satanisch, Hölle. Dann aber gibt es ein anderes Bild, wo Jesus einen Mann auf dem Rücken trägt, die Augen, der Mund geschlossen. Kunstgeschichtler glauben, dieser Mann sei noch einmal Judas. Wenn das so ist, sollte man denken, Jesus hätte als allererstes in seinem Tod den Mann wiedersehen wollen, den er in Getsemani geküßt und angeredet hat mit den Worten: „Mein Freund". *Der* dürfte nicht verloren sein. Eine solche Aussage wäre ganz anders, als das Johannesevangelium es schildert und als die Kirche das bis in die Karfreitagsliturgie hinein festgeschrieben hat. Da wissen wir immer noch, daß es eine Hölle gibt, in der Menschen auf ewig verurteilt sind. Und wir kennen mindestens einen von ihnen mit Namen: Judas. Da werden dem Erbarmen Gottes dauernd Grenzen gezogen.

Gott wird auch wieder *der Richter* im neuen römisch-katholischen Weltkatechismus; da wird er wieder zu einem „Vater", der nicht dagegen ankommt, daß Menschen (so heißt es im französischen Text, der mir seit Dezember 1992 vorliegt) „durch Autoexklusion" sich um ihr ewiges Heil bringen. Ich möchte dagegen die Hoffnung nicht aufgeben, daß die Liebe Gottes stark genug ist, Menschen aus ihrer Verzweiflung zu retten. Ich denke in diesem Punkt so wie eine Mutter, die mir dieser Tage sagte: Meine Kinder könnten machen, was sie wollen, sie werden meine Kinder bleiben.

Eine Mutter kann sich ohnmächtig fühlen ihrer drogenabhängigen Tochter gegenüber. Ich als Therapeut selber fühle mich oft genug hundertfach überfordert. Trotzdem lerne ich von Jesus, daß es sich lohnt, bis zum äußersten Hoffnung zu investieren und das als den Inhalt des Glaubens an Gott zu betrachten. Der Versuch Jesu bestand ja gerade darin, die menschlichen Grenzen, selbst die des eigenen Vermögens, aufzugeben und zu tun, was möglich ist, in der Hoffnung, daß Gott es ergänzt – in dem wirklich fast wahnsinnigen Vertrauen, daß bei Gott kein Ding unmöglich ist.

Gewiß: auf die Frage: „Was habt ihr in Händen?" lautet die Antwort sinngemäß wohl immer wieder wie in den Brotvermehrungsgeschichten der Evangelien: Niemals genug. Aber man kann die paar Brote austeilen für Tausende. Und es ist plötzlich genügend, wenn man das tut. Solche Wunder wirkt Gott immer wieder, und es ist für mich erschütternd, am Beispiel Jesu zu sehen, welche armen Teufel diese Menschen sind, die da sind wie Schafe ohne Hirten. Aber es muß möglich sein, sie herauszuholen, mindestens für Gott. Selbst wenn *wir* es nicht schaffen, muß es für Gott möglich sein. Die Menschen mögen machen, was sie wollen, bis Golgota mögen sie machen, was sie wollen, aber es wird Gott geben, und er läßt sich nicht widerlegen.

Gericht und Sünde

Eugen Biser: Die Vorstellungen vom Gericht und der Sünde hängen zusammen und sind auch so wirksam geworden. „Als Richter wirst du kommen", heißt es im „Dies irae" – eine unter dem Vorzeichen mittelalterlicher Gottesverdüsterung zu sehende Aussage. Denken wir doch nur an das Jüngste Gericht Michelangelos, wo Jesus als verdammender Richter gezeigt wird, der mit gewaltiger Gebärde seine Feinde in den Abgrund schleudert. Das ist gewiß nicht mehr das Evangelium, sondern eine unter ganz bestimmten geschichtlichen Konstellationen erfolgte Interpretation. Im Evangelium ist Jesus zwar einer, der nein sagen und verweigern kann, und zumal der, der die Menschen vor härteste Entscheidungen stellt. Aber sein Gericht hat in der Urschicht des Evangeliums den Sinn, die Dinge endlich ins rechte Lot zu bringen und überall dort, wo Ungerechtigkeit war, das zu bringen, was über der Gerechtigkeit ist, nämlich die Liebe. Erst wenn wir über das ewige Leben sprechen werden, wird das Gericht seinen richtigen Stellenwert finden. Es ist gleichsam das Tor, das durchschritten werden muß, wenn dieser Endzustand erreicht werden soll.

Wir sollten aber noch einmal auf den Zusammenhang von Erlösung, Befreiung und Gottesbild eingehen. Das Apostolikum spricht zwar nicht von einem Zweck des Kommens Jesu, wohl aber das liturgische, das nizäno-konstantinopolitanische Glaubensbekenntnis, und zwar mit dem Satz: „Qui propter nos homines et propter nostram salutem descendit de caelis – für uns Menschen und um unseres Heiles willen ist er vom Himmel herabgestiegen." Lassen Sie mich auf das zurückzugreifen, was Sie über die irdische Höllenfahrt Jesu gesagt haben: daß er schon in seinem diesseitigen Leben die Hölle auf sich genommen hat, indem er sich an die Enterbten und Gescheiterten wandte, um sie in seine rettende Liebesgemeinschaft aufzunehmen. Es waren ja nicht nur die, die wir bisher in den Blick genommen haben, mit denen er konfrontiert war. Er hatte es in seiner Umgebung auch mit fanatischen Freiheitskämpfern, den sogenannten Zeloten, zu tun. Ich sehe Jesus nicht nur als den Erlöser der Menschheit, sondern als durchaus zeitgeschichtliche Gestalt, eingebettet in die soziokulturellen Bedingungen seiner Zeit. Es ging damals um die akute Gefahr, daß Israel seine politische Existenz verlieren werde. Jesus hat zweifellos mit visionärem Blick diese Möglichkeit des drohenden Untergangs vorhergesehen, und dies als die furchtbare Konsequenz eines im Namen Gottes geführten Freiheitskampfes. Denn solange man sich wie die Zeloten an einen Gott des Zornes und der Rache hielt, hatte man zumindest einen Vorwand, vielleicht sogar einen berechtigten Grund, sich als Vollstrecker der göttlichen Strafgerechtigkeit zu fühlen, wenn es um den Befreiungskampf gegen die römische Fremdherrschaft ging. Kaum brauche ich daran zu erinnern, daß es dann auch tatsächlich dazu kam, daß es den jüdischen Zeloten im Jahre 62 gelang, die römische Besatzung unter Zurücklassung ihres gesamten Kriegsmaterials aus Jerusalem herauszuschlagen und dort für kurze Zeit eine theokratische Eigenstaatlichkeit zu errichten. Zunächst schien somit alles dafür zu sprechen, als könne man im Namen des richtenden und strafenden Gottes einen Freiheitskrieg führen, bis dann Rom unter Vespasian und Titus zurückschlug und Jerusalem nach einer der schrecklichsten Belagerungen der Kriegsgeschichte, wie es Jesus kommen sah, unterging. Dem wollte er Einhalt gebieten, indem er den Schatten des Bedrohlichen und des Gerichts aus dem Gottesbild tilgte und dieses in die rettende Eindeutigkeit führte, um dadurch den Zeloten den religiösen Vorwand ihrer Katastrophenpolitik zu entziehen.

Aufs engste hängt mit dieser Korrektur des Gottesbildes nach meinem Verständnis nun aber auch der immer wieder gegen Sie gerichtete Vorwurf zusammen, Sie würden, soviel an Ihnen liegt, die Sünde abschaffen und aus Jesus, dem Erlöser, einen Therapeuten machen. Die Antwort auf diesen Vorwurf gibt bekanntlich Jesus selbst, und zwar in jener denkwürdigen Szene des Markusevangeliums, die in dem Satz gipfelt: „Nicht die Gesunden brauchen den Arzt, sondern die Kranken", diesem Schlüsselsatz des ganzen Evangeliums, der heute neu entdeckt und zum Zug gebracht werden müßte. Wenn sich nun aber Jesus selbst mit solchem Nachdruck als den Arzt und Therapeuten bezeichnet, wird man einem heutigen Theologen keinen Vorwurf daraus machen können, wenn er das gleiche tut.

Auf die vermeintliche „Abschaffung der Sünde" gingen wir bereits mit gebührender Ausführlichkeit ein, als von der Angst die Rede war. Das bedürfte nur noch einer Ergänzung. Vielleicht wurde bisher noch nicht hinreichend deutlich, was die Angst mit der Sünde zu tun hat. Hierzu nur der Hinweis: Angst macht einsam und aggressiv. Der Geängstigte verstummt, es „verschlägt ihm die Sprache". Damit fällt er aber aus dem Sozialkonnex heraus und ganz auf sich selbst zurück. Das macht ihn argwöhnisch, neidisch, bösartig und, aus dem Gefühl heraus, in die Enge getrieben zu sein, aggressiv. Auf das Verhältnis Jesu zur Sünde werden wir sicher noch zurückkommen. Denn daran entscheidet sich alles, vor allem auch die Frage des menschlichen Zugangs zum Heil.

Eugen Drewermann: Allem, was Sie sagen, stimme ich in Dankbarkeit und aus vollem Herzen zu. Aber Sie sagen es so, daß die Kirche keine Schwierigkeiten damit hat. Was ist denn mit der Höllenvorstellung? Die steht wieder im neuen Weltkatechismus, an vielen Stellen sogar. Origenes wurde vor anderthalbtausend Jahren verurteilt für seinen Glauben, Gott sei stärker als die Angst der Menschen und ihre Verzweiflung, seine Güte würde die Hölle unmöglich machen. Sogar die islamische Ahmadiyya-Mission, die den Koran in Deutschland verbreitet, bekommt es fertig, in der Einleitung des Heiligen Buches zu schreiben: Aus den vielen Dutzend Stellen, wo der Koran von der Hölle redet, geht keinerlei Berechtigung hervor, an eine ewige Verdammnis von Menschen zu glauben. Eine solche Vorstellung würde sich nicht vereinbaren mit der ersten Sure, dem ersten Vers im Koran: „Im Namen Allahs, der allbarmherzig ist." Da sind islamische Theologen mutig genug, Schichten des Korans, die sehr biblisch motiviert sind, eine Interpretation zuzutrauen, die Gott als eindeutig gnädig und nur barmherzig schildert, während unsere katholischen Theologen immer noch die Hölle als mögliche Strafe Gottes in alle Ewigkeit predigen.

Sehr wahr scheint mir, wenn Sie betonen, daß in Gott Männliches und Weibliches zusammenkommen. Ich sage auch das einmal in der Sprache der Psychoanalyse: Es müssen Akzeptation und Realitätsprinzip, typologisch also „Männliches" und „Weibliches", eine Einheit bilden. Und beides hat ein Therapeut zu verkörpern. Das sind die beiden Motivgeflechte, aus denen heraus menschliche Begegnung helfen und unter Umständen heilen kann.

Wenn es so steht, müßten wir allerdings die Kirche mit dem Vorwurf konfrontieren, daß sie die Höllenangst immer noch in einer Weise instrumentalisiert, die ihre Macht begründet. Die Kirche wird im Rahmen der Höllenvorstellung selber um so notwendiger, als sie die sündigen Menschen vor ewiger Pein zu retten vorgibt. Ein solches Bild ist schon der Alptraum des Mönchs Martin Luther gewesen, und dieser Alptraum hört bis in unsere Tage nicht auf.

Die Frage bleibt dann auch für mich immer noch: Was ist denn mit den vielen Stellen, wo Jesus selber massiv von der Hölle redet, wo er Gleichnisse formuliert, die mit solchen Strafen rechnen? Ich möchte zu dieser Frage eine Erklärung hinzufügen, die Sie wahrscheinlich akzeptieren: Ich stelle mir einmal vor, gerade in dem Umfeld, das Sie schildern, daß man Jesus immer wieder gesagt hat: Rabbi, was du sprichst, ist wunderbar, himmlisch, längst ersehnt, wenn es nur wahr wäre. Wenn du das am Sabbat sagst, hat das alle Gültigkeit, nur nicht am Tag darauf. Zum Beispiel wollen wir dich einmal fragen, was das *mit deiner Güte* auf sich hat. Die Leute, die in Galiläa kämpfen, gegen die Römer, die tun etwas. Sie sind national gesonnen und gleichzeitig religiös gesonnen. Sie sind messias-theologisch auf der Höhe der Auseinandersetzung, denn sie wissen: die Römer gehören hier nicht hin, sie sind die Feinde Gottes, die Feinde des jüdischen Volkes, sie beten heidnische Bilder an, sie zerstören die heiligsten Überlieferungen. Sie sind das Gegenteil all dessen, woran wir glauben. Die Sikarier in den Bergen Galiläas wehren sich dagegen. Sie töten Menschen, die Feinde Israels sind. Wir sind frei. Was sagst du in deiner Güte dazu? Ehe du darauf keine Antwort hast, glauben wir kein Wort, o Herr. Oder man hat Jesus gesagt: Wir haben Angst, Rabbi. Was du sagst, ist gewiß an sich wunderbar: Gib jedem, der dich bittet, laß dem noch das Unterhemd, der dir den Mantel nimmt. Klar, es wäre Friede überall, sofort, wenn wir so täten. Aber wir tun so nicht, denn wir haben Angst, und das nicht ohne Grund: wir haben zwei Kinder zu versorgen und eine Frau zu Hause. Das alles geht nicht so einfach, wie du sagst. Du mußt nur über den Basar gehen, und du wirst erleben, daß du mit leeren Taschen wieder herauskommst, wenn du allen, die dich bitten, etwas gibst. Es klappt nicht, Rabbi ...

Und ebenso in all den anderen Punkten: Ich denke, wenn der Haupteinwand gegen die Art, wie Jesus Angst überwinden wollte, immer nur wieder Angst und Gewalt war, dann blieb ihm unter Umständen nichts anderes übrig, als sozusagen Feuer zu legen gegen einen sich ausbreitenden Steppenbrand, oder so wie man Pferde, die vor lauter Angst ins Feuer zu laufen drohen, über die

Nüstern schlagen muß, damit sie endlich die richtige Flucht-richtung finden. Dann kann es sein, daß man am Ende Ge-schichten der Angst erzählen muß, wie das Gleichnis von den unterschiedlichen Talenten, und daß man im Einzelfall sagen muß: Das kannst du ja machen: du kannst vor lauter Angst dein Leben eingraben; du machst überhaupt nichts aus deinem Leben, dann bist du ganz sicher, du tust nie etwas Falsches. Aber am Ende machst du alles falsch, weil du nie etwas richtig, nämlich überhaupt nichts getan hast. Und nun sage ich dir: Gott wird alles mögliche vergeben und verstehen, aber das nicht. Denn das tut auch Gott unrecht, so ist er nicht. Wenn du ihn für einen Zwingherrn hältst, dann beleidigst du ihn. Da wird er wütend, das hat er nicht verdient. Gott verdient das nicht, und du auch nicht.

Die andere Antwort finde ich etwa in der Bergpredigt, wenn Jesus sagt: „Wenn jemand dich nötigt, eine Meile Wegs mit ihm zu ge-hen, geh mit ihm zwei." Wir müssen uns vorstellen, daß Jesus ge-rade an dieser Stelle die Frage aufgreift: Was machen wir mit den Römern? Stell dir vor, sagt er sinngemäß, jemand kommt mit vor-gehaltener Lanze oder gezücktem Schwert und sagt: Du begleitest mich, trag das Gepäck und zeig mir den Weg. Dann wirst du sagen, ich bin nicht dein Packesel, ich bin ein freier Jude, nicht dein Hund. Auf diese Weise bist du stolz und hast deine Würde be-wahrt. Aber glaubst du wirklich bei einem solchen Betragen an den Gott Israels, der alle Menschen erschaffen hat? Wenn du ganz si-cher bist, daß es deine Würde ist, ein Jude zu sein, welcher Zacken fällt dir aus der Krone, wenn du einen Menschen siehst, der schwitzt und nicht weiter weiß und auch nicht gerade freiwillig nach Palästina abkommandiert ist, wenn du dir denkst: Er fordert eine Meile, aber es ist höchstens die Hälfte von dem, was er wirk-lich braucht. Er denkt ja gar nicht, daß du freiwillig für ihn etwas tätest. Und nun schlage ich vor: Du überrumpelst ihn einfach, in-dem du von dir her das Doppelte tust. Dann hast du einen Freund gewonnen. Du siehst keine Juden mehr und keine Römer mehr, du siehst überhaupt nur noch Menschen. Das wäre, was wir Juden tun sollten: nur noch Menschen sehen, keine Grenzen, keine Sonderrechte.

Da komme ich auf den Punkt, der mir ganz zentral scheint und der uns immer noch in den Abgrund stürzt, jeden Tag, wenn man die Zeitung liest. Ich werde, was Sie von den Bandenkämpfen um das Jahr 62 n. Chr. sagten, einmal in moderner Form wiedergeben. Als Januar 1991 der Golfkrieg anfing, konnte George Bush zur Erläuterung dessen, was er da anrichtete: den Tod von schätzungsweise mehr als 100000 Menschen und das Vier- und Fünffache an Verwundeten, die lebenslänglich nichts weiter sein werden als schmerzempfindendes Fleisch, ungerührt sagen: Dieser Krieg wird nicht geführt zwischen Juden, Christen und Muslimen, sondern um den ewigen Kampf, der jeder Religion zugrunde liegt: um den Kampf zwischen dem Guten und dem Bösen, und der Ausgang dieses Krieges kann nur der Sieg des Guten sein. Wie der Krieg ausging, wissen wir inzwischen: Fünf Millionen Flüchtlinge, die Kurdenfrage ungelöst, die Palästinenserfrage ungelöst, die Wasserverteilung in der Region ungelöst usw. Ich habe damals laut aufgeschrien und in den Reden auf dem Marktplatz in Paderborn vor dem Friedenscamp gesagt: Der Religion liegt überhaupt nicht der ewige Kampf um Gut und Böse zugrunde, sondern die Überwindung des Gegensatzes von Gut und Böse durch die Liebe. Aber das Mißverständnis des George Bush ist so tief christlich verwurzelt, daß es keinen Bischof gibt, weder in Deutschland noch in der Welt (J. Gaillot, den französischen Bischof in Evreux, meinen Freund, einmal ausgenommen), der einem amerikanischen Präsidenten, der mit Berufung auf den Beistand von Predigern wie Billy Graham und Co. einen Krieg mit diesem Argument vom Zaun bricht, unmißverständlich sagt: Dies ist ein Mißbrauch des Evangeliums. Denn das ist klar: Jesus selbst ist vollkommen anders. Das historische Problem „Jesus und die Sikarier" setzt sich bis heute fort durch die Korruption all dessen, was Jesus irgend gewollt hat. Wir exekutieren zum Beispiel immer noch mit Genehmigung des neuen Weltkatechismus die Todesstrafe, wir instrumentalisieren, völlig säkular, Rechtsbegriffe, die wir von einem Gott entlehnt haben, an den wir in der Mehrheit der Bevölkerung in Wirklichkeit gar nicht mehr recht glauben. Gott wird da ersetzt durch die bürgerliche Gesellschaft, die sich die Hände in Unschuld wäscht und ihre eigenen Opfer aus der Welt schafft. Wenn wir das so zuspitzen, steht die Gestalt Jesu plötzlich mitten in der Gegenwart. Der historische Kontext taucht plötzlich in anderen Chiffren wieder auf. Und da wird die Sache unheimlich. Man begreift plötzlich, was alles man gegen Jesus haben kann. Dieser Mann ist wirklich gefährlich. Er unterspült die Pfeiler aller normalen Sicherheiten. Seine Güte ist so stark wie der Südwind über Eisblöcken. Im Bilde gesprochen: Die Menschen haben im Feld der Gottesferne womöglich gerade gelernt, sich in Iglus einzurichten und mit den Knochen getöteter Tiere andere Tiere zu töten, sie haben gelernt, wie man da überlebt, wo eigentlich gar kein Leben mehr möglich ist, und sie sind stolz darauf; und jetzt kommt der Südwind und nimmt ihnen auch das noch weg. Ein Mann, der so handelt, in der Tat, den sollte offenbar immer noch der Teufel holen.

Die Stelle von Markus 3 geht mir da nicht aus dem Kopf: Kaum daß Jesus angefangen hat, Wunder der Heilung zu wirken, da wirft man ihm vor: Dieser Mann treibt die Dämonen nur im Namen des Obersten der Satane, des Beelzebul, aus. Da gilt keine menschliche Evidenz mehr, daß eine bestimmte Art, von Gott zu sprechen, Menschen guttut. Man muß das im Gegenteil dahin verdrehen, daß das, was eine bestimmte Behörde, eine bestimmte Institution, ein Ordnungssystem religiös und gesellschaftlich bedrohen könnte, augenblicklich die Rechtfertigung des Vorwurfs bietet, daß dieser Mann sich gegen Gott richtet, wo Jesus in Wahrheit doch gerade alles aufbietet in seiner Güte gegen die Unmenschlichkeit einer bestimmten autoritären Form von Religiosität. In dieser Alternative ist das, was Jesus tut, zu sehen: Es ist ein Entscheidungskampf am Ende wirklich um alles.

Eugen Biser: Jesus hat vermutlich aus zwei Gründen sterben müssen. Einmal, weil er es wagte, jenen Gott zu überbieten, in dessen Namen Opfer dargebracht werden mußten und in dessen Namen

Kriege geführt werden konnten. Man kann gerade auch angesichts der reaktionären, auf Unterwerfungs- und Angststrategien abhebenden Tendenzen im Kirchenraum nicht deutlich genug betonen: Jesus stand in Opposition zum religiösen Establishment seiner Zeit. Insbesondere aber entzog er mit seiner Botschaft jedem Gewaltsystem den Boden. „Ihr wißt", sagt Jesus an herausragender Stelle des Markusevangeliums, „daß die Gewaltherrscher ihre Völker unterdrücken und daß die Machthaber ihre Machtstellung mißbrauchen. Bei euch aber soll es nicht so sein." Denn herrschen bedeutet in seiner Lebensordnung soviel wie dienen. Und den Vorrang hat nach seinem Willen der, der sich an die letzte Stelle begibt. Außerdem stellte er mit seinem Verhalten und seiner Gottesverkündigung das in Frage, was für einen frommen Juden das Heiligste war: den Tempelkult, für den es aus seiner Sicht keine Rechtfertigung mehr gab. Mit vollem Recht läßt ihn deshalb das Johannesevangelium sagen: „Es kommt die Zeit, und sie ist bereits angebrochen, da werden die wahren Anbeter den Vater im Geist und in der Wahrheit anbeten." Und dann der wunderbare Zusatz: „Solche Anbeter sucht der Vater." Wer so redete und sich so verhielt, konnte im Interesse der Aufrechterhaltung von Tradition und Ordnung nicht länger hingenommen werden; er mußte diesem Interesse geopfert werden und sterben.

Der andere und nicht minder gravierende Grund bestand in seinem Eingriff in das soziale Ordnungsgefüge von „oben" und „unten": Indem er sich bewußt an den „Tisch der Sünder" setzte und sich auf die Seite der Erniedrigten und Beleidigten stellte, hob er das eingespielte Sozialsystem aus den Angeln. Seine Zuwendung galt in erster Linie den auf die Schattenseite des Lebens Geratenen und ins soziale Abseits Gedrängten. Darin war er radikaler Revolutionär, aber kein Revolutionär des Schwertes, sondern des Herzens und der Liebe. Selbst wenn man ihm seine religiöse Botschaft noch hätte durchgehen lassen, so ganz gewiß nicht dieses ebenso anstößige wie bedrohliche Sozialverhalten. Seine Liebe zu den Ausgestoßenen brachte ihn ans Kreuz. So ist er, wie Sie sehr richtig gesagt haben, schon in seinem Leben und nicht erst, wie das Apostolische

Glaubensbekenntnis sagt, nach seinem Tod „hinabgestiegen in das Reich des Todes". Seine Todes- und Hadesfahrt hat er, so gesehen, schon am ersten Tag seines öffentlichen Auftretens und Wirkens angetreten, indem er in die „Hölle" der Armen, Verachteten und Ausgestoßenen hinabstieg, um ihnen den Gott des Friedens, des Trostes und der Erbarmung zu verkünden und sie die Liebe dieses Gottes verspüren zu lassen.

Mit dem Bild vom „Tisch der Sünder", das die heutige Theologie mit Recht zu einem Schwerpunkt ihrer Forschung erhob, stellt sich nun aber definitiv die Frage nach Jesu Einschätzung der Sünde, an der sich, wie ich vorhin bemerkte, die um Sie entbrannte Diskussion letztlich entscheidet. Ausgerechnet an dieser Stelle meldet sich Kierkegaard mit einer These zu Wort, die ich nur als einen fatalen „Systembruch" bezeichnen kann. An einer nachträglich eingearbeiteten Stelle seiner „Einübung im Christentum" behauptet er tatsächlich, daß uns die Sünde und nur sie in die Arme des verzeihenden Gottes treibe und zur Annahme der christlichen Lehre mit all ihren Zumutungen bewege. Damit scheint er nun freilich Ihren Kritikern recht zu geben. Letztes Motiv des Glaubens ist für sie die aus dem menschlichen Sündenbewußtsein erwachsende Erlösungsbedürftigkeit. Weil wir uns als Sünder vorfinden, die ihre Schuld aus eigener Kraft nicht tilgen können, flüchten wir uns dieser Vorstellung zufolge in die Obhut der Kirche, die sich uns primär als die von Christus eingesetzte Instanz der Sündenvergebung darstellt.

Dieser Kritik ist es schon unannehmbar, daß Sie die Sünde – mit dem „wirklichen" Kierkegaard – zu etwas Vorletztem erklärt und in ihre Vorgeschichte hineingeleuchtet haben. Der zentrale Kontroverspunkt betrifft jedoch, wie schon mehrfach betont, die Position Jesu. Der nähere Befund ist erstaunlich: Jesus hat überraschend selten von der Sünde gesprochen! An dem von der Gegenwartstheologie zu Recht ins Visier genommenen „Tisch der Sünder" sitzen bei näherem Zusehen gerade keine Versager, die moralischen Fehlhaltungen verfielen, sondern sozial Geächtete wie der Zöllner Levi und der Oberzöllner Zachäus, also Vertreter des wegen der Kollaboration mit der römischen Besatzungsmacht meistgehaßten Standes, und Angeschlagene wie Maria von Magdala, von der berichtet wird, daß Jesus aus ihr sieben Dämonen ausgetrieben habe, daß sie also als eine tief Gestörte zu Jesus gekommen und von ihm geheilt worden sei. Von ihr haben Sie, wie bereits erwähnt, das Schönste geschrieben, was ich je dazu gelesen habe. Maria, die Mutter Jesu, sei der Mensch gewesen, der wie kein anderer für Jesus gelebt habe, sie, Maria von Magdala, aber der Mensch, der wie kein anderer durch Jesus gelebt habe. In der Tat: das von den Dämonen geräumte Haus mußte neu bewohnt werden, wenn es nicht einem erneuten Dämonensturm mit der Folge anheimfallen sollte, daß die letzten Dinge eines solchen Menschen schlimmer würden als sie ersten. Und die „Einwohnung" bedeutete, daß sie Ihrer Aussage zufolge wie kein anderer Mensch durch Jesus leben lernte, daß sie also als erste in Jesus ihre Lebensmitte und ihren Lebensinhalt gefunden hat.

Als Beweise für Jesu Umgang mit den Sündern und seine Bewertung der Sünde werden meist zwei Szenen des Evangeliums – gerade auch in der Diskussion mit Ihnen – ins Feld geführt: die besonders anschaulich von Markus geschilderte Heilung des Gelähmten, dem Jesus versichert: „Mein Sohn, deine Sünden sind dir vergeben!", und die von Lukas überlieferte Geschichte von der beim Gastmahl des Pharisäers Simon auftretenden Sünderin, deren in den Augen der Tischgenossen anstößiges Verhalten – sie benetzt die Füße Jesu mit ihren Tränen und trocknet sie mit ihren Haaren – Jesus mit den Worten rechtfertigt: „Ihr werden die vielen Sünden vergeben, weil sie so sehr geliebt hat." Nach Auskunft des Evangelisten handelt es sich bei der Frau um eine öffentliche Sünderin, also um den Fall eines moralischen Fehlverhaltens im engsten Sinn. Doch ist die ganze Szene nach heutiger Erkenntnis ebenso eindeutig eine von ihm frei geschaffene Bildung.

Ähnlich verhält es sich mit der Heilung des Gelähmten, den seine Freunde wegen des großen Menschenandranges durch eine von ihnen aufgebrochene Dachluke vor den lehrenden Jesus herablassen. Hier handelt es sich ursprünglich um eine durch das

Wunder „belohnte" Glaubensgeschichte, nur mit der anrührenden Nuance, daß Jesus das Wunder in diesem Fall auf den Glauben der Freunde hin wirkt. Erst nachträglich wurde die Szene von der wegen ihrer Praxis der Sündenvergebung angegriffenen Gemeinde um den Disput Jesu mit den ihn beargwöhnenden Gegnern erweitert und zu ihrer jetzigen Fassung fortgebildet. In diesem Fall läßt sich der Einschub sogar noch stilistisch, und zwar an dem plötzlichen Adressatenwechsel ersehen: „Damit ihr aber seht, daß der Menschensohn Macht hat, auf Erden Sünden zu vergeben – sprach er zu dem Gelähmten: Steh auf, nimm dein Bett und geh nach Hause!" Hier benutzte somit die Urgemeinde eine besonders anschauliche Heilungsgeschichte, um ihre Probleme mit der Sündenvergebung auf Jesus zurückzuspiegeln und ihn als ihren Kronzeugen anzurufen.

Das heißt gewiß nicht, daß der historische Jesus die Sünde nicht aus tiefster Seele verabscheut und Haß, Neid, Hartherzigkeit, Unzucht und Überheblichkeit nicht mit aller Kraft bekämpft hätte. Wohl aber heißt es, daß er Heil und Rettung keineswegs so eng und ausschließlich an das Sündenbewußtsein gebunden sah, wie dies Kierkegaard und seine unzähligen Nachbeter in jenem „systemfremden" Satz, der die Sünde zur ausschließlichen Bedingung des Christseins erklärt, wahrhaben wollen. Das sollte gerade in der Auseinandersetzung mit Ihnen zur Kenntnis genommen werden.

Eugen Drewermann: Jesus wollte in der Tat nicht so sprechen, daß Menschen verurteilt werden. Aber um die Ableitung aus dem Historischen ins Gegenwärtige zu ziehen, möchte ich noch einmal da anknüpfen, wo Sie den revolutionären Charakter des Auftretens Jesu betonen. Für mich ist kein Gleichnis Jesu so provokant und wirklich so todeswürdig wie im Lukasevangelium die Gegenüberstellung vom Pharisäer und vom Zöllner, die beide in den Tempel kommen, um zu beten. Da wird eine bestimmte Form von Moral und Gesetzestreue so aufgegriffen, daß es zunächst eine Karikatur zu sein scheint, in Wirklichkeit aber ist es ganz realitätsgetreu. Jemand, der den 1. Psalm betet, „Glücklich der Mann, der seinen Sitz im Rate der Rechtschaffenen hat und nachsinnt über dein Gesetz bei Tag und bei Nacht, er ist wie ein Baum gepflanzt an Wassern", ist eindeutig darüber versichert, daß es eine ganz klare Grenzziehung gibt zwischen den Guten und den Bösen, zwischen den Richtigen und den Falschen, zwischen Schwarz und Weiß. Und schaue ich in die Moral, die wir in der Kirche auch heute noch pflegen, so ist diese Denkweise einer zweiwertigen Logik, angewandt aufs Leben in polarisierenden Begriffen, immer noch nicht entschwunden. Der neue Weltkatechismus insbesondere ist voll von solchen Schwarzweißmalereien: In fünf Sätzen werden da komplizierteste Lebenszusammenhänge vermeintlich eindeutig beantwortet. Wenn Jesus demgegenüber von dem Pharisäer, der im Sinne der Zeitgenossen als vorbildlich gilt, entschieden sagt: „Er geht nicht gerechtfertigt nach Hause", dann zerschlägt er mit diesen Worten den Sockel, auf dem die gesamte moralische Selbstberuhigung der Vertreter der etablierten Religion basiert. Und wenn Jesus dann noch hinzufügt, dieser andere, der Zöllner, der nichts weiter getan hat, als um Erbarmen zu bitten, geht in den Augen Gottes als gerechtfertigt von dannen, dann stürzt das die ganze Welt um. Es ist ungeheuerlich, wie da die Perspektive geändert wird, und zwar nicht nur aus mitmenschlicher Sympathie, sondern aus der Radikalität eines Glaubens an einen Gott, der bedingungslos den Menschen akzeptiert.

Offensichtlich begreift wirklich nur derjenige, der verzweifelt genug ist, wie notwendig solche Bedingungslosigkeit der Akzeptation ist. So verstehe ich auch Sören Kierkegaards vorhin bereits angesprochene Bemerkung über den Zusammenhang von Sünde und Christentum. Ich glaube ihn richtig zu zitieren mit der Definition, der Glaube sei eine durch Verzweiflung vermittelte Unmittelbarkeit.

Man muß davon sagen, daß unsere Rede von der Sünde schon im 19., ganz gewiß aber im 20. Jahrhundert mit völlig aberwitzigen Assoziationen belastet ist, die aus der kirchlichen Verkündigung selber stammen. Paul Tillich konnte vor über fünfzig Jahren schon sagen, ein Begriff wie Erbsünde sei nicht mehr zu gebrauchen, weil alles, was jemand, der das hört, sich dabei denkt, verkehrt ist. Genauso bei dem Begriff Sünde. Wenn ich eben von der Beichte sprach, entdecke ich, daß für die meisten Menschen Sünde vielleicht noch Ehebruch bedeutet oder Steuerhinterziehung, oder bei Rotlicht über die Ampel fahren, aber viel mehr bedeutet es nicht. Wenn wir schon im paulinischen Sinn die Sünde als eine Macht – im Singular – verstehen, sollten wir auch eine Erklärung bieten für das, was im Menschen vor sich geht, wenn er anscheinend allen Ernstes das Feld radikaler Gnadenlosigkeit und Gottesferne für erstrebenswerter hält als das Paradies der Welt. Was geht in einem Menschen vor, der am Ende den Ort seiner Geborgenheit zerschlägt, um dahin zu kommen, wo er eigentlich gar nicht hinkommen will?

In der biblischen Geschichte von Genesis 3, auf die wir vorhin bei dem Ambivalentwerden des Gottesbildes schon einmal zu sprechen kamen, wird das so geschildert, daß die Menschen Verwirrte der Angst werden. Sie haben Angst vor Gott, der sie für eine Handbewegung töten könnte. Sie haben Angst vor sich selber, die sie ein Gebot übertreten könnten, das Gott erlassen hat. Und auch die Welt wird ihnen unheimlich, in deren Mittelpunkt in Gestalt des verbotenen Baumes etwas steht, an das auch nur zu rühren mit Todesgefahr geahndet wird. Wenn das so steht, hat die Schlange irgendwann ja recht: Man muß Gott, der den Menschen schon für eine bestimmte Übertretung tötet, für einen Despoten halten, der selber Angst hat vor den Menschen und seinen wackeligen Thron mit drakonischen Maßnahmen schützen will. Ich finde in diesem Zerrbild Gottes nun aber fast den ganzen Kirchenglauben wieder. Gefragt, was die Menschen unter Gott verstehen, ist das ungefähr diese Beziehung: Ein Gott hat bestimmte Gebote erlassen; die halten wir im großen und ganzen, aber manchmal übertreten wir sie, und dann müssen wir das kirchlich wiedergutmachen. Da ist Ambivalenz, Angst, Kirchenabhängigkeit, autoritäre Fremdbestimmung – alles im Namen der etablierten Religion im Rahmen des Kirchenglaubens. Genau das aber war es, was Jesus bekämpfen wollte. Er wollte, daß uns Gott wieder so nahe kommt, daß wir uns in ihm wiederfinden, gegen all die Ängste, die uns immer weiter von Gott wegziehen.

In der Bibel geht es ja dahin, daß schließlich die Menschen sagen: Wir wollen diesen Gott nicht mehr. Was der kann, wollen wir auch. Wir leben ohne ihn viel besser. Wir machen jetzt *unsere* Welt auf; die allerdings wird so aussehen, daß jeder Mensch Grund hat, sich zu schämen: für sich selber, für seine Nichtigkeit und Minderwertigkeit, für sein Nacktsein, für seine Endlichkeit. Die Menschen, die wie Gott sein wollen, sind nur um so erbärmlichere Menschen. Das Problem ist nicht, daß sie etwa nicht erreichen würden, was die Schlange ihnen in Aussicht stellt. Das Problem dieser Menschen ist, daß sie reingelegt, überlistet werden, indem sie bekommen, was ihnen versprochen wurde – nur, daß das Ganze am Ende völlig anders aussieht, als sie dachten.

Auf den Anfangsseiten der Bibel wird bei dieser Schilderung von Sünde in einer Weise gesprochen, daß die Menschen wie ohnmächtig, wie ausgeliefert erscheinen. Das ist ein unglaublicher Gedanke, weil er all dem widerspricht, was wir in der Kirche für gewöhnlich hören, wo uns das Phänomen der Sünde eindeutig beschreibbar scheint. Die Bibel schildert Menschen eben nicht nach schwarz und weiß, als Hochmütige, Hybride, Ungehorsame, Stolze. Die Bibel schildert Menschen, die alles mögliche tun, um ihr Glück zu finden, die es aber im Getto der Angst und im Felde der Gottesferne nicht finden können und dann wirklich alles falsch machen!

Eugen Biser: Wenn ich das noch zuspitzen darf: Es gibt in der Kainsgeschichte sogar eine Art kulturelle Rechtfertigung der Sünde. Es sind ausgerechnet die Nachkommen Kains, von dem es bereits heißt, daß er die erste Stadt erbaute, die als Initiatoren der Kulturgeschichte charakterisiert werden. Der eine gilt als der Erfinder der Musikinstrumente, der andere als der Produzent von Waffen. Es hat geradezu den Anschein, als solle jener mit der Welt versöhnen, die dieser in ein Meer von Blut und Tränen stürzt. Kunst und Technik werden somit der Nachfolge Kains zugeschrie-

ben. Das ist insofern einseitig, als es keine Nachkommen
gibt. Dennoch wirkt das auf mich wie der ferne Vorklang des
lichen „Felix culpa".

Eugen Drewermann: Ohne Zweifel. Hegel hat einmal gesagt, das
Negative sei die Dynamik der Geschichte. Kulturgeschichtlich ist
das nicht ganz falsch. Die Tragödie, die demgegenüber die Bibel
beschreibt, liegt gerade darin, daß die Menschen ein Bild von Gott
nicht mehr ertragen, das nur ängstigend, nur moralisierend, nur
strafend ist. Ich glaube, daß die kirchliche Verzeichnung des Gottesbildes psychologisch einen der Hauptantriebe zur Ausbreitung
des Atheismus in der Neuzeit darstellt. Die Menschen möchten
autonom sein, sie möchten ohne Angst sein, sie möchten zurück-
finden zu einem Vertrauen, das die Kirche ihnen versperrt. Solange die Kirche mit ihrer Theologie den Monopolanspruch auf
Gott und Christus erhebt, sind diese Leute in ihrem berechtigten
Protest wie Verlorene und Ausgeschlossene. Wer also findet sie
wieder, und wo? Entscheidend ist, daß Texte wie die von Kain und
Abel, oder von Adam und Eva, den Menschen gerade nicht so beschreiben, daß man ihn moralisch eindeutig qualifizieren kann,
vielmehr das Böse widerfährt hier dem Menschen gerade im Abwehrkampf. Eva (oder Kain) möchte das, was da passiert, überhaupt nicht tun. Mich erschüttert beim Lesen von Genesis 3
immer wieder, daß die Frau, mit der die Schlange redet, als allererstes Gott in Schutz nimmt und sich die Hände gewissermaßen bindet, die das Verbotene tun könnten; sie will es überhaupt nicht
tun. Da dieser Abwehrkampf aber *in Angst* geführt wird, wird sie
zwei Zeilen später genau das tun, wogegen sie sich auf Leben und
Tod wehrt. Und dann wiederholt sich dasselbe Drama noch einmal in der Kain-und-Abel-Erzählung.

Wenn man der Buberschen Übersetzung, nach dem hebräischen
Text, wie er dasteht, glauben kann, lautet der entscheidende
Punkt, als Gott Kain ins Gewissen geredet hat – „Wenn Böses du
tun willst, vor deinem Herzen liegt die Sünde wie ein Lagerer, du
aber solltest sie beherrschen" –, daß Kain hingeht und mit Abel,

seinem Bruder, redet. Dann steht schon in der griechischen Übersetzung, in der Septuaginta, beschrieben, wie die beiden wohl geredet haben könnten: „Laßt uns aufs Feld gehen." Doch das ist eine
rein willkürliche Textergänzung. Martin Buber übersetzt diese
entscheidende Stelle kontrapunktisch: „Und Kain redete mit Abel,
seinem Bruder: *Aber* dann war es, als sie auf dem Felde waren, *auf
stand* Kain gegen Abel."

Das ist es, was ich dauernd sehe: Menschen möchten miteinander
reden, noch bereit zur Versöhnung im Namen Gottes, womöglich.
Doch sie können es nicht, weil selbst der Gott der Bibel, jenseits
von Eden, nur noch zu moralisieren versteht. „Du solltest beherrschen!" Irgendwann geht das nicht mehr. Darum liegt mir so sehr
daran, daß wir bis zu dem Punkt kommen, wo Gott in der Bibel vor
die eigentliche Alternative gestellt wird: Was soll er mit diesem
Menschen machen in seiner Hilflosigkeit? Gott zieht Bilanz in Genesis 6 und stellt fest: Die Menschen sind böse von Jugend auf, das
heißt auf hebräisch soviel wie: *nur noch.* Da ist kein Grund und
kein Halten mehr. Darum – eine Idee, wirklich eines Gottes würdig – beschließt er, die Welt auszumisten wie einen Augiasstall,
durch eine Sintflut. Demselben Gott fällt zwei Kapitel später derselbe Satz noch mal ins Gewissen: „Der Mensch ist böse von Jugend auf." Er ist *raq raah,* überhaupt nur böse. Und darum wird nie
mehr eine Sintflut sein, sondern das Spiel von Sommer und Winter, von Ernte und Aussaat, die Ordnung der Natur wird wenigstens erhalten bleiben dem Menschen gegenüber, wie ein sicheres
Terrain. Und sie wird die Bühne dafür bieten, daß die Geschichte
der Menschen weitergeht. Gott wird sie begleiten. Das ist der
Grund, warum es uns überhaupt gibt.

Ich kenne im Alten Testament, im *sogenannten* Alten Testament, keine Stelle, die dem Grundgedanken Jesu so nahe kommt:
Wenn Gott uns denn strafen würde, wäre doch gar kein Halten. Es
ginge nie zu Ende. Die einzige Chance, die wir Menschen haben,
der Sintflut zu entrinnen, ist, daß Gott uns aushält, weil er weiß,
wir können nur gerettet werden, indem er uns vergibt und bei uns
bleibt. Das ist für mich erschütternd: Denn offensichtlich hängt

dies noch mit der Erfahrung Jesu in der Taufe am Jordan zusammen, daß sich der Himmel öffnet und Gott uns sehr nahe sein kann. Die Sintflut hätten wir verdient. Aber Jesus muß aus diesen Bildern gelernt haben: Wenn die Menschen so abgrundtief verloren sind, fangen unterhalb des Abgrunds die Hände Gottes selbst alles in unserem Dasein auf und tragen es. Und das rettet, das trägt übers Wasser, und es ist die einzige Gegenkraft zur „Sünde".

Mir liegt jetzt auch ein wenig daran, diese unselige Debatte, ausgelöst durch den Paderborner Oberhirten, an dieser Stelle etwas aufzuklären oder fast aufzuheitern. Es ist in der heutigen Theologie ja wie eine Magie: Man muß bestimmte Worte exakt so sprechen, wie das die Oberhirten unter Umständen gelernt haben seit Kindertagen, denn spricht man ihnen ein bestimmtes Märchen vor dem Einschlafen nicht wortgleich so, wie sie es seit alters her kennen, schlafen sie unruhig und werden bösartig am anderen Morgen. Ich vermeide zum Beispiel das Wort *Sünde*, weil es dauernd fehlassoziiert wird und weil es den Menschen nicht das sagt, was an Ernst dahintersteckt. Darum rede ich viel lieber von Wörtern wie: verzweifelt, oder ausgesetzt, oder hilflos, oder zerbrochen, oder unglücklich, oder selbstentfremdet, oder neurotisch, oder krank, oder heimgesucht – was man will.

Entscheidend ist doch: Wer *so* von Sünde spricht, macht deutlich, daß es nicht mehr um Anklage geht, sondern um Verstehen. Und das ist im Grunde meine ganze Arbeit. Ich wollte, seit meiner Untersuchung über die *Strukturen des Bösen*, daß die Grundlehren des Christlichen aufhören, den Menschen immer wieder mit erhobenem Zeigefinger drohend ins Gewissen zu reden. Sie sollten vielmehr einen Ort bilden, wo die Menschen sich in ihrer Hilflosigkeit und Ausgesetztheit verstanden und umgriffen fühlen. Das ist es doch eigentlich, was wir im Reden von Sünde, wenn wir den Begriff schon gebrauchen, wirklich tun sollten. Nur ist der Gebrauchswert der Sprache vollkommen verschieden; und da sehen wir denn auch den Unterschied, warum *ich* meine Schwierigkeiten kriege mit der Kirche – und auch will, inzwischen.

Wenn ich beispielsweise in der Debatte um den § 218 sage: Ich kenne Frauen, die drei Wochen vor Ablaufen der Frist bei mir sind, und wir sitzen da und weinen beide, und wir kennen keine Lösung – was ich sehe, ist eine verzweifelte Frau, ich sehe keine Mörderin, ich sehe lediglich einen Menschen, der nicht ein noch aus weiß, dann begreift jeder, der Augen und Ohren hat, daß es überhaupt nicht hilft, das Strafgesetzbuch zu holen und noch weiter ins Gewissen zu reden. Die Wahrheit ist: Wir müssen jetzt eine Lösung finden, mit der eine Frau zwanzig weitere Jahre ihres Lebens zubringen kann. Und ich kann nicht wissen, was sie verträgt. Auch sie selber weiß es nicht. Sie weiß vielleicht nur, daß ihr Mann das alles nicht erfahren darf. Das allein genügt womöglich schon. Denn sie hat noch drei andere Kinder. Und auch ihr Geliebter darf nicht blamiert werden. Auch das kann genügen, um verzweifelt zu sein; denn der Geliebte bedeutet ihr unter Umständen viel mehr als ihr Ehemann. Kurz: Ich könnte dranbleiben, Tragödien zu schildern. Wenn ich aber sage, die Menschen sind in tragischen Verwicklungen, höre ich bischöflicherseits, ich löste den Begriff Sünde auf und ich entschuldigte die Menschen. Woran mir in Wahrheit liegt, ist lediglich zu sagen: Das, was ihr unter Sünde versteht, liegt sehr viel tiefer. Wenn wir drei Jahre Zeit hätten, statt drei Wochen, kämen wir vielleicht dahinter, daß diese Frau auch eine eigene Geschichte hat, die sehr lang ist und die zu all den Dramen geführt hat, die jetzt ablaufen. Mag sein, daß da auch Schuld eine Rolle spielt, aber wahrscheinlich viel mehr Unschuld und viel mehr Ausgeliefertheit. Das alles jedenfalls können wir jetzt nicht mehr auflösen, das ist wie ein Knoten, den wir nur nach der Art des Alexander mit dem Schwert durchhauen können. Entflechten können wir das, in drei Wochen, nicht mehr. Das ist die Situation. Eben deshalb möchte ich aber erwarten, daß wir eine Moraltheologie hätten, die als erstes begreifen würde, daß sie einmal ein später Abkömmling der Dogmatik war: Sie kann bestenfalls verhandeln, wie Menschen leben müßten oder könnten, die wirklich *erlöst* wären. Statt dessen mogeln wir uns aus der Affäre, indem wir im aufgeklärten Sinne die Autonomie des Freiheitbegriffes durchbuchstabieren und dem Programm der Aufklärung zweihundert Jahre später Folge leisten, das Kant im Grunde zur Zerstörung der Kirche ersonnen hatte, indem er sagte, man müßte die ganze Religion am besten überhaupt nur auf Moral reduzieren, das sei die einzig klare Sprache über Gott. Das ganze Geheimnis in der Tiefe, wie abhängig und ausgeliefert Menschen sein können, ist für die heutige Moraltheologie nicht mehr erfaßbar, es wird im Grunde ignoriert.

Deshalb möchte ich, daß die Psychoanalyse heute in die Theologie eingebracht wird, weil sie zeigt, daß man menschliches Verhalten nicht isoliert betrachten kann. Duns Scotus, im 13. Jahrhundert, hatte in diesem Punkt sehr viel mehr recht als Thomas von Aquin, als er meinte: man muß die konkrete Situation, die Motivation, die personale Verflechtung sehen. Und wir können heute hinzufügen: man muß mit der Psychoanalyse sehen, wieviel an unbewußten Motiven Menschen miteinander verbinden. Kein Mensch begegnet dem anderen rein abstrakt. Er projiziert vieles in ihn, er befürchtet vieles von ihm, er verwechselt ihn mit allen möglichen Erinnerungsspuren. Die Chance, ihn real vis-à-vis zu erleben, muß langsam erarbeitet werden. Die Freiheit ist kein Naturgeschenk, sie muß errungen werden, durch Bewußtmachung. Von all diesen Dingen, in Abarbeitung von Angst und Verstellung, will unsere heutige Kirche bis in den Bereich der theologischen Selbstdarstellung kategorisch nichts wissen.

Mein Vorwurf lautet deshalb, daß sie nicht nur unfähig ist, Krankheiten zu heilen, wie Sie eben sagten, Herr Biser, sondern, daß Freud zu Recht meinte, diese Art von Religiosität sei selber eine Krankheit, und zwar eine ansteckende. „Wir müssen wünschen", schreibt er in der „Zukunft einer Illusion", „daß eine Menschheit kommt, die daran nicht mehr glaubt." Da müßten wir religionspsychologisch am Ende sagen: Wovon Jesus uns befreien wollte, war doch gerade der Ödipuskomplex, den Freud ins Zentrum seiner Analyse setzte: ein Vater, der ewig ambivalent ist und der den einfachen Suchweg zur Liebe verstellt mit unsinnigen Geboten und infantilen Resten an Angst und Abhängigkeit. Genau das aber ist eine gute Beschreibung für den religionspsychologischen Zustand des Kirchenglaubens am Ende des 20. Jahrhunderts.

Eugen Biser: Aber bei Freud ist das doch ein regelrechter Kahl-
schlag. Er kann also das nicht bieten, was wir als das Wesen einer
Angstüberwindung beschrieben haben: die menschliche Zuwendung. Der Mitmensch kommt bei Freud im Grunde nicht vor.
Freud hat aufgrund seiner Grundkonzeption, seiner ganzen Herkunft, auch seines Zusammenhangs mit dem subjektivistischen
Selbstbegriff der Aufklärung, als deren Erbschaftsverwalter er ja
aufgetreten ist und deren Ideen er in seiner Tiefenpsychologie instrumentalisiert hat, gar nicht die Möglichkeit, den Mitmenschen
so ins Visier zu nehmen, wie es sein Antipode Martin Buber getan
hat. Dort würde ich vor allen Dingen anknüpfen, wenn es darum
geht, im Feld moderner Wissenschaftsangebote ein hilfreiches In-
strumentarium auszumachen.

Eugen Drewermann: Der Einwand zeigt mir, daß sogar ein Mann
wie Sie, Herr Biser, manche Verurteilung Freuds vielleicht doch
nicht ganz überwunden hat. Was die Psychoanalyse angeht: Es ist
ein altes Mißverständnis, das Buber auch in den Schriften gegenüber C. G. Jung dann später formuliert hat, die Psychoanalyse in
Richtung der Gnosis, der Selbsterlösung oder der Verengung des
Menschenbildes abzuschieben. Richtig bleibt: Freud hat aufkläre-
risch gedacht, und er hat Begriffe gebraucht, die aus der Physik, aus
dem Bereich des Elektromagnetismus, kamen. Wie stark dieser
Mann aber imstande war, *Menschen* zu sehen, geht mir aus zweierlei hervor: Freud ist zweifellos der erste, der Frauenleiden so ernst
genommen hat, bis ins körperliche Erleben hinein, daß es eine
ganze Welt zu verändern vermocht hat. Und es gibt aus der Feder
von Paul Federn, einem seiner Schüler, einen Satz, der mir am
schönsten von diesem großen Mann gesprochen zu sein scheint:
„Wenn ich je einem Menschen habe helfen können, dann habe ich
ihn geliebt." Für mich ist Freud ein Mann, der getan hat, was der
Prophet Elija versucht hat im Alten Testament: Bilder von Gott zu
zertrümmern, die die Menschen immer wieder bestimmen, sich
blutig zu ritzen, Opfer zu bringen, ihre Kinder zu schlachten.
Freud wollte, daß endlich Schluß sei mit dem religiösen Spuk. Er

war, in diesem Sinn, ein radikaler Jude: Die Bilder müssen endli
zerstört werden, bis daß die Menschen frei sind. Der Bischof der
Westminster-Kathedrale in London hat, als man Freuds 100. Ge-
burtstag dort feiern wollte und die Frage aufkam, ob man denn
einen Atheisten, einen ungläubigen Juden in einer kirchlichen Kathedrale feiern dürfe, so geantwortet: „It is our firm believe, that
Mister Freud not any longer is an Atheist. – Das glauben wir zuver-
sichtlich, daß Freud aufgehört hat, ein Atheist zu sein."
Mich hat Sigmund Freud gelehrt, daß man Menschen nur helfen
kann, wenn man aufhört zu zensieren, wenn man sich auf sie ein-
läßt, jenseits der Moral, und in sie ein Vertrauen investiert, das
grenzenlos ist. Die Seele des Menschen als ein Organ, das alles
weiß, wenn man es nur nicht verstellt von außen, sondern wachsen läßt – da ist Freud als Mensch genial. Seine Theorien im einzelnen können wir natürlich diskutieren, wenn auch tunlichst nicht
jetzt.

Eugen Biser: Das wollte ich auch keineswegs in Zweifel ziehen.
Freud hat sicher das praktiziert, was er unter Liebe verstanden hat,
ob das der christlichen Liebe entspricht, das möchte ich offenlas-
sen. Mein Einwand war ein theoretischer. Für ihn hat, ebenso wie
für viele andere, Heidegger etwa, der Mitmensch als Mitmensch
nicht die Rolle gespielt, die Ihnen eigentlich angelegen sein müßte,
wenn Sie – völlig zu Recht – sagen, daß Angst letztlich nur durch
Zuwendung überwunden werden kann. Ich bestreite ja nicht, daß
Freud das praktiziert hat. Ich sehe nur, daß der Mitmensch in der
tiefenpsychologischen Konzeption nicht die Rolle spielt, die ihm
eigentlich aufgrund Ihres eigenen Ansatzes zukommen müßte.
Nicht umsonst traten unmittelbar nach Freud die Vertreter des
„dialogischen Prinzips", allen voran der von mir bereits erwähnte
Martin Buber und sein Mitstreiter Franz Rosenzweig, auf den Plan,
um das, was Ihrer – und übrigens auch meiner – Meinung nach in
der gesamten Neuzeit, angefangen von Descartes bis hin zu Nietzsche, Freud und Heidegger zu kurz gekommen war, zum Zug zu
bringen: das Du, den Nächsten, den Mit- und Zwischenmenschen.

Michael Albus: Nach den vielen Einzelheiten möchte ich nur, ganz konzentriert, wenn es geht, von Ihnen hören, was Sie einem Menschen, der danach fragt, was Erlösung für ihn bedeuten könnte, im gegenwärtigen Kontext, antworten?

Eugen Biser: Es ist gut, daß Sie gerade diese Frage stellen. Denn ich habe vorhin, sicher auch in Ihrem Sinn, der landläufigen Meinung widersprochen, die den einzigen Zugang zu dem von Jesus gebrachten Heil im Sündenbewußtsein erblickt. Doch wurde noch immer nicht klar gesagt, worin dann die Erlösungsbedürftigkeit wirklich besteht. Nur würde ich das lieber nicht in Form einer These, sondern eines Wenn-Satzes zum Ausdruck bringen. Dieser Satz könnte etwa lauten: Wenn du erlöst werden willst – und ich gehe davon aus, daß das deiner innersten Sehnsucht entspricht –, dann laß die Liebe, die dir im Evangelium entgegentritt, an dich herankommen, dann versuche das abzubauen, was dich dieser Liebe gegenüber versperrt, unzugänglich macht, diese Barrieren der Selbstsucht, des Egoismus, aber auch dessen, was du mit deiner Vorstellung vom geglückten Menschsein verbindest. Werde dir deiner innersten Unfertigkeit bewußt, empfinde dich in deinem Einsamsein, in deinem Leergelassensein, und dann laß die Liebe Jesu auf dich eindringen! Sei dir bewußt, daß im Evangelium im Grunde gar nichts anderes angeboten wird als diese Liebe. Diese Liebe ist nicht nur ein Gefühl, eine allgemeine Form von Zuwendung, sie ist auch nicht nur das, was man als Gnade zu bezeichnen pflegt, mit diesem nicht sehr glücklichen, weil allzu versachlichenden Begriff. Es ist die lebendige konkrete Zuwendung Jesu, durch die er dir in deiner inneren Herzensnot aufhelfen will, und zwar dadurch, daß er sein Leben mit dem deinen vereint und zum Mittelpunkt deines Lebens wird. Wenn du ihn gefunden hast, in dieser Form, dann hast du den Kristallisationskern gewonnen, aus dem sich heraus dein Leben zu einem wirklich geglückten Leben aufbaut, dann bist du erlöst!

Eugen Drewermann: Für mich ist erstaunlich, wie sehr wir dasselbe meinen und uns doch in den Sprachebenen unterscheiden, so daß sich dann jeweils auch wieder andere Felder der Erfahrung und der Mitteilung erschließen. Denn ich sage ganz ähnlich: Um in deinem Leben glücklich zu sein, brauchst du dringend mindestens einen Menschen, den du lieben kannst und der dich lieb hat. Und den suchst du seit deinen Kindertagen, in Gestalt deiner Mutter, deines Vaters, deiner Geschwister, des Lehrers, eines Tages in Gestalt deines Freundes, deiner Freundin, deines Mannes, deiner Frau. Aber du wirst erleben, daß auf dem Weg der Liebe die alten Erinnerungen sich immer wieder zurückmelden. An der Seite eines Menschen, dem du vertraust, erwächst dir die Chance, daß du das alles noch einmal wiederholst, was du erlebt hast seit Kindertagen. Du darfst in den Armen einer Frau, eines Mannes, vielleicht endlich das Kind sein, das du nie sein durftest, du darfst das Leid nachfühlen als das Kind, das du sein mußtest. Du wirst die Geliebte wiederentdecken als deinen Vater oder deine Mutter, und umgekehrt. Und du wirst die Chance gewinnen, nachzureifen, neu zu beginnen, anders über dich nachzudenken, buchstäblich nackt zu sein, und das nicht mehr zu fürchten als deine Schande, sondern von Herzen zu wünschen. Du wirst die Chance haben, Worte zu sagen, die du nie sagen durftest, ohne Scham, du wirst die Chance haben, Erinnerungen zu gewinnen, die dir zum ersten Mal deine eigene Vergangenheit gegen so viel Angst zurückgeben, und du wirst die Chance haben, deine Zukunft zu sehen und wahrzunehmen, wie sie die Zeit über immer verstellt war. Es kann sein, daß bei all diesen Erinnerungen sich so viel wiederholt, daß du die Liebe anfängst zu fürchten. Du entdeckst womöglich: du hast dem anderen Dinge versprochen, die du gar nicht halten kannst, du hast ihm Seiten von dir gezeigt, die gar nicht stimmen, aber du dachtest, das mußt du tun, weil anders er dich gar nicht lieben kann. Und du fürchtest seither jahrelang, der andere käme dahinter, wer du wirklich bist. Wohl: es wäre wie eine Erlösung für dich, wenn du eines Tages alle die Rollen, die du glaubtest nötig zu haben, im Feld der Liebe abwerfen könntest durch ein größeres Vertrauen. Dennoch mutest du womöglich gerade diesen Schritt der Ehrlichkeit deiner Frau nicht mal zu, oder deinem Mann, ja nicht mal dir selber, aber der Raum, auf den du dann stößt, wenn du es trotzdem tust, den nenne ich Gott, oder die ewige Liebe, oder einen Hintergrund absoluter Geborgenheit.

Und von ihm wollte Jesus sprechen, das ist wahr. Was wir da tun, wenn wir auch nur im Privaten offen sind, ist auch für mich ermöglicht durch sein Vorbild; an das glaube ich, wenn ich denke: Es muß gehen, denn sonst geht nicht sehr viel im Leben gut.

Dann aber möchte ich weiter sagen: Es kann auch sein, daß du erlebst, daß dir weder die Religion noch die Liebe eines anderen Menschen hilft, um mit den Ängsten, die du nicht verstehst aus deinen Kindertagen, umzugehen, schon weil du nicht mal siehst, daß diese Ängste, die du hast und die jede Beziehung zu zerstören drohen, aus Kindertagen stammen. Dann wird der Jude Sigmund Freud sehr recht haben: Es muß mindestens einen Menschen geben, der sich an die Stelle deines Vaters oder deiner Mutter begibt mit seiner eigenen Person und all das auf sich zieht, was du damals erlebt hast, ohne dich heute noch daran zu erinnern. Wenn du einen solchen Menschen triffst, der auf deine Ängste, auf deine Aggressionen, auf deine Scheu, auf deine Zweifel, auf deine Ausreden anders antwortet, als damals deine Mutter oder dein Vater es tun mußten, gewinnst du eine gute Chance, neu dabei zu lernen und die Realität, die heute gilt, wiederzufinden. (Wir nennen das heute Psychoanalyse. Aber die Hoffnung bleibt mir, daß eines Tages das, was in Religion und Therapie derzeit noch auseinanderzufallen scheint, eine Einheit bildet. Erst dann jedenfalls hätten wir das Niveau des Juden von Nazaret erreicht. Er wollte, daß man von Gott nie anders redet, als indem es Menschen heilt.)

Aber: Wenn du jetzt denkst, Erlösung, das heißt Selbstzufriedenheit, Glück, Gemeinsamkeit, dann muß ich mit dem Hinweis auf Jesus von Nazaret freilich noch hinzufügen: es bedeutet immer auch, daß du lernst, aus der Bewegung deiner eigenen Freiheit Partei zu ergreifen für all die Menschen, die unterdrückt sind. Es bedeutet, aus dem eigenen Leid heraus zu kämpfen gegen das Leid, das den Kreaturen zugefügt wird. Es bedeutet augenblicklich eine Sensibilität, die keine Grenzen findet gegenüber dem ungehörten Schrei der Kreatur. Indem du deine eigene wirkliche Natur wiedergewinnst und den Mut bekommst, so zu leben, wie Gott dich gemeint hat, wird die ganze Schöpfung Gottes in einem Teil von dir so sichtbar, daß sie sich verwandelt in einen Auftrag, zu retten und zu bewahren, was im Garten Gottes angelegt war. Erlöst zu sein ist auch, Gott wiederzufinden als den Schöpfer der Erde, der Menschen, der Tiere, der Pflanzen.

Schöpfung – Natur – Evolution

Michael Albus: Herr Drewermann, Sie haben jetzt nicht nur am Schluß den Schöpfer der Tiere und Pflanzen angesprochen. Sie hatten auch vorhin im Zusammenhang der Sintflut gesagt, daß wenigstens noch die Ordnung der Natur erhalten bliebe. In Wirklichkeit sind wir aber heute dabei, die Schöpfung unseres Gottes zu vergessen. In diesen Kontext möchte ich die Erörterung dieses Glaubensartikels stellen.

Eugen Biser: Der erste Artikel des Glaubensbekenntnisses lautet: „Ich glaube an Gott, den Vater, den Allmächtigen, den Schöpfer des Himmels und der Erde." Gott wird in diesem Zusammenhang also Vater genannt. Allerdings bringt das auch schon ein erstes Problem mit sich; denn für die christliche Theologie aller Jahrhunderte steht fest, daß alle Werke Gottes nach außen als das Werk der gesamten Trinität zu gelten haben, so daß man also nicht sagen kann, wie das oft im Religionsunterricht etwas vereinfachend hingestellt wird, der Vater hat uns geschaffen, der Sohn hat uns erlöst, der Geist hat uns geheiligt. Vielmehr wird Gott hier in einem allgemeineren Sinn als Vater bezeichnet. In diesem Zusammenhang kommen dann wohl auch patriarchalische Vorstellungen ins Spiel. Denn mit Vater in diesem Sinne verbinden wir den Begriff der Macht, der Autorität, des Könnens, auch des Schöpfertums, also der Kreativität. Trotzdem scheint mir das Glaubensbekenntnis recht zu haben, wenn es in diesem Zusammenhang vom Vater spricht. Denn die Tatsache, daß wir dieses Bekenntnis überhaupt besitzen, hat ursächlich mit der religiösen Lebensleistung Jesu zu tun, der Entdeckung Gottes in seiner väterlichen Liebe. Das ist natürlich jetzt dieser andere Vater, den Jesus mit dem Zärtlichkeitswort „Abba – Vater" anruft. Auch die Pygmäen Zentralafrikas haben den Schöpfer, ihren Gott, Vater genannt, ebenso wie die Indianer Amerikas. Doch obwohl sich das Motiv in weiten Bereichen der Religionsgeschichte findet, hat die Vater-Anrede im Munde Jesu eine völlig neue Qualität. Denn mit diesem Zärtlichkeitswort der bedingungslos kindlichen Liebe durchstößt Jesus die Mauer der Ferne Gottes, überbrückt er den Abgrund der Fremdheit Gottes und schafft er Zugang zum Herzen Gottes. Ich will Jesus damit keineswegs in ein Konkurrenzverhältnis zu anderen Religionsstiftern bringen. Denn er steht zu Buddha, Laotse oder Mohammed nicht in Opposition, sondern eher in einem Verhältnis überbietender Integration. So vieles er von ihnen, zumal aber vom Glauben Israels in sich aufnimmt, hebt er die Religiosität der Menschheit doch in eine Dimension, die es so vorher nicht gegeben hat und die in alle Zukunft mit seinem Namen verbunden bleiben wird. Nicht umsonst sind die meisten Sätze des Glaubensbekenntnisses in seiner Lebensgeschichte verankert. Wenn das dem von uns augenblicklich erörterten Eingangssatz auch noch nicht anzusehen ist, so doch schon dem folgenden: „Und an Jesus Christus, seinen eingeborenen Sohn" und erst recht den nächsten, die von der Geburt, dem Kreuzestod und der Auferstehung Jesu sprechen.

Das Glaubensbekenntnis fängt demnach mit der allgemeinen Anrufung Gottes als Schöpfer und Vater, ich möchte sagen ebenerdig an; es greift große religiöse Traditionen auf, bestätigt sie, um sich dann emporzuarbeiten in jene neue Dimension, die durch die Lebensleistung Jesu erschlossen worden ist.

Aber jetzt die Frage: was bedeutet „Himmel und Erde" – Begriffe, die wir in dieser Gegenüberstellung heute nicht mehr gebrauchen?

Ich denke: Es ist ein Bekenntnis zu einer in der modernen Rationalität abhanden gekommenen Dimension der Welt. Mitgesagt ist hier, daß es Dimensionen des Seins gibt, die nicht wissenschaftlich erforscht und noch viel weniger technisch genutzt werden können. Der Philosoph Wilhelm Weischedel hat für das, was ich meine, einmal das Titelwort „die Tiefe im Antlitz der Welt" gebraucht. Wir kennen in unserer modernen rationalen Weltauslegung nur noch die von der Wissenschaft begreifbare Dimension des Wirklichen, nur noch den astrophysikalischen Kosmos in seinen Maximal- und in seinen Feinstrukturen. Aber wir wissen heute nicht mehr um diesen Himmel, der nicht so sehr über der Welt, als vielmehr mitten in ihr ist. Die Anrufung im ersten Artikel des Glaubensbekenntnisses ist eigentlich eine Art Korrektur all dessen, was uns seit Jahrhunderten als das einzig Erkennbare, einzig Machbare, einzig Erwerbbare und Erstrebbare vorkommt, nämlich die wissenschaftlich-technische Welt. Hier legt das Glaubensbekenntnis eine Art Protest ein. Es kennt eben nicht nur die vom Menschen zu nutzende Erde, sondern auch den Himmel über ihr, der uns davor bewahrt, zu reinen Funktionären des Lebens zu werden.

Eugen Drewermann: In Abänderung der Reihenfolge des Glaubensbekenntnisses sind wir jetzt also über die Erlösungslehre zum Schöpfungsglauben gekommen. Das ist mir nicht unrecht, denn ich sehe mit Ihnen die Frage, wie es denn möglich sein soll, im Angesicht der Natur an so etwas wie einen gütigen Hintergrund der Welt zu glauben. Jesus wollte uns in der Tat lehren, ins Unsichtbare hinein Vertrauen zu gewinnen, um im Sichtbaren nicht geängstet zu werden, in so wunderbaren Sätzen wie: „Habt keine Angst, euer Vater weiß doch, was ihr braucht, noch ehe ihr ihn bittet", und: „Kein Haar fällt von eurem Haupte, es sei denn, es wäre gezählt", und: „Seid ihr nicht viel mehr wert als all die Spatzen." Mich erstaunt im Neuen Testament, in den Evangelien, immer wieder, daß Jesus den Schöpfungsglauben eigentlich mit keinem Wort erwähnt hat. Der Schöpfungsglaube taucht eigentlich nur auf als Beschwörung eines Vertrauens in Gott, indem Bilder aus der Art, wie die Welt eingerichtet ist, aufgeboten werden, um Vertrauen zu erwecken. So wie jeder Sonnenaufgang eine Erlösung ist aus der Kälte der Nacht und der Dunkelheit, so möchte Jesus, daß wir Gott sehen als jemanden, der es regnen läßt, der die Sonne aufgehen läßt, ohne Unterschied über alle Menschen. Da wird nicht eigentlich reflektiert, woher die Welt kommt im zeitlichen Sinne oder gar kausalem Verstand. Diese Welt wird gesehen, als in den Händen Gottes ruhend.

An dieser Stelle gibt es nun freilich ein ernstes Problem in der Theologiegeschichte, das bis heute nicht gelöst scheint. Der Satz „im Anfang schuf Gott Himmel und Erde" ist von den Vätertagen bis hin zu Thomas und dann bis in die Gegenwart, immer wieder interpretiert worden als Offenbarungsaussage über einen zeitlichen Anfang der Welt, und immer wurde die Struktur der Welt theologisch von daher in Konkurrenz zu der Naturwissenschaft beschrieben. In Wahrheit meint das Hebräische, wenn es sagt: im Anfang schuf Gott Himmel und Erde, überhaupt keinen zeitlichen Anfang, sondern es will sagen: Prinzipiell ruhen alle Dinge als Geschöpfe in den Händen Gottes. Luther war genial, als er die hebräischen Artikel einfach weggelassen hat. Im Hebräischen steht: Gott schuf *den* Himmel und *die* Erde. Luther fand, das sei im Deutschen viel zuwenig. Die Erde kennen wir, und den Himmel glauben wir zu sehen. Hingegen: Es ist unendlich und über alles Begreifen, was Gott schafft. Weg also mit den Artikeln! „Im Anfang schuf Gott Himmel und Erde" – *das* ist Kosmos im Deutschen. Alles, was überhaupt existiert, muß rückbezogen werden auf dieses unsichtbare Geheimnis.

Ich bin Ihnen dankbar, daß Sie den Himmel metaphorisch abweichend jetzt vom konkreten Literalsinn aufbieten, denn der Verlust an vertikaler Dimension in unserem Leben scheint mir mit Ihnen schlimm. Beschrieben hat diesen Verlust wohl niemand existentiell dichter als Albert Camus, als er in „Licht und Schatten" darüber nachdachte, wie wir uns die letzten Freiräume zum Atmen, die letzten Erholungsräume von der Geschichte selber versperren. „Helena im Exil" nannte er unseren Zustand und meinte: Es gibt kein Wissen mehr um die Schönheit, es gibt eigentlich nur noch die Finalisierung von geschichtlichen Zwecken um den Preis der Opferung von Menschen. Aber wer lehrt die Menschen in den Gassen von Algier, den blauen Himmel zu sehen, der sich im Mittelmeer spiegelt? Und das Spiel von Schatten und Licht wahrzunehmen an den Häuserwänden ebenso wie in den Gesichtern der Menschen? Wann wird Schönheit wieder ein ästhetisches Gefühl, das die Menschen ein Stück Harmonie gegen die Verwirrung von Zeit und Leben zu setzen lehrt?

Sie haben, Herr Biser, in Ihren Arbeiten gerade auf das ästhetische Moment des Religiösen immer wieder hingewiesen. Darum verstehe ich sehr gut, wenn Sie mit „Himmel" diese Vision eines unantastbaren, doch vorgegebenen, letztlich auch nicht mehr zerstörbaren „Raumes" beschwören, zu dem die Menschen wieder aufblicken können – sie hätten das bitter nötig. Genauso möchte ich metaphorisieren, wenn das im Glaubensbekenntnis jetzt mit den Worten weitergeht: „Schöpfer aller sichtbaren und unsichtbaren Dinge". Ich glaube, der neue Weltkatechismus ist nicht von guten Geistern beraten, wenn er diese mythischen Bilder wörtlich nimmt und wieder anfängt, den Leuten den Engelglauben einzutrichtern, um ihn fortzusetzen in Dämonen- und Teufelsglauben. Aber wenn gesagt würde: Es gibt unendlich viel mehr als die Realität in Raum und Zeit, als die sichtbaren Dinge, es gibt eine ganze Welt, die Gott gemacht hat, die ist unsichtbar und viel entscheidender als alles andere, dann wäre dies ein wunderschönes Bekenntnis. So wie Max Frisch in seinem Testament verfügt hat, an seinem Grab, bei seiner Beerdigung, solle keiner stehen von den Verwaltern der Macht, die sich getrauten zu definieren, was Realität sei; wofür sei er Dichter geworden, wenn nicht, um zu beschwören, daß es mehr gibt, als man sieht! „Man sieht nur mit dem Herzen gut. Das Eigentliche ist unsichtbar", sagte Exupéry in „Der Kleine Prinz".

Eugen Biser: Sie wissen, daß sich der österreichische Sprachphilosoph Ferdinand Ebner, der mit Buber und Rosenzweig in einem Atemzug genannt werden müßte, sehr über einen Grabstein mokierte, auf dem als Berufsangabe „Realitätenbesitzer" zu lesen war. Das habe er, meinte er, mit all seiner philosophischen Mühe vergeblich zu erreichen gesucht.

Eugen Drewermann: Ja, aber wir sind groß darin geworden, das Denken zu instrumentalisieren, indem alles, was wir wissen, umfunktioniert wird in Machterwerb und in Herrschaftswissen. Das ist eine der Tragödien der Neuzeit, und das Christentum hat dagegen zu wenig getan. Auf dieses Problem muß ich jetzt eingehen. Denn der Schöpfungsglaube Israels hat ja eine Vorgeschichte, die wir nicht unerwähnt lassen sollten. Eigentlich hat das Denken der Bibel Gott als dem Schöpfer gegenüber ein sonderbar gebrochenes Verhältnis. Der ursprüngliche Gott Israels ist ein Wege- und Führergott, eine Art Mondgott, der den Hirten hilft, sich zurechtzufinden in den Nachtstunden, und ein Stammesgott; er ist derjenige, der sich in der Geschichte des eigenen Volkes offenbart hat, und somit der Gott Abrahams, Isaaks und Jakobs, der Gott der Väter. Erst nach der Landnahme, nach dem Einsickern in Kanaan, stößt man auf Religionsformen, für welche nicht so sehr die Geschichte eines bestimmten Volkes, sondern tatsächlich die großen Zyklen der Natur zum Offenbarungsort des Göttlichen werden. Und da gerät der Jahweglaube in Konkurrenz zu Baal und den Göttern Kanaans. Daß Jahwe die Erde geschaffen hat, ist im Ursprung, bei Hosea etwa, bei den Propheten, eine Form der Machtausdehnung; sie wollen sagen: Es ist aber Gott, unser Gott, Jahwe, der Gott der Väter, der regnen läßt, der Fruchtbarkeit schenkt – nicht eine heilige Hochzeit von Himmel und Erde vermag das.

Mir scheint nun, daß in der Bibel religionspsychologisch diese Ausdehnung des Geschichtsdenkens auf das Schöpfungsdenken nicht ohne Probleme geblieben ist. Zunächst einmal fallen da die Parameter von Raum und Zeit fast hoffnungslos in nichts zusammen. Man muß nur einmal betrachten, wie Völker noch am Rande der Steinzeit, wie die Mayas oder die Azteken in Mittelamerika, in Jahrmillionen von kosmischen Zyklen denken und rechnen konnten. Venusumläufe, Mond- und Sonnenfinsternisse wurden da berechnet in gigantischen Zeitmaßen. Die Bibel reduziert das gesamte Geschehen der Schöpfung auf den lächerlichen Zeitraum von sagen wir ca. 7000 Jahren. Und das Ergebnis ist danach: was unsere Theologiestudenten heute über die Welt gelehrt bekommen, das geht ungefähr von 1800 vor Christus, von Abraham an vielleicht bis 1954, bis Adenauer. Abraham genügt aber im Grunde. Die Schöpfung, im naturwissenschaftlichen Sinn, brauchen wir eigentlich als Theologen nicht weiter zu reflektieren, das machen die Physiker unter sich aus, wenn wir nur wissen, daß Gott die Welt geschaffen hat. Ich glaube, daß wir da der Schöpfung Gottes bitter unrecht tun und dem Schöpfer selber auch. Denn die Perspektiven stimmen nicht. In biblischem Denken und in unserer heutigen Theologie ist die Welt zuallererst die Bühne für den Auftritt des Menschen – der Rest ist eine zu vergessende Vorgeschichte. Deswegen der Kampf gegen Darwin, deswegen der Kampf gegen die unglaubliche Erstreckung der Welt in der Zeit – wie man damals meinte von ein paar hunderttausend Jahren Vorgeschichte des Menschen. Wir wissen heute: die Erde, der Kosmos datiert in Jahrmillionen und Jahrmilliarden. Die Zeiträume allein der Anthropogenese auf diesem Planeten sind schier unvorstellbar. Der Schrecken allein, in den Tiefen der Zeit verloren zu sein, überkommt uns heute bereits aufgrund der Erkenntnisse der Naturwissenschaft bzgl. der Dimensionen von Zeit und Raum, und wir stehen als Theologen relativ sprachlos davor.

Mehr noch: Giordano Bruno war der erste, der geahnt hat, daß, wenn Kopernikus' Berechnungen zuträfen, und dafür sprach manches, diese Erde so wenig wie das Sonnensystem singulär im Raume sein könne, sondern daß es vermutlich unendlich viele Sonnen und Planeten, womöglich mit lebenden und intelligenten Bewohnern wie wir, geben könnte. Man müßte sich Gott, dachte Giordano Bruno, vorstellen als Hintergrundenergie für einen unendlichen Prozeß in unendlichen Wiederholungen, ohne jede Grenze.

Wenn das so gilt, sind wir Menschen nicht einzigartig, sondern selber nur Übergangswesen, keineswegs also die letzte Aufgipfelung der Evolution. Natürlich hat dieser naturphilosophische Gedanke sofort Rückwirkungen auch darauf, wie wir die Gestalt des Christus im Weltgeschehen lokalisieren. Wer immer Jesus von Nazaret war, er gehörte der Spezies des homo sapiens sapiens an, und diese Spezies ist sicher, wenn die Evolution weitergeht, was wir hoffen wollen, nicht die letzte Hervorbringung der Natur. Alles, was in der Bibel steht und was unsere Religion heute beschreibt, ist hingegen gebunden an die Probleme, die wir mit unserer Spezies haben. Der Neandertaler hatte sie vermutlich nicht, und auch die Menschen, die nach uns kommen, denen gegenüber wir gewissermaßen die Neandertaler sind, haben andere Probleme. Schon allein daß man im Sinne Giordano Brunos denken kann in unendlichen Zeitmaßen von Entwicklung, relativiert all das, was wir bis heute Christentum genannt haben. Und es scheint mir unabwendbar, daß sich aus dem, was wir in den Fernrohren sehen und was wir im Atom quantenmechanisch nachbuchstabieren können, radikale Folgerungen auch für die Relativierung unserer eigenen Theologie ergeben.

Die Sache hat bereits heute schon mindestens zwei Anwendungsfälle.

Zum einen: Es ist paradoxerweise die Naturwissenschaft, die uns beigebracht hat, wie eng wir Menschen mit den Lebewesen zusammengehören, was man wohl nur im christlichen Abendland stets glaubte aus religiösen Gründen leugnen zu müssen. Der Unterschied zum Schöpfungsglauben der außerbiblischen Religionen muß nicht in jedem Falle zum Vorteil des Christentums ausgehen. Dieser Tage las ich die Betrachtungen eines Indianers, der sinngemäß sagte: „Unsere Religion ist anders als eure, die der Weißen. Für uns hat alles eine Seele, die Tiere, die Bäume, die Berge, die Steine, die Seen, bei euch nur der Mensch. Darum verwüstet ihr alles, was nicht ihr selber seid, und am Ende euch selbst mit."

Es ist sehr schlimm, daß wir das Sprechen der biblischen Schöpfungserzählung in der Theologie nie wirklich bis zu Ende gedacht haben. Die Paradiesgeschichte in Genesis 2 zum Beispiel ist eine ganz entscheidende Korrekturstelle gegenüber der theologischen Einseitigkeit, die wir sonst aus der Bibel, meist gestützt auf Gen 1,28 („Macht euch die Erde untertan"), entwickelt haben. Gott schafft in der Paradieserzählung die Tiere nicht anders als den Menschen aus dem Staub der Erde, und auch sie tragen den Atem Gottes in sich. Da wir nachher noch auf das Thema der Unsterblichkeit zu sprechen kommen, möchte ich schon an dieser Stelle vorbereitend hinzufügen: Das Schlimme ist, daß wir Theologen ein Einheitsdenken, das den Menschen mit der Evolution, mit dem Kosmos verbindet, uns wirklich nur durch die bis dahin mechanistische Betrachtung der Naturwissenschaft zwangsweise haben aufdrängen lassen, immer am Rande der Gefahr des drohenden Atheismus. Für das asiatische Denken, für die Hindus, für die Buddhisten, auch für die alten Ägypter wären die Entdeckungen neuzeitlicher Physik und Biologie religiös kein Problem gewesen. Sie hätten das eingefügt als Bestätigung in das, was sie im Grunde immer schon über den Menschen und über die Götter zu sagen gehabt hätten.

Eugen Biser: Sie hätten diese Entdeckungen vermutlich gar nicht wahrgenommen; denn dazu gehören Prämissen, die Elemente der abendländischen Denktradition sind. Ich will versuchen, darauf später zurückzukommen.

Eugen Drewermann: Mir geht es an dieser Stelle auch nicht um die Reflexion der Bedingungen von Naturwissenschaft, sondern um ihre religiöse Deutung. Sicher müssen bestimmte Entfremdungsprozesse vorausgehen, um ein Gegenüber so analysieren zu können, daß es in dieser vollkommen toten und mechanistischen Weise erst einmal beschreibbar wird, wie wir es im Abendland seit Archimedes und Galilei tun. Was ich sagen wollte: Die Krise in der Spannung von Naturwissenschaft und Theologie liegt darin begründet, daß die Naturwissenschaft uns Wahrheiten förmlich unter die Nase reiben mußte, die wir Theologen von uns her niemals sehen wollten und für die wir auch bis heute keine religiöse Antwort haben. Wir denken immer noch wie Lady Wilberforth, als sie Darwins „Entwicklung der Arten" las: „Lieber Gott, mach, daß dies Buch nicht wahr ist, und wenn es wahr ist, daß es keiner liest." So denken wir Theologen in der Tat bis heute. Unsere Theologie ist immer noch mittelalterlich insofern, als sie die Evolution selber nicht zu einem Thema zu erheben und den Menschen in seiner Stellung zu den Tieren nicht religiös zu interpretieren vermag. Und vor allem insofern, als der Parameter der Verantwortung sittlichen Handelns immer wieder nur der Mensch ist. Nur wir Menschen sind in christlicher Weltdeutung unsterblich. Nur wir haben teil an der Erlösung. Nur in unserer Gestalt hat der Sohn Gottes sich offenbart. Es ist großartig mit uns! Und die Schildkröten können demgegenüber so alt werden, wie sie wollen, sie haben keine Chance. Sie sind nichts weiter als verbrauchbares Material, um uns hervorzubringen als die Aufgipfelung der Welt. Diese Weltsicht kann so nicht bleiben. Evolutiv denken bedeutet allemal, im Sinn der Synergetik und Kybernetik, daß es Prozesse gibt, die sich selber steuern, daß es Sinnantworten also nicht vorweg gibt, sondern nur in der Organisation von Entwicklungen, so daß alles, was da hervorgebracht wird, relativ ist. Wenn wir auch nur diesen Gedanken übertragen auf die Weise, wie wir Theologie treiben und Kirche einrichten, so stürzt die gesamte Perspektive unserer Grundannahmen wie ein Kartenhaus zusammen. Wir glauben immer noch, daß wir, im Namen Gottes, dekretieren können, wie sich die Dinge zu ordnen haben. Wir wissen sogar im voraus, wie der liebe Gott die Welt gemeint hat.

Und darum ergibt sich paradoxerweise nun das zweite Problem: die theologische Ratlosigkeit, mit der wir dieser Schöpfung gegenüberstehen. Der Kardinalbegriff im Schöpfungsglauben, wie er sich in der Bekenntnisformel des Credo artikuliert, bezeichnet Gott als den Vater, der allmächtig ist. An dieser Stelle sehe ich die Einfallstür für allerhand – auch lehramtlichen – Aberglauben. Geglaubt wird, daß Gott die Schöpfung gemacht hat, wenn Sie mir das Wort erlauben, wie einen Schweizer Käse, in dessen Löchern er alles mögliche noch nachbessern und füllen könnte, was den Menschen beliebt, wenn er nur fleißig darum bittet. Diese Art von Wundertheologie, von abergläubigem Fundamentalismus und Supranaturalismus ist eine der Quellen für den Atheismus vor allem im 19. Jahrhundert in Rußland gewesen. Ein Gott, der alles kann und nichts tut, angesichts von so unsäglich viel Leid, ist entweder ein Sadist oder ein ohnmächtiger, also gar kein Gott. Er macht den Menschen wütend oder ungläubig, eins von beidem.

Es gibt für mich eine erschütternde kleine Episode, die im Deutschunterricht mitunter noch gelesen wird, aus der Feder Theodor Storms. Im „Schimmelreiter" hat Hauke Hein mit seinen Bemühungen um die Eindeichung der Marschen sich nicht gerade beliebt gemacht bei den Leuten. Er ist ihnen verdächtig, seiner planenden Vernunft wegen. Und ganz gewiß ist er kein frommer Mensch im religiösen Sinne. Er betet eigentlich nicht, geht auch nur selten in die Kirche. Aber als seine Frau Elke im Kindbett liegt und zu sterben droht, kniet Hauke Hein, ein wirklicher Nordfriese, nieder und stammelt: „Lieber Gott, laß sie mir! Du weißt doch, daß ich ohne sie nicht kann." Dann jedoch fügt er hinzu, nachdenkend: „Aber ich weiß ja, du hast auch deine Gesetze, und du kannst nicht, wie du willst." Das hört seine Hausmagd, die zu einem Kreis von Evangelikalen in der Nähe Husums geht und erzählt: „So betet Hauke Hein, ‚du kannst nicht, wie du willst'. Wer so betet, leugnet die Allmacht Gottes und leugnet damit Gott überhaupt. Wer so betet, lästert." Elke wird ihr Kind bekommen, aber das Kind wird schwachsinnig sein. Und eines Tages steht sie vor ihrem Mann, weint und sagt: „Ich frage mich, womit ich das verdient habe?" Und Hauke Hein sagt: „Ich habe ihn das auch schon oft gefragt, aber er sagt es nicht. Wahrscheinlich, weil wir es nicht verstünden."

Ich denke, wir bekommen alle Fragen aus dem Buche Ijob heute wieder zurückgemeldet. Drum glaube ich, wir Theologen sollten so handeln, wie im 39. Kapitel Ijob selber: Er legt die Hand an den

Mund, wie ein kleines Kind im alten Ägypten, weil alles, was er zu wissen glaubte in seinen Klagen, dem nicht gerecht wird, was er vor sich sieht. Die ganze Schöpfungslehre hat in ihrem Kern die sogenannte Theodizeefrage: Was machen wir mit so ungeheuer viel Leid? Und immer noch höre ich die Theologen sagen: Das Leiden kommt durch den Teufel oder durch die Sünde, oder: wir haben zur Buße dies und das auferlegt bekommen, oder: die Welt ist als Ganzes noch unvollkommen. Die einfache Wirklichkeit vertragen wir nicht, die da lautet: Diese Welt läßt sich weder rein ästhetisch noch moralisch interpretieren. Sie stellt in einer unglaublichen Gleichgültigkeit Ordnungen von phantastischer Intelligenz her, uns selber weit überlegen, so daß Nietzsche recht hatte in seiner ironischen Bemerkung: „In deiner Haarspitze sitzt viel mehr Verstand als in deinem Kopfe." Doch all das ist nicht spezifisch auf uns Menschen ausgerichtet. Wir begreifen heute ahnungsweise, wie die Natur arbeitet, wie ihr Motor ist, welche ungeheuren Verschleißraten sie dabei eingeht. Darum ist die Einfachheit, mit der Jesus Vertrauen in den Hintergrund der Schöpfung lehrt, für unser Denken ganz stark gebrochen.

Drum möchte ich das, was Sie von Jesus sagten, einfach ins Alltagserleben übersetzen. Die Hauptfrage, wie man überhaupt dazu kommt, an einen Gott zu denken, scheint mir die simple Erfahrung zu sein, daß es nichts gibt auf Erden, was man sich nicht wegdenken könnte. Nichts von all dem, was uns umgibt, müßte wirklich sein. Schon vor ein paar Jahrzehnten gab es eine Zeit, wo man keinen von uns vermißt hätte, und wahrscheinlich gibt es schon in kurzer Zeit wieder eine solche Phase in der Menschheitsgeschichte, wo man findet, es hätte uns nicht unbedingt geben müssen. Nichts von all dem, was uns umgibt und was ist, hat irgendeine Notwendigkeit. Darum sagt die Bibel in der Schöpfungserzählung gerade so: „Am Tag, als noch nicht war Kraut und Pflanzen." Alles dies ist wegzudenken, will sie sagen, wenn man „Gott" denken will. Das einzige, was die Entdeckung möglich macht, etwas sei wirklich nötig, ist in meinen Augen die Liebe. Die Natur niemals. Sie rechnet in gigantischen statistischen Zahlen durch, was sie brauchen kann und was sie nicht gebrauchen kann. Von Liebe ist da keine Rede, von Notwendigkeit auch nicht, so wenig wie beim Lotteriespiel. Aber die Liebe kann entdecken, daß irgendein beliebiger Mensch, irgendein kleines Lebewesen, ein Haushund oder ein Kaninchen, überaus wichtig und ganz zentral sind, damit ich, der es liebt, leben kann. Da taucht plötzlich die Erfahrung einer Notwendigkeit auf, die dem anderen sagt: „Ich danke dir im Himmel und auf Erden, daß es dich gibt. Dich muß es geben, denn sonst wüßte ich selber nicht zu leben." Das ist eine Rede so ähnlich wie bei Hauke Hein am Bett seiner Frau Elke. Und nun geschieht etwas Unglaubliches: Man senkt diese Erfahrung einer Liebe, die die Existenz eines völlig kontingenten, relativen, an sich überflüssigen Menschen als notwendig erscheinen läßt, immer tiefer hinab. Und man nennt den Grund, warum es überhaupt etwas gibt, die Liebe selber, oder Gott, oder den Vater, oder die Mutter, wie auch immer. Die Liebe selber! Nicht, daß wir etwa begreifen würden, was wir da sagen. Der Begriff der Liebe ist wieder geformt aus Säugetiergehirnen, die damit alles mögliche verbanden: Revierverteidigung, Brutpflege, Instinkte aller Art, ein Dämmerbegriff also im limbischen System, der zur „Liebe" erst wird, wenn wir anfangen, Worte dafür zu suchen. Aber mit diesem tollkühnen Begriff bezeichnen wir den Urgrund aller Welt, werfen das Herz wirklich in die Wolken, um auf Erden einen Menschen zu finden, der uns lehrt zu leben oder übers Wasser zu gehen. Ich glaube, so hat Jesus das gemeint, wenn er von Gott sprach.

Eugen Biser: Zunächst eine kleine ironische Zwischenbemerkung. Sie sagten, alles könne man wegdenken, wenn man es im großen evolutionären Zusammenhang sieht und auch die Bibel rechne ja mit einem Anfang und bekenne damit, daß nichts von allem, was ist, auch notwendig ist. Aber etwas können wir nicht wegdenken: uns selbst. Wir können mit unseren Gedanken die ganze Welt auslöschen, uns selbst aber können wir nicht auslöschen, abzüglich der Methode der Versenkung im buddhistischen Stil, also der Versenkung ins Nirwana, wo zuletzt der Denkakt selbst aufgegeben wird und alles einmündet in ein nicht mehr zu fassendes Un- und Überbewußtsein.

Aber noch etwas anderes. Sie haben mit vollem Recht darauf hingewiesen, daß sich die Bibel mit der Welt schwertut. Das hängt, wie Sie ganz richtig bemerkt haben, mit ihrem geschichtstheologischen Ansatz zusammen. Aber das klang fast so, wie wenn dieses Geschichtsdenken entbehrlich, jedenfalls nicht so wichtig wäre, wie das Denken in kosmischen Dimensionen, das Sie an Person und Denkwelt Giordano Brunos festgemacht haben. Doch möchte ich jetzt, abzüglich all dessen, was Sie zur Relativität des Menschen und des homo sapiens und seiner möglichen Zukunft in eine Supersapiensdimension bemerkt haben, doch betonen, daß die Möglichkeit des Geschichtsdenkens zum Großartigsten gehört, was die menschliche Vernunft jemals hervorgebracht hat. Und wie merkwürdig, daß es ausgerechnet dieses Geschichtsdenken ist, das als einziges eine Antwort gibt auf die von Ihnen als Zentralproblem aufgeworfene Frage nach der Rechtfertigung Gottes gegenüber dem Bösen, gegenüber dem Unglück, gegenüber den Katastrophen dieser Welt! Denn die kann man aus evolutionärer Sicht nicht beantworten. Paulus hat gewagt, darauf eine Antwort zu geben, die ganz aus seinem Geschichtskonzept hervorgegangen ist: Diese dynamisch gesehene Welt liegt in Geburtswehen und sehnt sich, zusammen mit dem Menschen, nach dem Tag der Freiheit und endzeitlichen Vollendung. Das ist jene Stelle, wo das Neue Testament an eines der schönsten Worte der klassischen Literatur heranreicht, nämlich an das Vergilwort von den lacrimae rerum, den Tränen der Dinge. Paulus sagt es härter, aber er meint ganz Ähnliches: die Welt stöhnt und liegt in Nöten und Geburtswehen. Er will damit sagen: offensichtlich hat das Leid der Welt eine Funktion, genauso wie der Schmerz im Leben eines Individuums, und zwar dort, wo Individuen ihr Leben an andere weitergeben, wo also ein Kind geboren oder ein Junges geworfen wird. Dieser Schmerz hängt sogar zusammen mit der Liebesfähigkeit des Menschen, radikaler noch gesagt, mit dem staunenswerten Wechselspiel von Tod und Liebe. Der Tod als Preis der Liebe – soweit geht Paulus nicht. Wohl aber begreift er alles Erdenleid als die Geburtsschmerzen einer Welt, die in ihrem Geschichtsgang einem Endziel entgegenstrebt.

Noch bedeutsamer ist jedoch folgendes: nur aufgrund dieses Geschichtsdenkens können wir von einer Gottesoffenbarung reden, die sich im Geschichtsgang ereignet und den Menschen auf seinem Weg durch die Geschichte begleitet. Das ist aber für den Christenglauben schlechthin grundlegend, da er sich nach Form und Inhalt aus der Gottesoffenbarung herleitet.

Doch das Geschichtsdenken führt auch auf Ihr Hauptanliegen, den kosmischen Lebenszusammenhang, zurück. Biblisch gesehen ist die Schöpfung das erste und grundlegende Bundeszeichen und somit voll in die Geschichte Gottes mit seinem Volk integriert. Das berührt sich auch mit Ihrem Gedanken, wonach sich in der Bibel eine fortschreitende „Ermächtigung Gottes" abspielt. Anfänglich ein Führer- und Stammesgott, wird der biblische Gott allmählich zum Weltgott erhoben; sein Herrschaftsbereich umfängt mit der Erde die Himmels- und Unterwelt, bis er schließlich dem Ganzen als Schöpfer, Richter und Herr gegenübertritt. Das mag in dieser Ableitung durchaus richtig gesehen sein. Unbestreitbar gilt aber auch, daß die Bibel kosmische Vorstellungen in sich aufgenommen hat. So spiegelt sich in ihren Schöpfungsberichten noch deutlich die Erinnerung an die Motive des Drachenkampfes und des hieros gamos, der Götterhochzeit, die dem altorientalischen Weltbild zugrunde liegen. Im babylonischen Mythos entsteht die Welt bekanntlich dadurch, daß sich die jungen Götter, mit Marduk an ihrer Spitze, gegen ihre Urmutter Tiamat, die sie zu verschlingen droht, auflehnen, sie erlegen und aus ihrem zerstückelten Körper den Kosmos errichten: aus ihrem Schädel den Himmel, aus ihrem Fleisch die Erde, aus ihren Knochen und Zähnen die Berge und Riffe und aus ihrem Blut das Meer. Hier geht die Welt aus der Tötung einer Gottheit hervor, fast könnte man sagen: aus einer kriegerischen Gottespassion.

Noch näher reicht aber das altägyptische, dem Motiv des hieros gamos verpflichtete Weltbild an die biblische Darstellung heran.

Hier wölbt sich die mit Sternen übersäte Himmelsgöttin Nut, vom Luftgott Schu emporgestemmt, über den Erdgott Keb, so daß der Luft- und Atemraum für die Lebewesen entsteht. Das wiederholt sich geradezu notengetreu im ersten, dem priesterschriftlichen Schöpfungsbericht, doch mit dem fundamentalen Unterschied, daß aus den mythischen Gottheiten Kreaturen des einen überweltlichen Schöpfergottes geworden sind. Gleichwohl könnte man in dieser aus einer unterbrochenen Vermählung hervorgegangenen Welt, einen wenn auch noch so fernen Anklang an das Wechselspiel von Tod und Liebe entdecken und damit die Spur einer ebenso tragischen wie positiven Sicht des Daseins.

Vor diesem Hintergrund gibt die Bibel dem Menschen zwei ungemein bedeutsame Direktiven für seinen Umgang mit der Welt. Die erste – „Macht euch die Erde untertan!" – ist aufgrund einer tragischen Mißdeutung als Rechtfertigung des Herrschaftswissens gedeutet und als Freibrief für jenen ausschließlich nutzenden und ausbeutenden Umgang mit der Erde und ihren Ressourcen mißbraucht worden, unter dessen Folgen wir immer stärker zu leiden haben. Doch der zum „Bild" und Statthalter Gottes eingesetzte Mensch war selbstverständlich dazu angehalten, die ihm übertragene Herrschaft im Sinn und Stil seines Schöpfers auszuüben und nicht nach Art eines Despoten.

Noch deutlicher wird das im jahwistischen Schöpfungsbericht, der dann auch die zweite Direktive enthält. Hier erscheint die Erde, mit Carl Friedrich von Weizsäcker gesprochen, als der „Garten des Menschlichen", als der dem Menschen zuerschaffene Lebens- und Wirkbereich, der Mensch selbst aber als der kooperative Teilnehmer am göttlichen Schöpfungswerk. Denn er findet die Schöpfung in einer Art Rohzustand vor. Mit dem an ihn ergehenden Auftrag, den Tieren ihren Namen zu geben, ist er dazu bestellt, die Lebewesen in ihre spezifische Funktionalität einzusetzen und so die Welt zu vollenden. Daraus folgt dann konsequent die ihm gestellte Aufgabe, den Garten – also die Schöpfung – zu beschützen und zu bebauen. Somit gibt es nicht nur den von Ihnen wiederholt angesprochenen Kerub, der mit dem Flammenschwert abweisend vor dem Eingang des Gartens steht, sondern auch den Gärtner, dem die Verteidigung und Kultivierung des Gartens übertragen ist.

Dazu noch ein Hinweis aus dem Neuen Testament. Sicher ist dort die Schöpfung längst nicht so ausdrücklich thematisiert wie im Alten. Dennoch gibt es dort die bekannte, aber wohl doch nicht voll gewürdigte Aussage über die „Lilien des Feldes" – gemeint sind die Anemonen, die in sonnigen Gegenden wie in meiner Kaiserstuhlheimat auch bei uns gedeihen –, die in diesem Zusammenhang voll zu Buche schlägt. „Betrachtet die Lilien des Feldes", sagt Jesus, „wie sie wachsen. Sie arbeiten nicht und spinnen nicht, und doch war selbst Salomo in seiner Königspracht nicht gekleidet wie eine einzige von ihnen." Dieses höchst eindrucksvolle Bildwort ist gleicherweise voller Poesie und von erstaunlicher Exaktheit: eine Aussage also, die zwischen Poesie und Naturbeschreibung die Mitte hält. Wenn ich ihr wirklich gerecht zu werden suche, sehe ich die Lilie förmlich aus der Hand ihres Schöpfers hervorgehen, von dieser Hand, wie Sie vorhin gesagt haben, nicht nur getragen und unterfangen, sondern auch geschmückt und bekleidet und von ihrem Wimperkleid wie von einem Schutzschild umgeben. Freilich folgt dem der von hartem Realismus eingegebene Nachsatz auf dem Fuß: „Wenn nun Gott das Gras auf dem Feld" – schon hier ist die Herrlichkeit der Lilien wie ausgelöscht –, „das heute abgeschnitten und morgen in den Ofen geworfen wird, so wunderbar kleidet, wieviel mehr dann euch, ihr Kleingläubigen!" Dennoch liegt hier eine kosmologische Aussage vor, die gerade auch um dieser Dialektik willen voll gewichtet werden sollte.

Eugen Drewermann: Ich gebe Ihnen darin recht: Die Bibel ist voller Naturmetaphern – man muß nur an die Psalmen erinnern oder an die Weisheitstexte, oder an manche Aussage Jesu. Aber es gibt eine gewisse Differenz zwischen uns, was die Auffassung der Stellung des Menschen in der Welt, gestützt auf den Bibelglauben, angeht. Vielleicht ist es bezeichnend, daß Sie darauf insistieren, daß ein Mensch alles mögliche wegdenken kann, aber in der Descartesschen Falle steckt: Er kann sich selber nicht wegdenken, weil er denkend auch in seinem Zweifel bleibt. Dieser erkenntnistheoretische Zirkel ist bekannt, aber er ist erkennbar so verkehrt, nach allem, was wir heute wissen, daß es ein guter Anknüpfungspunkt ist, um Anthropologie anders zu treiben, als wir es in den theologischen Schulen gewöhnt sind. Tatsächlich spielen für uns die Phänomenologie, der Existentialismus, das Descartessche Cogito, der Deutsche Idealismus immer noch eine große Rolle. Und wir sind allem Anschein nach dabei beschäftigt mit einer Fülle von Scheinproblemen, die dann auftauchen: zum Beispiel das Verhältnis von Materie und Geist, oder von Chaos und Ordnung, oder von Gut und Böse, oder von Himmel und Erde, oder von Mensch und Gott, was immer man will. Ich glaube, es ist ein wirklicher Durchbruch in unserem Jahrhundert gewesen, daß wir, mit Konrad Lorenz gesprochen, die Rückseite des Spiegels kennengelernt haben. Schon die Relativitätstheorie bei Einstein, ganz gewiß dann die Paradoxien der Quantenmechanik waren erste Hinweise darauf, daß unsere Denkstrukturen möglicherweise nicht die Wirklichkeit wiedergeben. Diese Entdeckung ernst zu nehmen bedeutet aber, daß unser ganzes theologiegeschichtlich vom Thomismus her aufgebaute Erkenntnisschema möglicherweise in die Irre geht, das da lautete: Erkennen bedeutet, als Mensch teilzuhaben an einer Ordnung, die Gott in die Welt hineingelegt hat, Teilhabe also an den Gedanken Gottes. Wir sind heute so weit, daß wir unsere Hirnstrukturen, unsere Denkkategorien, unsere Logik, unsere Vorstellungsformen aus einem umgreifenden Geflecht begründen können, aus dem wir selbst hervorgegangen sind. Wir können zum erstenmal denken, warum wir so denken und warum es sehr begrenzt ist, wie wir denken.

Eugen Biser: Aber, wenn ich das einwerfen darf, doch nur mit Hilfe dieses unausrottbaren Cogito, ich denke. Natürlich hatte Nietzsche recht, wenn er Descartes vorwirft, er sei in den Fallstricken seiner Worte hängengeblieben. Indessen gibt es innerhalb des Cogito diesen Archimedischen Punkt, den wir nicht ausrotten können. Insofern umschreibt das Cogito eine recht problematische Ausgangsposition. Auf eine ungleich solidere verweist Nietzsche mit seiner kritischen Bemerkung vom „Fallstrick der Worte", verstanden als Hinweis auf den Gewißheitsweg durch Sprache und Dialog. Denn im Gespräch erleben wir drei Realitäten. Erstens die Realität unseres Gesprächs, und das ist das Stück von Welt, das uns im Augenblick unmittelbar angeht. Zweitens die Tatsache, daß ich zu keinem Phantom rede, sondern zu einer real existierenden Persönlichkeit. Und drittens die Tatsache, daß ich mir nicht etwa einbilde, ich zu sein, sondern daß ich offensichtlich ein Existierender bin. Das wäre mir eine viel menschlichere Formulierung des Cogito als die kartesianische. Aber in der kartesianischen steckt doch jener archimedische Kern, den die evolutionäre Erkenntnistheorie von Konrad Lorenz, Gerhard Vollmer und anderen nicht aus der Welt schaffen können. Mit Hilfe dieses Kernes werden wir in die Lage versetzt, über unser eigenes Denken hinauszudenken und seine Entstehung, auch seine Begrenztheit, wahrzunehmen.

Eugen Drewermann: Was ich sagen wollte, läuft auf etwas anderes hinaus. Wenn es wirklich stimmt, daß unser Denken selbst hervorgegangen ist aus evolutiven Prozessen, die im Prinzip auch hätten anders verlaufen können, dann verfügt unser Denken nicht über die Notwendigkeit, die wir ihm zugesprochen haben, als wir Metaphysik treiben wollten. Das ist eine Erschütterung der gesamten Theologiegeschichte in der Neuzeit. Ich sehe jetzt mal von den Erkenntnisproblemen des phänomenologischen Ansatzes ab, Fragen der Art, wie Sie mir überhaupt als Person erscheinen können, ob die Person ein Bündel von Apperzeptionen ist oder ob sie eine Wirklichkeit ist. Alles das, glaube ich, ist nicht unsere Frage. Unsere Frage ist, was wird aus einem Denken, das sich als ein Ergebnis von Überlebensprozessen erweist, die auf eine mittlere Bandbreite, im Bereich der Wahrnehmungen der Strukturen von Raum und Zeit und von Energie, ausgerichtet waren und sehr bald ungültig werden bei höheren Energiezuständen oder anderen Ordnungsmodellen von Raum und Zeit. Wenn selbst der Raum, in dem wir uns einigermaßen als Menschen sicher fühlten, als *res cogitans* im Unterschied zum Rest der Welt, lediglich ein evolutiv begründetes Vorstellungsschema in unserem Kopf, also ein Epiphänomen von Evolution ist, dann verändert diese Erschütterung unseren Ort in der Beschreibung der Situation des Menschen in der Welt. Diese Einsicht beendet auch den Aberglauben, daß unsere Vernunft gewissermaßen nur vernünftig funktioniere. Wir sehen plötzlich, wie viele Probleme wir geistig bekommen, weil das, was wir Vernunft nennen, auf einen langen Prozeß von Triebbedürfnissen, von Gefühlen, von Bedeutungsverleihungen bestimmter Eindrücke aufruht. Wir können hirnorganisch heute sogar die Schaltungen einigermaßen rekonstruieren zwischen Großhirnrinde und limbischem System, und wir sehen deutlich, daß an dieser Stelle Descartes so unrecht hatte wie die meisten Theologen heute. Es ist nicht möglich, den Menschen zu erfassen, die Welt zu erfassen oder Gott zu erfassen, wenn man eine Rekonstruktion oder Resynthetisierung der Wirklichkeit nur in Gedanken versucht. Es gibt keine Gedanken, die nicht begleitet sind von Gefühlen, so wie es auch keine Gefühle gibt, die nicht irgendwann Gedanken produzieren würden. Wie beides zusammenhängt, das ist das unerhörte, wirklich spannende Phänomen der Erkenntnistheorie. Wir aber reden von Gott, von Schöpfung, wir treiben Bibelauslegung in einer Form, daß weder der Traum irgendeiner Studentin noch das Erleben irgendeines Studenten, noch die Eigenwahrnehmung als Dozent dabei je zur Sprache kommt. Wir reden nicht wirklich als Person miteinander, sondern als bloße Informationsträger. Wir blenden das, was uns wirklich betrifft, ständig dabei aus. So war, um es noch einmal dagegen zu setzen, nicht die Art Jesu. Wenn er von Gott oder von Schöpfung sprach, vermochte er es wirklich poetisch zu tun, er sah in der Lilie keinen Gegenstand, sondern etwas Lebendiges, das ihm zum Bild wurde, wie wir Menschen vor Gott leben sollten.

Dann stellt sich die Frage: Welche Rolle spielt der Mensch in der Evolution. Sie sagten, man darf doch die Rolle der Geschichte nicht unterbewerten, schließlich ist das, was wir über die Natur

kennen, doch hervorgegangen aus Menschen, die in Geschichte leben. Da gab es, glaube ich, ein Mißverständnis. Ich wollte gerade,
daß wir aufhören, lediglich die Menschengeschichte absolut zu
setzen, und beginnen, sie selber als Teil eines umgreifenden kosmischen und planetaren Evolutionsgeschehens zu betrachten.

Eugen Biser: Da besteht aber doch ein qualitativer Unterschied! Ich
hatte Sie vorhin schon einmal in Verdacht, daß Sie Geschichte und
Evolution auf eine Ebene ziehen. In der Evolution gibt es gerade
das nicht, was das geschichtsformende Element ausmacht, nämlich die Leistungen und Fehlleistungen des Menschen. Die Geschichte ist ein Geflecht von Aktivitäten, Widerfahrnissen und
Leiden. Die Evolution ist etwas ganz anderes, nämlich ein naturge-
setzlich gesteuerter, mit Hilfe struktureller Intelligenz fortschrei-
tender Prozeß, der die Individuen oft opfert, um größere Ziele zu
erreichen. Dieser Prozeß kann weder schuldig- noch heiliggespro-
chen werden.

Eugen Drewermann: Es ist in meinen Augen tautologisch oder undenkbar, wenn wir sagen: Geschichte ist das, was die Menschen
machen, und das andere ist Evolution. Wir müssen sehen, wie
viele Modelle heute in der Naturwissenschaft existieren, um zu
zeigen, wie produktiv Evolution in sich selber ist. Da schaffen die
Lebewesen sich die Umwelt, die sie brauchen, um weiterzuleben.
Die gesamte Luft, die wir einatmen, ist das Erzeugnis von Photo-
synthesen vieler Millionen, vieler Milliarden Jahre vor uns. Es
wäre falsch zu meinen, daß nur wir Menschen gestalterisch auf
diese Welt einwirken. Leben in jedem Betracht ist Veränderung
der Umwelt, ist Formung der Lebensbedingung, und also kreativ.
Lernen müssen wir auch, daß das, was Leben heißt, eine Verinne-
rung von Informationen ist über die Umwelt draußen. Der Flügel
einer Möwe, hat Konrad Lorenz gesagt, ist eine Information über
die Bewegung der Luft im Körper der Möwe. Mir scheint, daß wir
den Menschen nicht mehr so deutlich sollten unterscheiden müssen von dem, was wir in der sogenannten Natur vor uns haben.

177

Wo liegt denn da der Unterschied?

Wir sind stolz auf uns Menschen, weil wir Kultur als Weitergabe von kreativen Entdeckungen verstehen. Wirkliche Neuerungen, die darauf basieren, daß ein Lebewesen seine Erfahrung an andere weitergibt und durch Generationen tradiert, schienen bis vor kurzem eine einzigartige menschliche Leistung zu sein, bis man 1953 auf einer japanischen Insel sah, wie *Makaken* den Sand von den Pataten waschen konnten im Salzwasser, offenbar belehrt durch eine einzige Äffin, Imo, die darauf gekommen war, daß Pataten gewaschen besser schmecken als mit Sand vermischt. Diese Äffin hat noch eine Menge anderer Entdeckungen gemacht, die sie in ihrer Gruppe weiterreichte. Die einzigen, die das nicht lernen wollten, waren die Alphatiere, die Paschas. Offensichtlich ist Macht unverträglich mit Neugier und Intelligenz. Denn die Paschas fraßen weiter ihre Pataten mit dem Sand.

Ich will mit diesem Beispiel sagen: *Makaken* sind über einen gewaltigen Zeitraum von mehreren Zehnmillionen Jahren der Evolution von uns Menschen getrennt. Aber wie vergleichbar ist das, was diese Tiere tun, mit uns Menschen! Wo also fängt das an, was wir menschlich nennen? Und wie läßt sich das klar abtrennen?

Dieser Tage noch sah ich einen Film, wie ein Schimpansenjunges eifersüchtig sein konnte auf sein nachgeborenes Geschwisterchen. Es klammerte sich voller Angst an die Mutter, wurde böse, schlug das Geschwisterchen, wurde von der Mutter geschlagen, weil es sich unartig benahm. Das Muttertier war durch die neuerliche Geburt eines Kindes offenbar einfach überfordert. Eines Tages fand man es tot am Gombefluß. Das Schimpansenjunge, etwa fünf Jahre alt, baute sich daraufhin ein Nest in den Wipfeln eines Baumes, lag da drei Wochen lang und starb. Das können Tiere. Sie können so sehr trauern um den Tod eines anderen, daß ich mich frage, woher nehmen wir das Recht zu sagen, unsere Gefühle von Liebe, von Zusammengehörigkeit, von Sorgfalt, unsere Ängste – das seien alles nur unsere Ängste und Gefühle und die Tiere hätten das nicht. Diese Vorstellung hat uns in den Stand gesetzt, wirklich grausam zu sein gegenüber unseren Mitgeschöpfen. Millionenfach in den Schlachthöfen, in den Pharmalabors, in den militärischen Versuchsanlagen werden Tiere gefoltert und gequält, immer in dem Wahn, damit Menschen nützen zu können, und immer noch in dem jetzt fast mutwillig erzeugten Aberglauben: Tieren macht das nicht so viel aus wie uns Menschen. Wie aber, wenn auch Tiere eine Seele haben und Gefühle, *analog*, nicht identisch, aber analog zu unseren eigenen? Wir können zeigen, daß es auch so etwas wie Anfänge, Basisprozesse von dem gibt, was wir Geschichte nennen. Wir beobachten zum Beispiel, daß es in Afrika Gruppen von Schimpansen gibt, die imstande sind, mit Steinen Nüsse zu knakken. Andere Affen sind dazu nicht imstande, weil sie das nicht gelernt haben. Wir müssen mithin realisieren, daß Schimpansen ungefähr so sind, wie vor etwa zwei Millionen Jahren unsere eigenen Vorfahren, der Homo habilis, und daß eine künstliche Trennung zwischen der menschlichen Geschichte und der Evolutionsgeschichte zwar terminologisch exakt sein mag, aber die Wirklichkeit im Grunde verschleiert.

Ich komme zu den zwei wichtigsten Anliegen, die ich in diesem Zusammenhang vortragen möchte. Das eine: Die Bibel kann zwar metaphorisch über die Natur sprechen, aber sie hat sich im Kampf gegen die Mythen geweigert, einen originären Ort zu benennen, um Gott in der Natur zu erleben. Da ist das Alte Ägypten unglaublich weiser als die ganze Bibel. Es gibt nicht nur in Mesopotamien die Kampfszene des Marduk, wo die Welt durch einen getöteten Gott hervorgeht, oder im Alten Ägypten durch die Trennung des Urelternpaares Nut und Geb durch die Tat des Luftgottes Schu. Die Mythologie von Heliopolis zum Beispiel hat in der Götterneunheit ein philosophisches Drama beschrieben, wo am Anfang der gestaltlose Gott Atum sich gewissermaßen zerlegt in die *Tefnut*, die Feuchtigkeit, und in Schu, den Wind, in die zwei Elemente des Anfangs also. Und daraus werden dann Nut und Geb geboren, der Himmel und die Erde. Die wieder gebären schließlich Osiris, Seth, Isis und Nephthys, wobei die beiden weiblichen Geschwister zusammenhalten und die beiden männlichen einander bekämpfen. Da werden produktive Gegensätze und deren Synthese entwickelt, wie wenn es menschliche Genealogien wären. Entscheidend für den Ägypter aber ist ein Gedanke, dem wir uns als Theologen bis heute verschließen. Im 175. Kapitel des ägyptischen Totenbuches taucht der Gott Atum wieder auf und verwandelt sich in die uranfängliche Schlange, redet mit Osiris, dem Gott der Auferstehung und des Todes, über das Ende der Welt und über einen Neuanfang. Die Ägypter konnten diesen Dokumenten zufolge in unglaublichen Zyklen der Zeit denken. Sie glaubten aber nie daran, daß das, was wir hier sehen, endgültig wäre. Und das unterscheidet sich dramatisch von der Gradlinigkeit der biblischen Erlösungs- und Endzeitvorstellung. Im Sinne der Ägypter war es möglich, daß in der 5. Dynastie, im Grabe des Unas, ein Gottkönig, ein Pharao, der erscheinende Sonnengott auf Erden also, befragt werden konnte: Liegt gegen ihn eine Anklage vor von seiten irgendeiner Gans oder von seiten irgendeines Esels? Im Totengericht sollte da der Pharao, der lebende Gott auf Erden, befragt werden, wie er mit den Tieren umgegangen ist. Und er sollte zur Rechenschaft der Maat, der Göttin der Weltordnung, gezogen werden, wenn er irgendein Tier unnütz gequält hätte. So etwas vermisse ich in der Bibel. Ich denke, wir sollten das mit Schopenhauers Ernst zugeben und nicht länger verteidigen oder leugnen; hier liegt ein biblischer Skandal vor.

Man vergleiche nur einmal! Auf der einen Seite die biblischen Speisevorschriften über reine und unreine Tiere, die kultischen Gesetze, die vorschreiben, wie man die Tiere sich aneignet oder fernhalten muß! Alles das ist so weit entfernt von der Güte des Buddha oder von der Güte des Zarathustra, die Hunderte von Gesetzen „erlassen" haben, wie man positiv mit Tieren umgeht. An dieser Stelle sehe ich ein ethisches Defizit in der Bibel, das wir uns eingestehen und dringlich nacharbeiten müssen.

Um es auf die Spitze zu treiben: Bis heute gibt es im abendländisch religiösen Raum des Christentums keine ernst zu nehmende Diskussion darüber, ob etwa der Verzicht auf Fleischnahrung, der Vegetarismus aus religiösen Gründen, aus Mitleid mit den Tieren und zur Schonung der Lebewesen nicht zumindest eine sinnvolle

Option sein könnte. Man macht sich lächerlich, wenn man derlei Gedanken auch nur erwähnt. In Indien, einem Hungerland, können 50 Prozent der Bevölkerung aus religiösen Gründen vegetarisch sein. Man will kein Tier töten.

An dieser Stelle ist selbst das Neue Testament befangen. Man kann das gut zeigen an einer „heidnischen" Parallele zu Lukas 5. Da läßt Jesus den reichen Fischfang als Wunder seinen Jüngern zum Geschenk sein, und man darf in Konsequenz der Erzählung vermuten, daß die Jünger mit den Fischen auch etwas anzufangen wußten. Die Pythagoreer haben dieselbe Geschichte aufgegriffen und ihrerseits erzählt, wie Pythagoras seinen Jüngern im Golf von Agrigent Fische in reichem Maße in die Netze legt, mit der Auflage freilich, sie alle wieder zurückzusetzen. Er gibt damit eine Veranschaulichung dafür, daß das größte Wunder die Großzügigkeit der Natur selber ist, die man nicht vernichten darf. An diesem Punkt, das scheint mir klar, ist ethisch für uns Christen nachzulernen. Und dann freilich wird das Mitleid mit der Kreatur sofort wieder herausfordernd für den Kirchenglauben.

An dieser Stelle habe ich mit dem, was Sie sagten, die meisten Schwierigkeiten, wenn Sie darauf hinwiesen, daß von Paulus her das Böse nicht evolutiv erklärt werden könnte, daß es statt dessen aber verglichen wird mit einem Geburtsprozeß, der neues hervorbringt: „Die ganze Schöpfung liegt in Wehen." Mit diesen Worten ist das Erlösungsdrama aus der Qual der Sünde gemeint, die uns in diese Mühsal und Pein hineingebracht hat. Mir scheint, hier liegt eine ganz wichtige Problematik vor. Reinhold Schneider war ein Mann, der bis zum äußersten gequält werden konnte unter dieser Auskunft des Christentums, die Welt sei durch den Sündenfall Adams zerstört worden, oder womöglich durch den Sturz der bösen Geister auf die Erde verdorben worden. Er ging im naturkundlichen Museum in Wien umher und sah die unglaublichen, kolossalen Architekturen, die Monstren und Kathedralen von Leid, Sinnlosigkeit und von Qual, und er suchte trotz allem einen Gott darin zu finden. Für ihn war dies das elementare Problem: Warum ist diese Schöpfung so sehr von Leid geprägt?

Wir Theologen haben dauernd moralisierende Antworten dafür gewußt und ein ganzes religiöses Erlösungsdrama in die Evolution hineinprojiziert. Die Antwort ist in Wirklichkeit viel einfacher, vielleicht unerträglicher, ganz gewiß aber weiser, doch sie muß erkauft werden mit der dringlichen Relativierung unserer menschlichen Ansprüche. Die Natur arbeitet mit hohen Verschleißraten, mit enormen Zufallsraten, sie bringt alles Mögliche, scheinbar auch Sinnlose hervor, weil die Frage nach dem Sinn in menschlicher Fragestellung nicht die ihre ist. Sie erhält sich aus ständigem Versuch und Irrtum, indem das, was sie schafft, wieder zurückwirkt auf die Ursachen, indem es sich selber probeweise organisiert und so lange Bestand hat, wie es sich bewährt, aber ganz sicher so schnell wieder zurückgenommen wird, als es sich nicht bewährt. Alles spricht dafür, daß auf diesem kleinen Globus Erde selbst unsere menschliche Spezies nur vorübergehend ist. Wenn es stimmt, daß diese Erde 4 1/2 Milliarden Jahre alt ist, zugleich entstanden mit unserem Sonnensystem, und wenn das Zentralgestirn noch etwa fünf Milliarden Jahre besteht, dann könnten drei-, oder fünf-, oder zehnmal immer noch wieder Menschen aus der Evolution hervorgehen, andere Lebensformen als wir, neue Formen vernünftiger Spezies, friedfertiger vielleicht, hervorgegangen aus Pflanzenfressern womöglich, weniger grausam unter Umständen. Das alles ist möglich, auf diesem kleinen Planeten zu denken, angesichts der riesigen Ausmaße von Raum und Zeit. Wir Theologen sollten angesichts dieser Dimensionen wirklich uns fühlen wie in den Tagen des Ijob. Wir verstehen es nicht, und Gott enthüllt uns seine Welt ständig fragend neu: „Nun Ijob, sag du, du warst doch dabei: wie war's, als das Meer hervorbrach, und was ist mit dem Gürtel des Orion, erkläre es, Ijob, du weißt es doch?" Nichts wissen wir. So weit sind wir heute, wir Theologen. Aber es wird wohl noch lange dauern, bis wir durch den methodischen Atheismus der Naturwissenschaften lernen, tiefer fromm zu werden.

Eugen Biser: Ijob wird durch diese Demonstration der göttlichen Weisheit überwältigt. Ohne etwas Ähnliches zu beabsichtigen, muß ich doch auf einige Dinge zurückkommen, die Sie jetzt angesprochen haben. Ihre Liebe zur Natur in Ehren, Herr Drewermann: aber Sie wissen doch genausogut wie ich, daß das, was Sie vor allen Dingen den Menschen anlasten, seine Grausamkeiten, seinen rücksichtslosen Umgang mit der Natur, was zu rechtfertigen ich mich keineswegs getraue, daß das ein sehr dramatisches Vorspiel im Verhältnis der Natur zu sich selbst und ihren Hervorbringungen hat. Denken Sie an das Sauriersterben, denken Sie an die Zähne des *Tyrannosaurus Rex* oder konkret jenes Exemplares, bei dessen Anblick der von Ihnen angesprochene Reinhold Schneider erschauerte. Ich möchte mir nicht vorstellen, wie den Tieren zumute war, die ihr Leben zwischen solchen Zähnen verloren. Somit läßt sich nicht bestreiten, daß die Natur mit ihren eigenen Geschöpfen, anthropomorph gesprochen, hart und rücksichtslos umgeht. Sie bindet das Überleben der einen an den Untergang der anderen. Da nun aber der Mensch in diese evolutionäre Tradition eingebunden ist, wird er sich schwertun, seinen Eiweißbedarf nur durch bloße Pflanzenkost abzudecken. Sollten am Ende gar – was nicht meine Meinung ist – auch die Pflanzen beseelt sein, dann ist selbst der Vegetarismus eine problematische Ernährungsform, denn dann werden auch die Pflanzen in irgendeiner Weise Schmerz empfinden, wenn sie abgeerntet und verzehrt werden. Dann bliebe nur der Entschluß, sich entweder dem Hungertod auszuliefern oder sich mit Hilfe von irgendwelchen utopischen technischen Leistungen, etwa mit Hilfe der Gentechnik, Nahrungsquellen zu erschließen, die nicht von der Natur, nicht von dem Verzehr von Pflanzen und von Tieren abhängig sind.

Was ich damit eher beiläufig deutlich zu machen suchte, hat für mich jedoch einen sehr ernsten Hintergrund, der unser aktuelles Verhältnis zur Evolution betrifft. Nach Werner Heisenberg ist das Verhältnis des modernen Menschen zur Natur insgesamt dadurch gekennzeichnet, daß er sie sich selbst angleicht und ihr mit Hilfe der Technik immer mehr sein eigenes Gesicht aufprägt. Auf keinem Gebiet geschieht das invasiver als auf dem der Gentechnik. Jahrtausendelang hat der Mensch versucht, Pflanzen zu züchten und Tiere zu domestizieren, um sie seinen Zwecken dienstbar zu machen. Jetzt aber ist es ihm erstmals gelungen, mit Hilfe der Gentechnik in die zellularen Reproduktionsmechanismen einzugreifen und dadurch den Evolutionsprozeß zu steuern.

Meiner Überzeugung nach erleben wir in mehrfacher Hinsicht einen der erregendsten Augenblicke der Menschheitsgeschichte. Politisch durch die in ihrer geistig-sozialen Bedeutung noch längst nicht hinreichend begriffene Wende von 1989, die der Welt das Ende des Ost-West-Konflikts und Millionen von Menschen die jahrzehntelang entbehrte Freiheit brachte. Aber auch im Verhältnis des Menschen zur Natur. Denn der Eingriff in die innerzellularen Vorgänge bedeutet, daß der Mensch im Begriff steht, die Evolution in – Geschichte zu verwandeln, sofern diese als das Resultat menschlicher Aktivitäten und Widerfahrnisse zu gelten hat. Bisher liefen Evolution und Geschichte zweigleisig nebeneinander her. Heute kreuzen sie sich, mit unabsehbaren Folgen. Noch einmal: die Evolution wird von der Geschichte eingeholt!

Auch wenn Sie vermutlich diese optimistische Sicht der technischen Entwicklung nicht teilen, werden Sie doch die Folgen, zumindest partiell, begrüßen müssen. Denn dazu gehört zweifellos auch die Aussicht, daß eines Tage Schlachthäuser für die zivilisierte Menschheit ebenso der Vergangenheit angehören wie Folterkammern, weil wir dann gelernt haben werden, uns von der auch für mich unerträglichen Einrichtung zu emanzipieren, daß Tiere sterben müssen, damit Menschen leben können.

Freilich wird das nicht allein Sache der technischen Entwicklung, sondern vor allem einer Bewußtseinswende sein. Wie die Folter nur verschwinden konnte, weil eine wachsende Anzahl von Vernünftigen diese entsetzliche Prozedur für unvereinbar mit der Menschenwürde hielt, und wie sich die zivilisierten Länder aus demselben Grund zur Abschaffung der Todesstrafe entschlossen, so wird es sich eines – hoffentlich nicht allzufernen – Tages auch mit der Ernährung von Tieren verhalten, die eigens zu diesem

Zweck gezüchtet wurden, wenn nur die technische Entwicklung erst einmal über diesen deprimierenden Zustand hinweggeschritten sein wird.

Darin dürften wir weitgehend einig sein. Uneinig sind wir in der Einschätzung der menschlichen Kulturleistung. Sie haben vorhin, nicht ohne Grund und mit guten Beispielen gezeigt, daß es gewisse Vorformen von Lernvorgängen und von technischen Leistungen schon bei höheren Primaten gibt und daß dort erste Initialaktivitäten in Richtung auf eine kulturelle Entwicklung zu verzeichnen sind. Aber das ist doch kein Grund, das, was inzwischen von der Menschheit im kulturellen Bereich geleistet worden ist, zu schmälern, angefangen vom Gilgamesch-Epos, um nur einmal in der Literatur zu bleiben, bis zur Gegenwart. Sie haben Reinhold Schneider genannt. Auch ich bin, nebenbei bemerkt, der Meinung, daß es kaum ein wichtigeres theologisches Werk gibt als Reinhold Schneiders „Winter in Wien". Und ich habe von kaum einem Theologen mehr gelernt als von dem Literaten Reinhold Schneider, der aufgrund seiner extremen Sensibilität, aber auch seiner permanenten Todesnähe und seiner erschütternden Geschichtsvision zu Einsichten gekommen ist, die ich bei Theologen vergeblich suche. Ihm verdanke ich die Erkenntnis, daß im Evangelium nicht nur jene gewürdigt werden, die wie die Jünger Jesu in religiöser Hinsicht erfolgreich waren und zum Glauben kamen, sondern auch jene, die wie der recht unglücklich titulierte „Reiche Jüngling" bei der Annäherung an ihn versagen. Es ist der typische Fall eines „gescheiterten Glaubensversuchs". Doch während die Erfolgreichen im Grunde nur das „Folge mir nach!" zu hören bekommen, wird von diesem Unglücklichen – und nur von ihm – gesagt, daß ihn Jesus liebevoll anblickt und so über seine Hemmschwelle hinwegzuziehen sucht. So hat Reinhold Schneider Dimensionen des Evangeliums erschlossen, die vorher kaum bekannt waren.

Sie haben vorhin außer ihm auch Heinrich Böll genannt, und außer diesen könnten noch viele in Erinnerung gerufen werden. Ich möchte nun aber dafür plädieren, daß diese in ihrem Eigensein

und Eigenprofil belassen und nicht in den großen Entwicklungs-
gang eingeebnet werden sollten. Mir kam es nämlich fast so vor,
als wollten Sie den Menschen zurücknehmen in die Natur. Daran
ist sicher einiges richtig. Aber wenn das, was in der Kulturgeschichte der Menschheit geleistet worden ist, als Fehlleistung qua-
lifiziert werden müßte, wüßte ich nicht mehr, wie ich meine
eigene menschliche Identität bewahren sollte. Als Herzstück dieser menschlichen Kulturleistung betrachte ich das, was ich als die
Gottesoffenbarung ansehe, beginnend im Wort der alttestamentlichen Propheten und gipfelnd in der Lebensleistung Jesu, aber auch
mit Einschluß dessen, was andere Weltreligionen dazu beitrugen.
Daß wir beide als Theologen miteinander sprechen, bestätigt mir,
daß wir hierin, in diesem Herzstück der menschlichen Kulturgeschichte, den Fußpunkt unserer Identität gefunden haben.

Eugen Drewermann: Wir sollten ein paar Stellen noch einmal genauer ansprechen. Wenn Sie sagen: die Natur kennt viele Arten
von Grausamkeit, deckt sich das mit dem, was auch ich eben beschreiben wollte. Ihre Prozesse sind nicht moralisch zu verstehen,
nicht rein ästhetisch zu interpretieren (gegen Friedrich Nietzsche)
und auch nicht entlang menschlicher Sinnerwartung auszulegen.
Wenn das so ist, können daraus nur zwei Folgerungen hervorgehen. Entweder wir realisieren uns als restlos ausgesetzt und fremd,
als streunende Nomaden in dieser Welt, oder aber wir müssen akzeptieren, daß wir selber nur ein Teil eines viel größeren Geschehens sind, das auch uns ermöglicht hat, aber keineswegs
einzigartig oder ausschließlich. Unsere Perspektive, die Welt zu
betrachten, darf dann nicht länger die einzige sein. Schon das
würde der Art, wie wir praktisch mit der Natur umgehen, sehr bald
einen Sperriegel vorschieben. Die menschliche Selbstauslegung
darf, unter kulturellen Bedingungen, gerade wenn wir unsere Position richtig beschreiben, nicht als das Ziel der Natur, ja nicht einmal der menschlichen Geschichte verstanden werden. Es darf
nicht sein, daß die Natur in die bloße menschliche Geschichte absorbiert wird, sowenig wie ich wünsche, daß die menschliche Ge-

schichte wieder absorbiert wird von der Natur. Letzteres wäre möglich, wenn eines Tages die Natur das Experiment Mensch wieder einstellt und den hybrid Gewordenen bestraft, indem sie sich selber wiederherstellt gegen den Menschen. Natur und Kultur müßten in ein Gleichgewicht kommen, unter der Voraussetzung, daß wir unsere Stelle nicht als einzigartig, sondern als eine der Formen des Lebens, die die Natur ermöglicht hat, begreifen.

Dann bleibt gewiß der Unterschied erhalten, der uns Menschen von den anderen Lebewesen trennt. Wichtig ist bereits, daß wir die Vorgänge, die uns als böse, grausam, sinnlos erscheinen, auf dem Hintergrund von Bewegungen zu sehen lernen, die im Ganzen für den Erhalt der Natur selber produktiv sein können. Dazu zählen Erfahrungen, die Sie auch schon angedeutet haben, Erdbeben beispielsweise, Vulkanausbrüche, Epidemien aller Art. In all den Fällen sind wir gewöhnt, die Opfer zu bedauern und zum Himmel um Hilfe zu rufen. Wenn da etwa in Italien ein Vulkan sein Magma auf ein Dorf ergießt, bekommen wir es auch heute noch fertig, den Pastor zu beordern, daß er gegen das Vulkangeschehen anbetet: Vielleicht hat Gott ein Einsehen und lenkt das Magma um. Solche Wunder, da bin ich mir ganz sicher, wird Gott der Allmächtige nicht wirken, denn seine Allmacht hat seine Grenzen gefunden an der Welt, die er selbst geschaffen hat. Mag sein, daß Gott für sich allmächtig ist, aber wenn er diese Welt gewollt hat, und das nehmen wir einmal an, dann hat seine Allmacht in dieser Entscheidung sich selber begrenzt. Fortan also kann er selbst nach Theologenmeinung, wenn die Gesetze der Logik Geltung haben, nicht mehr machen, was er will. Was uns unbegreifbar ist und unserm Gottesbild in jedem Betracht störend bleiben wird, ist freilich die Irrationalität, die Unabgegoltenheit, das Schreckliche in der Natur selber, von dem wir nicht länger sagen können: Das sind sozusagen nur die Anfangsbedingungen. Wir müssen sagen: Das ist der Motor, so arbeitet das! Wir könnten auf dieser Erde überhaupt kein Leben finden, wenn es z. B. nicht den Vulkanismus gäbe. Wenn es die Plattentektonik und die Wärme im Erdinneren nicht gäbe, wäre Leben bei diesem Stand der Evolution des Planeten nicht möglich. Der Natur ist es selbstverständlich egal, ob bei einem Erdbeben Los Angeles oder Tokio zusammenbricht, oder ob dasselbe Geschehen nur ein paar Esel in der Wüste Gobi trifft. Die Natur wird tun, was sie muß. Aber aus all den Vorgängen, in denen sie tut, was sie muß, hat sie uns ermöglicht.

Deswegen sehe ich, mit Reinhold Schneider, eine große Kluft zwischen dem Glauben an Gott als den Vater und der Wirklichkeit der Naturerfahrung – dazwischen liegt ein riesiger Abgrund, der kaum zu schließen ist. Deswegen habe ich eben versucht, von der ganz persönlichen, fast intimen Erfahrung der Liebe eines Menschen zu einem anderen her zu zeigen, daß es Erfahrungen gibt, die uns das alles unter Umständen vergessen machen, was da an Zweideutigkeiten in der Welt angeschaut wird. Das tiefe Leiden an der Natur bleibt darum gleichwohl immer noch.

Da möchte ich, daß wir, im Hintergrund Reinhold Schneiders, die Stimme Schopenhauers nicht überhören. Reinhold Schneider konnte in der Einleitung zu einer Auswahl der Arbeiten Schopenhauers sinngemäß sagen: für diesen Mann war ein bettelndes Weib auf den Stufen der Kathedrale von Lissabon *ein Argument* des Atheismus; für ihn war die Jagd eines Bussards auf ein Eichhörnchen ein Grund, nicht mehr an den Gott der Bibel zu glauben. Das sind Erschütterungen, die ganz, ganz tief gehen. Ein Medizinstudent sagte mir das auf seine Weise einmal ganz simpel: „Ich glaube nicht an Gott. Ich weiß auch nicht, was Sinn hat. Aber ich kämpfe im Moment in irgendeinem Labor gegen Aids. Ich weiß noch nicht mal, was dabei herauskommt, wenn ich da rumexperimentiere. Aber wenn etwas Sinn macht, ist es das, was ich jetzt tue." So einfach ist das: Wir müssen scheinbar die Natur bekämpfen, ehe sie uns vernichtet. Das ist die eine, die naturphilosophische Seite. Doch sie gilt nicht allein, und es ist der „Kampf" gegen die Natur doch immer auch ein Gehorsam gegenüber der Natur.

Die andere Seite ist ein echtes Problem der christlichen Theologie. Wir haben im christlichen Abendland immer wieder unsere menschlichen Sinnantworten und Optionen in die Natur hineinprojiziert. Wir haben dabei durch eine rein historisierende Auslegung der Genesis die phantastische Lehre aufgestellt, daß wir nur deshalb sterben müssen und krank werden können, weil unsere Vorväter, weil Adam und Eva, irgendwann gesündigt haben. Natürlich ist das aberwitzig. Völlig richtig sagen Sie ja, die dreitausend Zähne des Tyrannosaurus Rex sind wahrscheinlich nicht das Ergebnis davon, daß Adam 100 Millionen Jahre danach in irgendeinen verbotenen Apfel gebissen hat. Die Geschichte hat sich denn doch wohl umgekehrt abgespielt: All die Grausamkeiten waren sehr viel früher, bevor die Menschen die Bühne dieser Erde betreten haben. Wir selbst, wir Menschen, sind eher schon die Opfer als die Ursache dieser Prozesse, die uns ausgestattet haben mit Verstand, den wir, im Sinne von Goethes Mephisto im „Faust", offenbar bloß geschenkt bekommen haben, um ihn einzig dafür zu gebrauchen, noch tierischer als jedes Tier zu sein. Auch wenn wir die Natur auf lange Zeit noch nicht begreifen, gibt es, glaube ich, dennoch eine menschliche Option, die im Mitleid liegt. Eine paradoxe Argumentation, zugegeben. Aber fassen wir das Gesagte zusammen, so stehen wir vor der Wahl, entweder die Natur zu bekämpfen, weil sie uns leiden macht, oder uns in die Natur einzufügen. In letzterem Fall müßte die Religion – statt eine Megaprothese der Technik in die Natur hineinzudrücken, zum Beispiel alle Viren auszurotten, alle Gefahren für den Menschen auszuschalten und am Ende womöglich gerade dadurch die eigenen Lebensgrundlagen zu vernichten – uns lehren, wie man mit einfachen Naturdaten umgehen kann: mit Alter, Krankheit und Tod.

Es ist sehr schön, was Sie gesagt haben: Der Tod ist doch auch eine Frucht der Liebe. Ich gebe diesen Gedanken einmal mit einem afrikanischen Mythos wieder. Der Gott *Sokko* soll am Anfang alle Lebewesen gefragt haben, was sie wollten, ob sie ewig leben wollten und keine Kinder haben, oder ob sie lange leben wollten, Kinder haben würden, diese aber nicht kennenlernen würden, oder ob sie kurzlebig sein wollten mit Kindern, die sie kennen und selber großziehen dürften. Die Steine haben da gesagt: Wir wollen ewig sein und keine Kinder haben. Und die Schildkröten sagten: Wir wollen lange leben mit Kindern, aber wir möchten sie nicht unbedingt sehen. Nur die Menschen sagten: Lieber den Tod, aber die Liebe.

Eugen Biser: Wunderschön!

Eugen Drewermann: Ja, gerade so sind wir Menschen doch. Wir können den Tod akzeptieren einzig in der Kraft der Liebe. Und warum sollte das für uns Menschen, wenn wir schon in Zusammenhängen zu denken beginnen und wirklich vieles mehr können als die Schimpansen, nicht möglich sein, eine Ethik zu gewinnen, welche die Natur nicht zerstört, sondern zu erhalten trachtet und welche die Grausamkeiten zu verringern sucht, statt sie auf diesem Planeten endlos zu vermehren? Dann wären wir wirklich ein Stück, vielleicht, an der Erlösung der Welt beteiligt.

Mir ist das an sich ein unheimlicher Gedanke, weil die Theologen mir zu viel von Erlösung der Welt reden. Es wäre in meinen Augen viel gewonnen heute, wir ließen die Welt in Frieden, statt daß wir noch anfangen, sie erlösen zu wollen. Aber unser Schlachtvieh – immerhin beispielsweise –, das könnten wir erlösen, indem wir vegetarisch leben würden. Die Tiere in den Pharmalabors könnten wir erlösen, indem wir sie laufen ließen. Wir könnten wirklich viel Leid verringern.

Um deshalb noch einmal auf die Frage des Vegetarismus zu sprechen zu kommen: Das Problem scheint mir wichtig, weil wir Menschen durchaus nicht, nicht einmal evolutiv betrachtet, so sein müßten, wie wir uns heute betragen. Tolstoi hat einmal gemeint: Solange wir Schlachthöfe haben, werden wir auch Schlachtfelder haben. Ich denke, das stimmt, denn Jagd und Krieg hängen zusammen. Wir Menschen haben in Jahrhunderttausenden gelernt, auf die Jagd nach Tieren zu gehen, aber sehr bald begann offenbar die Jagd auch nach Menschen. So sind noch bis in die Zeit der alten Ägypter und Assyrer die Darstellungen der Szenen beliebt, wo die Könige auf Jagd gehen und wo sie Krieg führen, und beide Szenen sind vollkommen gleich. Jagd und Krieg bilden eine Erlebniseinheit. Gleichwohl scheint es in der Evolution gar nicht so lange her zu sein, daß wir das gelernt haben, und das Töten von Tieren ist in uns nicht sehr tief verankert. Wenn ein Kind, beispielsweise, spazierengeht und ein Eichhörnchen auf einem Waldweg im Spiel der Schatten und des Sonnenlichts sieht, wird es ganz gewiß nicht auf die Idee kommen, es müßte jetzt da hinterherlaufen, es einfangen und aufessen, sondern es wird beglückt sein, ihm nachzulaufen, um es womöglich zu streicheln. *Das* ist der ursprüngliche Antrieb eines Menschen, wenn er ein Tier sieht – ein wirklich paradiesisches Gefühl, zu dem wir doch auch imstande sind. Warum also sollen wir den Leuten immer noch sagen: „Es macht alles moralisch nichts aus. Ihr dürft natürlich mit Gottes Segen alles mögliche essen – Koteletts, Würste, was ihr wollt; freilich, wir sollten die Tiere vielleicht ein bißchen besser halten, aber dann töten wir sie doch, wie es nun mal vorgesehen ist." Ich finde diese Logik einer moralischen Selbstrechtfertigung aberwitzig. Solange wir unsere Nahrungsgewohnheiten nicht dramatisch ändern, wird die Tierquälerei nicht aufhören. Und das hat letztlich auch mit Menschen zu tun, denn mit der Aufzucht der Tiere entziehen wir den Leuten in der Dritten Welt die nötigen Nahrungsmittel, und wir tun das nur für unseren Gaumen. Alles das geht nicht mit rechten Dingen zu, scheint mir, wir müssen da eine Menge Folgerungen preisgeben, die wir in der bisherigenn Theologie aus der Bibel herausgelesen haben.

Eugen Biser: Aber werden wir nicht auch Schlachtfelder haben, solange wir Saatfelder haben? Ich muß noch einmal auf meine Frage zurückkommen, denn ich nehme Sie bei Ihrem eigenen Ansatz, daß auch Pflanzen eine Seele haben. Wenn das zutrifft, dann ist auch der Vegetarismus noch keine Lösung des Problems. Dann ist es auch schon ein harter Eingriff in die Natur, wenn wir Pflanzen züchten, um sie nachher abzuschneiden und zu ernten. Da sehe ich von Ihrer Voraussetzung, der Allbeseelung, her keinen qualitativen – höchstens einen graduellen – Unterschied. Das Tier hat eine ganz andere Emotionalität, eine ganz andere Selbstwahrnehmung und Gefühlswelt, Tiere können sich ängstigen, Schlachttiere erst recht: das würde ich bei einer Pflanze nicht vermuten. Aber die Konsequenz müßte doch sein: Entweder muß der Mensch ganz auf die Nahrungsaufnahme aus dem Bereich von Pflanze und Tier verzichten, oder er muß mit Hilfe der Technik, gerade auch der heute vielfach inkriminierten Gentechnik Wege suchen, um aus diesem Teufelskreis herauszukommen. Natürlich können wir weder den Spinnen den Netzbau noch den Katzen das Mausen abgewöhnen. Dagegen können wir – nicht zuletzt mit Hilfe der Technik – unser eigenes Verhältnis zur Natur konfliktfreier gestalten als bisher.

Eugen Drewermann: Nein, das glaube ich schon deswegen nicht, weil ich in die Gentechnologie keine utopischen Hoffnungen setzen möchte. Richtig bleibt: wir können durch bestimmte gentechnische Fortschritte den Tieren manches Leid ersparen. Wir können Insulin zum Beispiel heute künstlich herstellen und müssen es nicht aus den Eingeweiden von Zehntausenden von Kühen destillieren. Im ganzen aber sollten wir doch ernst nehmen, was Sie selber sagen, Herr Biser. Es ist ein Unterschied, ob man ein Tier tötet, ein Säugetier womöglich, das genauso Schmerz empfinden kann und ähnliche Gefühle hat wie wir Menschen auch, oder ob man eine Pflanze – ja nicht einmal tötet, sondern beschneidet. Eine Pflanze kann sich regenerieren, und es gehört in aller Regel zum Leben der Pflanzen, daß sie auf bestimmte Teile verzichten können, weil sie in ihrem Bestand prinzipiell immer wieder aus dem kleinsten Teil nachwachsen können. Pflanzen muß man nicht „töten" wie Tiere, obwohl in früheren Kulturen auch das Zerstückeln von Feldfrüchten als Töten erlebt und entsprechend mythisch und religiös gedeutet wurde. Mir ist zentral, daß Sie vom Argument des Mitleids her einen deutlichen Unterschied zwischen dem Töten von Tieren und dem Nutzen von Pflanzen zugeben, und diesen Unterschied möchte ich in der Tat jetzt auch ethisch geltend machen, um unser Verhalten zu ändern. Mir geht es ja nicht darum, zu sagen, Vegetarier sind bessere Menschen. Mir geht es darum, zu sagen, es gibt eine Erlebniseinheit zwischen Jagd und Krieg, zwischen Tiertötung und Menschentötung. Wer bereit ist, Tiere zu schlachten, wird leichter geneigt sein, auch Menschen gegenüber dieselbe Logik walten zu lassen. Und immer noch erzählen wir unseren Schulkindern eine Geschichte, die voll ist von großartigen Schlachten, die irgendwelche Großen wie Alexander, Caesar, Karl oder Friedrich geschlagen haben.

Die wirkliche Herausforderung an die christliche Theologie, insbesondere in der Form, wie sie heute in der kirchlichen Verkündigung vertreten wird, scheint mir global jedoch zu sein, ob wir imstande sind, die Anzahl der Menschen auf ein sinnvolles Maß zu begrenzen, damit Tiere und Pflanzen in Tausenden von Arten an unserer Seite eine Chance haben, zu überleben. Die Leute, die das einmal lesen, was wir hier reden, wurden, wenn sie älter sind als fünfzig Jahre, noch in eine Welt hineingeboren, in der wir etwa bei drei Milliarden Menschen auf diesem Globus standen. Wir sind heute bei über sechs Milliarden; das ist ein exponentielles Wachstum, ein Hyperbelast, der fast senkrecht weiter hoch steigt. Wir werden ganz rasch, in Verdoppelungsraten, auf 12 oder 15 Milliarden Menschen kommen. Das ist ein Alptraum, eine Apokalypse in Zahlen. Wie da ein Papst noch sagen kann, die Überbevölkerung sei kein wirkliches Problem und wer davor warne, sei ein übertriebener Pessimist, begreife ich nicht. Wer so etwas sagt, der verkörpert in meinen Augen eine Anthropozentrik wirklich katastrophalen Stils. Der Mensch hat päpstlicher Meinung nach offenbar jedes Lebensrecht auf diesem Globus, wenn nur er selber überleben will. Eine solche Anthropozentrik der Ethik bedeutet: Wir werden die Rotkehlchen nur leben lassen, wenn wir sie brauchen. Wir werden den Amazonasurwald nur leben lassen, wenn wir ihn brauchen. Erst wenn der planetare Windgürtel sich so verschiebt, daß es uns Kummer macht, werden wir etwas dagegen tun, daß das soziale Elend in Brasilien zum Abfackeln der Restbestände des Amazonasurwaldes führt. Wir werden jeden Teil, im Himmel, zu Wasser und auf dem Lande, befragen, ob es uns, der Spezies Mensch, hilft, Überleben in einer möglichst großen Zahl bei einer immer weiter verbesserten Technik zu gewährleisten. Und dieser

Aberglaube herrscht heute: Wenn wir nur die technischen Möglichkeiten immer weiter aufstocken, können immer mehr Menschen leben ohne Schaden für die Natur. Mir scheint dieser Kreislauf längst schon ans Ende gekommen. Beim heutigen Stand der Technik und dem Anspruchsniveau an Lebensqualität, sagen wir des Nordamerikaners oder Mitteleuropäers, und bei der Utopie einer heute noch fast undenkbaren gerechten Verteilung aller Konsumgüter über die heute lebende Menschheit, bräche die Natur längst zusammen. Wir könnten uns den Luxus nach europäisch-nordamerikanischem Anspruch derzeit allenfalls für etwa zwei bis drei Milliarden Menschen leisten. Der Rest ist überzählig auf dieser Welt. Das ist die Bilanz.

Aber jetzt auch nur zu sagen: Wir müssen weniger Menschen auf diesem Planeten haben, damit Makaken, Weißhandgibbons oder Paviane eine Lebenschance haben, ist doch für unsere Theologen ein absurder Gedanke. Sie aber, Herr Biser, sagen mit mir, genau das hieße es, „macht euch die Erde untertan": verwüstet nicht das, wovon Gott wollte, daß es lebt. Ich stimme Ihnen natürlich zu, aber dieser Gedanke hat radikale Konsequenzen. Auf den Philippinen agitieren gerade die Bischöfe gegen das erste vernünftige Programm zur Geburtenkontrolle, im Namen des Papstes selbstverständlich. Überall da, wo ein bißchen politische Vernunft einkehrt und ökologischer Sachverstand, ist es unsere Kirche, die sagt, nein, die Schöpfungstheologie bedeutet auch weiter: „Wachset und mehret euch!" Und: Die Menschen sind die Herren der Schöpfung. Gegen diesen Wahn müssen wir etwas tun.

Das hat auch mit den Perspektiven von Geschichte zu tun. Reinhold Schneider hat in „Winter in Wien" Geschichte überhaupt begreifen wollen als ein apokalyptisches Phänomen, als das Menetekel an der Wand. Und er hat gemeint, allein die Geschwindigkeit, mit der Geschichte sich bewegt, sagen wir über die letzen achttausend Jahre, in immer rascherer Dynamik, entfernt uns so weit aus der Natur, daß eine Übereinstimmung gar nicht mehr möglich ist. Die Natur etwa braucht dreißigtausend Jahre, um eine neue Art hervorzubringen. Wir werden in der Gentechnik bald in wenigen Stunden alles mögliche durchexperimentieren können, und wir haben keine Ahnung, was wir damit anrichten. Wir haben am Ende prachtvolle Bohnen und Tomaten, aber was die Natur ringsum macht, wenn wir unsere neuen Produkte ins Freiland setzen, das wissen wir nicht. Und so lange wir das nicht wissen, sollten wir das auch nicht tun. Auch hier ein kleines Beispiel: Wir brauchen bloß eine simple Pflanze, wie zum Beispiel die Brunnenkresse, nach Australien zu bringen – ein kleiner Wechsel nur der Artenzugehörigkeit in einem anderen Biotop, und dieselbe harmlose Pflanze kann plötzlich dick werden wie ein Arm oder ein Bein und ganze Flußsysteme verstopfen. *Das* natürlich haben wir nicht gewußt. Aber das ist das Problem: Nie wissen wir, und wir lernen immer zu spät.

Darum wäre es sehr nützlich, wir könnten C. F. von Weizsäkkers Bild vom „Garten" für die Schöpfung einmal dahin interpretieren, daß wir ein Handlungsmoratorium brauchen. Wir müßten überhaupt erst einmal einen gewissen Stand gewinnen, von dem aus wir verantwortungsvoll, in etwa wenigstens, abschätzen könnten, was wir da treiben. Irgendein Bürgermeister in irgendeiner Stadt wird derzeit mit seinem Parlament so gut wie jeden Tag irgendwelche Entscheidungen treffen, deren Konsequenz wir letztlich nicht kennen. Da wird hier eine Tangente gebaut, da wird dort ein neues Stadtgebiet gegründet – ob da gerade ein wichtiges Biotop, sozusagen eine Tankstelle des Vogelflugs über Tausende von Kilometern, liegt, das weiß er nicht und es ist ihm im übrigen auch egal – es *hat* ihm egal zu sein.

Drum: Das, was heute Geschichte heißt im Sinne Reinhold Schneiders, läuft tatsächlich auf ein Ende zu. Ich gebe, wenn Sie erlauben, auch dafür ein kleines Beispiel, damit wir in etwa ein Gefühl dafür bekommen, was in der Natur eigentlich *Zeit* ist. Wir basteln gerade daran, herauszufinden, wo wir unseren atomaren Müll lagern. Der Salzstock in Gorleben war vor ein paar Jahren groß im Gespräch. Dieser Standort sollte bombensicher sein, für viele Jahre. Nach fünf Jahren indessen war man sich schon gar nicht mehr so sicher mit all den Gutachten. Plutonium 239, eines der giftigsten Elemente im Kosmos, hat eine Halbwertszeit von etwa 24000 Jahren – das ist das dreifache, was wir von Çatalhüyük bis heute Geschichte nennen. Die zu verantworten ist für irgendeinen Menschen offensichtlich völlig unmöglich. Nicht einmal die nächsten 200 Jahre sind uns vorstellbar. Aber wir tun inzwischen lauter Dinge, die auf solche gigantischen Zeiträume von Zehntausenden von Jahren ausgelegt sind. Deswegen scheint mir der Gedanke nicht völlig falsch zu gehen: Entweder wir lernen Geschichte neu und anders zu definieren, als wir es im biblisch-theologischen Erbe bis heute versucht haben, in Einbeziehung nämlich und Würdigung der Denkansätze, die es in den sogenannten mythischen Religionen gibt, in Lernbereitschaft auch gegenüber Hindus, Brahmanen und Buddhisten, oder aber wir werden uns mit unserem unkorrigierten christlichen Geschichtsbild in absehbarer Zeit selber den Garaus machen. Ich glaube, viel Zeit, um das herauszufinden, haben wir nicht mehr.

Eugen Biser: Das Moratorium wird es vermutlich nicht geben, weil die moderne Zivilisation vom Fortschrittsimpuls unablässig vorangetrieben wird. Der ist zwar in den letzten Jahrzehnten ins Zwielicht geraten und von innen her in Frage gestellt; dennoch wird der Fortschritt wenigstens auf einigen Sektoren weiterhin der Motor unserer zivilisatorisch-kulturellen Entwicklung bleiben. Auf der anderen Seite ist die Tatsache, daß uns der Fortschritt angst macht, ein untrügliches Anzeichen dafür, daß diese amerikanisch-europäische Kultur im Begriff steht, sich von ihren Prämissen her zu hinterfragen. Und das so radikal, daß sie mit dem Fortschritt ihren innersten Antrieb in Zweifel zieht. Das scheint mir darauf hinzudeuten, daß ein regulierender Steuerungsmechanismus am Werk ist. Auch die Überlegungen, die wir zusammen angestellt haben, sind ja Überlegungen im Sinne einer solchen Selbstkorrektur, vielleicht sogar ein Symptom der Hoffnung. Wenn man das sagen könnte, wäre schließlich doch ein Licht am Ende des dunklen Tunnels auszumachen. Ich hoffe, daß das tatsächlich der Fall ist.

Jesus Christus – Jungfrau Maria – Auferstehung

Michael Albus: Das Apostolische Glaubensbekenntnis hat nach dem Artikel über den Vater den Allmächtigen, den Schöpfer des Himmels und der Erde, als nächsten „Jesus Christus, seinen einge-borenen Sohn, unsern Herrn, empfangen durch den Heiligen Geist, geboren von der Jungfrau Maria". Das ist etwas, was nicht nur Eugen Drewermann in ganz besonderer Weise betrifft, son-dern immer wieder Gegenstand von Kontroversen ist, aber auch von Unverständnis. Dies ist eine Formulierung, die von den Men-schen überhaupt nicht mehr verstanden wird. Wie ist dieser Arti-kel in seinem Kontext und dann aber auch in seinem möglichen Verständnis heute zu sehen?

Eugen Drewermann: Ich glaube, daß ein Problem der christlichen Verkündigung darin liegt, daß sehr früh schon, auf dem Boden des Neuen Testamentes, die Erfahrung mit der Person des Jesus von Nazaret vor dem Hintergrund hellenistischer Mythologie und grie-chischen Denkens in die Christologie übersetzt wurde. Die Span-nung, die im Christustitel selber liegt, zeichnet sich im 8. Kapitel des Markusevangeliums ab, als Jesus seine Jünger fragt, für wen die Menschen ihn halten. Eine der Antworten lautet: Du bist der Chri-stus. Du bist der Messias. Mit anderen Worten: Der König Israels. Da fährt Jesus dem Petrus in die Rede und verbittet sich, das herum-zusagen. Das Paradoxe ist, daß wir als Christen genau den Titel ver-wenden, den der lebende Jesus, wenn diese Stelle im Markusevange-lium historisch zutrifft, für sich gerade vermeiden wollte. Jesus wußte offenbar, was passieren wird, wenn man ihn mit einem Kö-nigstitel verfeierlicht. Ich kann mir in der Geschichte der Mensch-heit in der Tat keine Persönlichkeit denken, die im Sinne der Geschichtsschreibung so unköniglich war und sein wollte wie Jesus von Nazaret. Was er wollte, war, transparent zu sein auf Gott hin und möglichst wenig dem im Wege zu stehen, was das Glaubensbe-kenntnis von ihm auch sagt: Er war Licht vom Lichte. Jesus wollte keinen Schatten werfen zwischen Gott und den Menschen.

Konsequenterweise enthält das Neue Testament deshalb auch nicht die Spur einer Biographie des Lebens Jesu; nicht einmal das, was uns eigentlich menschlich an der Person Jesu interessieren würde, wird uns da mitgeteilt. Wir wissen aus seinem persönlichen Leben so gut wie nichts. Ich vergleiche diese Neutralisierung des Privaten gerne noch einmal mit der Situation der Therapie. Es ist eine feste Regel, um einem Menschen zu helfen, ihn nicht zu belasten mit der eigenen Biographie, sondern sich offen zu halten und möglichst auf ihn einzugehen, wie ein Spiegel, in dem der andere sich mit Wohlwollen, offen und ehrlich, selbst betrachten kann. Tatsächlich würde uns eine historisierende biographische Notiz über Jesus von Nazaret mehr stören als nützen. Was er *wollte*, war wichtig, nicht wie er groß geworden ist, welche Eltern er hatte, was er beruflich gemacht hat.

In dieser Vernachlässigung alles Äußerlichen allein liegt schon eine Provokation.

Kierkegaard hat einmal eine Reihe von Fragen zu der Person Jesu formuliert: Hatte Jesus einen gut bezahlten Beruf? War Jesus verheiratet? Hatte Jesus eine Alterssicherung? Nein! Jesus hatte keinen ordentlichen Beruf, er war nicht verheiratet, er hatte keine Alterssicherung. War Jesus denn kein vernünftiger Mann? Nein! Jesus war kein vernünftiger Mann.

Ich denke, daß, wenn wir Jesus als den Messias, als den König bezeichnen, es gerade daran liegt, daß dieser Mann sich so weit als Person zurücknehmen konnte, daß die Person seines Gegenübers aufblühte und zur Geltung kam. Das Reich, für das er eintrat, war in dem Sinn nicht seines, sondern sollte jedermanns und jederfrau Reich werden. *Er* sollte sich fühlen, *sie* sollte sich fühlen dürfen wie der König eines unentdeckten Königreiches. Und wir sollten miteinander umgehen mit dem Respekt, den wir Prinzen und Prinzessinnen gegenüber hätten, wir sollten uns beugen in den Staub vor der Hoheit eines noch so armen Menschen. Dies, daß jemand seine Größe findet, und sei er der ärmste Sklave in den Gassen von Nazaret oder in den Gassen Roms, das war das Königtum Jesu. Der libanesische Dichter Khalil Gibran hat einmal gesagt: „Die Stirn Jesu war zu groß für ein Diadem aus Gold, und seine Finger waren zu zärtlich für die Ringe der Macht. Und herrschen wollte er nicht auf dem Thron der Regierenden."

Wenn wir wissen wollen, in welcher Weise Jesus König war, dann indem wir uns all das abgewöhnen, was wir sonst damit verbinden. Es ist inzwischen ja auch politisch notwendig, so zu tun, weil wir seit zweihundert Jahren keine Könige mehr wollen, es sei denn zu Repräsentationszwecken. Heinrich Mann konnte im „Untertan" um 1913 schon sagen, daß Könige heutzutage nur noch eine Angelegenheit der Märchen sind. Dieser Hinweis erlaubt mir tatsächlich, die Märchenlektüre unter Umständen als hilfreich zu empfinden und durch sie zu begreifen, was die Sprache von einem unsichtbaren Königreich eigentlich meint. Sie ist uns so entlegen, so fremd, fast wie verloren, daß wir uns wohl nur noch an den Träumen der Menschheit orientierend verdeutlichen können, daß es eine Sehnsucht gibt nach Liebe, nach Würde, nach Größe, nach Respekt voreinander, auch nach Frieden unter den Augen einer Macht, die in unserem eigenen Herzen liegt und die uns schon deswegen niemals demütigen wird. Dieses fast romantische Konglomerat von Gedanken und Gefühlen erlaubt mindestens einen gewissen Einstieg, um zu begreifen, was Jesus als „König" verkörperte.

Aber jetzt: Einmal vorausgesetzt, Jesus ist der König, geht in der Lektüre der Bibel der Fortgang der Interpretation in Anlehnung an den Psalm 2, an den Psalm 110, an die klassischen Königspsalmen also, natürlich im Neuen Testament dahin, die Person des Messias aus Israel auf dem Hintergrund der Königstheologie oder Königsmythologie des Alten Orients weiter auszugestalten. Man muß wissen, daß König zu sein im Alten Ägypten, bis hin in die 5. Dynastie, mehr als zweitausend Jahre vor Christus also, bedeutete, der Gott auf Erden zu sein. Wenn wir vom *Sohn* Gottes sprechen, ist das im Grunde nicht, wie wir denken, die höchstmögliche Erhebung eines Menschen, sondern auf dem Hintergrund der altägyptischen Kulturgeschichte eher eine Herabminderung. Im Kampf zwischen Priester- und Königtum sollte unter dem Einfluß der Priesterschaft von Theben der König aufhören, Gott selber zu sein, er sollte nur noch Sohn der Sonne sein und damit abhängig von der Priesterschaft, die selber als die Gottesväter auftraten. Von der 5. Dynastie im Alten Ägypten an ist der Titel uns aber so erhalten geblieben, und er hat eine eigene Mythologie geformt, die in vielen Bildern, auch im Neuen Testament, wieder durchscheint: Der Pharao wird geboren, indem der Windgott und Schöpfergott Amun eine Frau aufsucht und, aus Liebe zu ihr, den Königssohn zeugt. Da ist Geist und Wind, die Schöpfermacht des Göttlichen, das, was als Sinnzentrum und Kristallisationspunkt des gesamten Interesses und Lebens an den Ufern des Nils geglaubt wurde.

Ich möchte, was dahintersteht, deshalb zunächst einmal aus dem altägyptischen Material heraus interpretieren. Die Frage im Alten Orient, vor allem in Ägypten, lautete: Was ist eigentlich ein Mensch? Hegel in der Deutung der Kulturgeschichte des Orients meinte, damals war ein Einziger frei, er fügte aber sinngemäß hinzu: er war damit auch ein Idealbild dessen, was für den Menschen überhaupt gilt. Das scheint mir richtig. Die Ägypter verlegten in den Pharao all das hinein, was als Wesensaussage über den Menschen schlechthin oder an sich Geltung hat. Daß hier das Wesen des Menschen projiziert und also von ihm selbst entfernt erschien, hat politisch in der ägyptischen Kultur dazu geführt, daß der Fellachenstaat einem einzigen untertan war, nicht diktatorisch, wie wir meist glauben, sondern ganz im Unterschied etwa zu Mesopotamien, erwachsend aus dörflichen Gemeinschaften und weit weniger kriegerisch als die Geschichte der Bibel selber, in einem bäuerlichen Zentralismus. Auf die Frage, was ist ein Mensch, läßt sich die normale Antwort geben: Er ist das Kind der Eltern, er ist das Ergebnis der Erziehungseinflüsse, und er ist das Produkt der sozialen Umstände. Ich denke, alles, was die Studenten in den Fächern der Anthropologie heute an den Universitäten zu lernen bekommen, läuft auf ein Konglomerat dieser drei Erklärungsmodelle hinaus: Der Mensch ist das Ergebnis von biologischem Erbgut, von psychologischen Einflüssen und von sozialbedingten Milieuabhängigkeiten. In all diesem Betracht bleibt der Mensch Sklave, bleibt er Opfer und wird niemals ein Souverän. Damit ein Mensch sich entdeckt als Souverän, als König, muß er im ägyptischen Sinne Platz genommen haben auf dem Thron der beiden Länder. Er muß die Gegensätze zwischen Kultur und Natur, zwischen Ober- und Unterägypten, zwischen Wüste und Akkerbauland, zwischen Tag und Nacht in sich selber vereinigen. Wir könnten auch sagen, er muß ein integrierter Mensch sein zwischen Bewußtsein und Unbewußtem. Und er muß entdecken, daß er selbst für sein Leben zuständig ist; er selbst also ist ein König.

Um eine solche Vorstellung in ein Bild zu heben, kann man dann aber nicht länger sagen, ein königlicher Mensch ist ein Sohn seiner Eltern. Man muß, um das Wesen eines Königs zu symbolisieren, von einem absoluten Wunder sprechen, das darin besteht, daß ein Mensch sich einzig herleitet aus dem Gegenüber des Göttlichen selbst. Und das wird in einem Bild, auf biologischem Hintergrund, in der ägyptischen Königsmythologie in Symbolik gesetzt. Die Szene selbst ist um 2000 vor Christus den Ägyptern bereits bewußt als ein mythisches Bild. Sie verknüpften damit keinerlei biologische Tatsächlichkeit. Die Mutter eines Pharaos kann Kinder gehabt haben, so viel sie will, vor- und nachher, sie *wird* eine *Jungfrau* am Tage, da ihr Sohn den Thron Ägyptens besteigt. In dem Moment zeigt sich, daß er aufgehört hat, Sohn seines Vaters zu sein. Er offenbart sich damit als ein Souverän, der nur im Gegenüber Gottes zu begreifen ist.

Ich denke, die Lehre „geboren von Maria, der Jungfrau" muß man auf diesem Hintergrund sehen. Einflüsse der hebräischen Bibel sind in meinen Augen da sehr schwer herbeizuziehen. Der Abstand zu den Geburtslegenden von Isaak oder Gideon u. a. ist viel weiter entfernt von dem Wörtlichnehmen der Königssohnschaft und Gottessohnschaft, mit der das Neue Testament die Person Jesu zu beschreiben sucht, als man diese Bilder gegenüber dem Alten Ägypten antreffen wird. Darum scheint mir, daß eine korrekte Interpretation zunächst einmal der mythologischen Vorlagen des Alten Ägyptens bzw. dann des Hellenismus und des römischen Kaiserkultes uns auch hilft, zu begreifen, was wir mit Jesus verbinden. Das Bild selbst möchte ich etwa so existentialisieren: Jesus hat im Sinn des Pharaos selbstredend niemals ein König sein wollen, auch nicht im Sinn der Epigonen dieser Ideologie, die bis auf den Thron der Cäsaren in Rom reicht. Gerade den Widerpart dazu hat er bilden wollen. Eben deswegen aber sollten wir aufhören, Bilder dieser Art als Informationen über historische Tatsachen beim Zeitpunkt der Geburt Jesu zu nehmen; wir sollten vielmehr schildern, was *in uns* passiert, wenn wir die Botschaft Jesu recht begreifen. Wir müßten sagen: Wenn wir diesen Menschen Jesus recht verstehen, in der Art seiner Beziehung zu Gott und in der Art eines Lebens, das er uns in seiner Nähe ermöglicht, dann begreifen wir, daß es sein kann: wir dürfen noch einmal ganz von vorn anfangen. Und recht hat er: „Wenn ihr nicht werdet wie die Kinder, ihr werdet Gott nie verstehen." „Ihr werdet nie ins Königreich Gottes eintreten." Dies, wie man als Kind noch einmal neu beginnt in einem Akt reinen Vertrauens und all die Reste ungelebten Lebens noch einmal aufgreift, das ist für mich verkörpert in dem Bild eines Sohnes der Jungfrau. Das sind nicht Geschichten über die Biographie Jesu, sondern über die Erfahrungen und die Möglichkeiten, die wir in uns entdecken, wenn wir dem Jesus von Nazaret als Erwachsenem begegnen.

Eugen Biser: Weil Sie die Biographie Jesu für irrelevant erklärt haben, möchte ich gerade darauf eingehen. Tatsächlich setzt das Credo durch die Abfolge der Sätze „Geboren von Maria, der Jungfrau" und „Gelitten unter Pontius Pilatus" einen jeden, der es genauer bedenkt, in betroffenes Erstaunen. Denn er muß sich fragen: War denn das, was dazwischenliegt, für den Glauben bedeutungslos? Das ist es meiner Überzeugung nach schon deswegen nicht, weil die Verurteilung Jesu zum Kreuzestod durch den ausdrücklich genannten römischen Richter, wie wir sie in einem früheren Abschnitt unseres Gespräches verständlich zu machen suchten, nur von seiner Lebensgeschichte her zu begreifen ist.

Aber fassen wir doch diese Lebensgeschichte genauer ins Auge: diesen vorbehaltlosen Einsatz Jesu für die Sache des Gottesreiches, diese geradezu atemlose Zuwendung zu den Leidenden und Kranken, diese bewundernswerten Sprachschöpfungen! Und dann die große Lebenskrise, die ihn in Gestalt des Massenabfalls auf der Höhe seiner Aktivitäten trifft, mit der sich alles zum Schlimmen wendet, diese Vorankündigung des Endes in der Passion. Unmöglich kann das für den Glauben bedeutungslos gewesen sein! Käme es jemals zu einer Revision des Glaubensbekenntnisses, so müßte meiner Meinung nach unbedingt der Satz aus dem Bekenntnis der „Apostolischen Konstitutionen" einbezogen werden, wonach der aus der Jungfrau Maria geborene Gottessohn „nach dem Willen des Vaters ein heiliges Leben führte".

Dann aber stellt sich als zweite Frage die nach unserem Wissen um Jesus von Nazaret und seine Lebensgeschichte. Mit vielen anderen haben Sie das als eine Selbstverständlichkeit vorausgesetzt. Tatsächlich stellen sich die meisten Christen Jesus wohl wie einen heutigen Politiker vor, umgeben von einer Schar Sympathisanten und Reportern, die jeden Satz, der aus seinem Mund hervorgeht, sofort dokumentieren. Ich hätte diese Vorstellung nicht ins Spiel gebracht, wenn es nicht einer sehr aktuellen theologischen Auffassung entspräche, wie sie etwa von dem Tübinger Theologen *Rainer Riesner* entwickelt worden ist. Er meint, wir wüßten um die Reden Jesu, weil er seinen Jüngern seine Lehren sentenzenhaft eingeprägt hat, so daß ein regelrechtes Lehrer-Schüler-Verhältnis vorlag. Ich sehe das mit vielen anderen Theologen als völlig unhaltbar an. Es ist alles andere als selbstverständlich, daß wir noch etwas um Jesus wissen. Wenn ich eine Erklärung bieten soll, dann finde ich bei der Berücksichtigung aller Umstände nur eine einzige: die Auferstehung Jesu. Ich gehe mit guten Gründen davon aus, daß Jesus, nachdem er am Kreuz gestorben war, seinen Anhängern nicht nur in menschlicher Hinsicht gescheitert, sondern daß er vor allen Dingen in religiöser Hinsicht desavouiert zu sein schien. „Verflucht sei jeder, der am Holze hängt"; das wird von Paulus im dritten Kapitel des Galaterbriefes sogar ausdrücklich zitiert. Ein Mensch, der offensichtlich von Gott verworfen und fallengelassen worden war, konnte selbst bei seinen eigenen Jüngern keinen Anklang mehr finden. Deshalb erscheint es mir durchaus glaubhaft, wenn die Evangelisten, einschließlich des von Ihnen so eindringlich interpretierten Markusevangeliums, zu verstehen geben, daß die durch den Kreuzestod ihres Herrn niedergeschmetterten und um ihr eigenes Leben bangenden Jünger Jerusalem, die Stätte ihrer zerschlagenen Hoffnungen, panikartig verlassen, um im heimatlichen Galiläa eine neue Existenz aufzubauen. Ich gehe also im Gegensatz zu führenden Theologen davon aus, daß der „Ostergraben" gar nicht tief genug angesetzt werden kann. Wenn dann alles ganz anders kam und das Interesse an dem vermeintlich Gescheiterten neu erwachte, dann nur, weil etwa Grundstürzendes geschehen war, das seine Zeugen in dem Satz zusammenfaßten: „Ich habe den Herrn gesehen."

Doch damit hängt nun das Zweite zusammen, das Sie aus anderer Sicht ebenfalls schon angesprochen haben. Unter den Theologen, die sich damit wie etwa der Altmeister der Freiburger Bibelwissenschaft *Anton Vögtle* befaßten, bürgerte sich dafür die Formel ein, daß aus dem verkündigenden Jesus der verkündigte Christus, daß also aus dem zum Glauben rufenden Jesus der Gegenstand und Inhalt des Glaubens und aus dem lehrenden Jesus der Inbegriff der Christus-Lehre geworden sei. Trotz aller Bemühung ist es immer noch nicht gelungen, diesen Vorgang vollständig aufzuklären. Um so klarer ist sein Ergebnis, sofern es nur als die Folge der Auferstehung begriffen wird. Denn der aus Kreuz und Tod Hervorgegangene riß nun definitiv alle Bedeutung an sich, die sich jemals an seine Person geknüpft hatte. Das heißt zunächst einmal, daß ein ebenso intensives wie spontanes Interesse an allem erwachte, was je einmal von ihm gesagt worden war. Man sammelte jetzt, so gut es noch ging, die Erinnerung an seine Worte. Aber selbstverständlich konzentrierte sich dieses Interesse nicht weniger auch auf seine Taten. So entstanden im weiteren Verlauf die Quellenschriften, die man als die Logien- und Zeichenquelle zu bezeichnen pflegt. Aber das war kaum mehr als die

materiale Basis. Das Inhaltliche bestand darin, daß dieser Ma.
von Nazaret, von dem man eigentlich nicht sehr viel mehr wußt,
als was Sie vorhin beschrieben haben, durch die Auferstehung
zum Inbegriff dessen geworden ist, was man von Gott ersehnte,
was man von Gott erwarten konnte, also von dem, was wir Offenbarung nennen. Deswegen wird er jetzt nicht etwa – und darin
unterscheide ich mich nun wirklich tiefgreifend von Ihnen – aufgrund irgendwelcher Assoziationen mythologischer Art, sondern
infolge jenes Spontanerlebnisses, das wir „Auferstehung" nennen,
von den in den Bann dieses Ereignisses Geratenen „Licht",
„Friede", „Weisheit", vor allem aber „Wort Gottes" genannt.

Deswegen drängte sich der Gemeinde, die sich zu seinem Ge-
dächtnis versammelte, die Anrede „Herr" auf die Lippen. Ich
nehme an, daß diese Anrufung am Anfang stand und nicht etwa
der Messiasname, der der Vorstellung von einem messianischen
Königtum entsprochen hätte. Dabei stütze ich mich auf das sowohl am Ende des ersten Korintherbriefs als auch am Schluß der
Apokalypse überlieferte „Maranata", mit dem sich die Urgemeinde zur Verbundenheit mit dem in ihrer Mitte Gegenwärtigen
bekannte. Aus diesem Kernbestand entwickelt sich in der Folge
die ganze Theologie, von der sich die apostolische Verkündigung
inspirieren ließ. Und diese findet ihren Niederschlag in den neu-
testamentlichen Schriften, deren Genese ich mir nur so erklären
kann.

Dabei setze ich die Rolle der von Ihnen angeführten Königspsalmen keineswegs zu niedrig an. Nur zögere ich, darauf die erstaunliche Tatsache zurückzuführen, daß Paulus in dem Funda-
mentalzeugnis von seiner Damaskusvision – seinem Ostererlebnis also – von einer Offenbarung des Gottessohnes spricht. Die
von mir angesprochene Galaterstelle ist, vor allem auch in ihrem
Fortgang, von solcher Intimität, daß ich eher an eine spontane Bildung als an eine alttestamentliche oder gemeindetheologische
Anleihe denken möchte. In jedem Fall hatte Paulus den Eindruck,
in seinem Ostererlebnis von Gott angesprochen, mit einem neuen
Lebensinhalt beschenkt und in sein, also Gottes Lebensgeheimnis

eingeweiht worden zu sein. Wie nirgendwo sonst scheint mir hier die Entstehung des Christusglaubens offenzuliegen. Es wäre höchst angebracht, wenn sich die heutige Theologie im Interesse ihrer Selbstverständigung darauf intensiver als bisher zurückbesinnen würde.

Jetzt aber noch eine Bemerkung zu dem Begriff der jungfräulichen Geburt. In der Antike, auch in der außerchristlichen, war die Jungfräulichkeit ein Würdeprädikat. Wenn das so gemeint ist, dann haben wir heute kein Recht, daraus irgendwelche physiologischen Folgerungen abzuleiten. Wir müssen die Sätze vielmehr so stehen lassen, wie sie bei ihrer Prägung gemeint waren. Wenn aber bei der Prägung nicht an Physiologisches gedacht war, hat das auch für das heutige Verständnis des Artikels zu gelten. Im Gegenteil, durch eine derartige Deutung, wie sie allerdings auch namhaften Theologen der Gegenwart unterlief, würde das Mysterium vom Eintritt des Gottessohnes in diese Welt zu einem Mirakel herabgesetzt. Zwischen Mysterium und Mirakel kann aber nicht deutlich genug unterschieden werden.

Was unter Mysterium zu verstehen ist, wird wiederum in erster Linie durch Paulus klar, der seine ganze Botschaft in großartiger Ableitung aus seinem Ostererlebnis entwickelt. Wenn es nun zutrifft, daß die Glaubensinterpretation von der Auferstehung ausgehen muß, gilt das selbstverständlich auch für den Artikel von der Jungfrauengeburt. Dann ist das Bild von der jungfräulichen Mutter eine Art Vorgriff auf das österliche Paradox, nämlich die Auferstehung des Gekreuzigten. Sehr klar bringt der Apostel das in einer Formel zum Ausdruck, die er bewußt an die Spitze seines Römerbriefes stellt. Da heißt es von Jesus, er sei „dem Fleische nach hervorgegangen aus dem Samen Davids, dem Geist der Heiligkeit nach eingesetzt zum Gottessohn in Macht durch die Auferstehung von den Toten". Hier werden ganz deutlich zwei Ebenen unterschieden, die Paulus übrigens gleicherweise auch im Galaterbrief voneinander abhebt. Dort betont er: „Als die Zeit erfüllt war, sandte Gott seinen Sohn, geboren aus einer Frau, gestellt unter das Gesetz, damit er die dem Gesetz Unterstehenden befreite, und damit wir zur Gottessohnschaft gelangten." Also wiederum: auf der einen Seite die Geburt aus einer Frau – von einer Jungfrau ist im Galaterbrief noch nicht die Rede, das sagen erst die Evangelien –, auf der anderen Seite der Sohn Gottes, der uns durch seine Erniedrigung zur Gotteskindschaft verhilft, also zu einem Werdeziel des Menschen, wie es größer in dieser Weltgeschichte nie definiert worden ist. Im Römerbrief ist das wohl noch deutlicher, weil Paulus dort ausdrücklich auf die „Auferstehung von den Toten" Bezug nimmt. Damit wird die Auferstehung Jesu in aller Form zum Schlüssel für das Geheimnis seiner Geburt erklärt. Es will als Vorgriff auf das österliche Mysterium verstanden werden.

Als solcher hat der Artikel zweifellos etwas von einer Paradoxie. Aber der Mensch, den schon die Kirchenväter selbst ein Paradox genannt haben, kommt ohne Paradoxien nicht aus, am wenigsten der auf die Auferstehung des Gekreuzigten, dieses Urparadox, verpflichtete Christ. Zwar hat es immer wieder Epochen gegeben, die dem Paradox zu entfliehen suchten. So die Frühscholastik, die mit diesem Versuch unvermeidlich scheiterte. Oder die Aufklärungsphilosophie, die heute einer Szene der philosophischen Selbstbezweiflung gewichen ist. Inzwischen hat der Umschlag in der Philosophie auch auf das Selbst- und Weltverständnis des heutigen Menschen übergegriffen. Er weiß mit Nietzsche, daß die Welt „tiefer als der Tag gedacht" ist, daß die Forschung jedesmal, wenn ihr die Lösung eines Problems gelang, vor neuen Rätseln steht und daß die Verwirklichung utopischer Ziele mit atavistischen Rückschlägen einhergeht. Ihm könnte man dort, wo es ihm um religiöse Sinnfindung zu tun ist, doch wohl auch das Mysterium der Jungfrauengeburt nahebringen. Ich bestreite nicht, daß ihm dabei auch die von Ihnen aufgerufenen Mythen behilflich sein können. Doch möchte ich zunächst einmal den vom Neuen Testament selbst gebotenen Schlüssel ins Spiel bringen. Und das ist das österliche Paradox der Auferstehung des Gekreuzigten.

Michael Albus: Im Gespräch mit jungen Menschen begegne ich mehr und mehr der Frage, wer denn Jesus wirklich für mich ist? Und: Was ist göttlich an Jesus über sein Menschsein hinaus? Das ist eine Frage, die Lebensbedeutung erlangt.

Eugen Drewermann: Ich bin erstaunt, daß auf die Frage, was bedeutet das Glaubensbekenntnis, ein so ausführlicher historischer Rekonstruktionsversuch erforderlich zu sein scheint, um zu verstehen, was wir Christen meinen. Dies werden wir ja beide zugeben: So plausibel wir mit bestimmten historischen Vorgaben Christologie betreiben, es bleiben immer Annäherungsversuche, die selber historisch bedingt sind und noch nicht die Frage lösen, was uns all das heute für unser Leben zu sagen hat. Also möchte ich das, was Sie sagen, einmal ins Existentielle zurückübersetzen.

Eine Hauptschwierigkeit in Ihren Darlegungen sehe ich vor allem darin, daß Sie von Paulus her die große Bedeutung der Auferstehung zur Rekonstruktion und zum Verständnis der Person des Jesus als des Christus ansetzen und gleichzeitig betonen, wie wichtig doch die Biographie des historischen Jesus sei. Die Spannung existiert, daß Paulus sich gerade um das gesamte Material der ersten drei Evangelien so gut wie überhaupt nicht kümmert. Er erklärt sogar, er will mit Jesus dem Fleische nach, das übersetze ich jetzt mal mit „biographisch", mit ihm als einfacher historischer Person also, überhaupt nichts zu tun haben. Was ihn interessiert, ist die Mitte, woraus er lebt. Ohne Zweifel ist das Erlebnis vor Damaskus eine Sinnänderung seiner ganzen Lebenskonzeption gewesen. Wie schwierig wir uns da freilich im einzelnen in der Beurteilung historischer Gegebenheiten tun, scheint mir am leichtesten demonstrierbar zu sein an der Frage: Was hat Jesus für ein Verhältnis zu seinen Schülern gehabt? War er Lehrer im eigentlichen Sinn? Die von Ihnen zitierte Auffassung geht ja zurück auf die Theorie von Birger Gerhardsson, *Memory and Manuscript*, und die halte ich für gut begründbar. Es gibt offensichtlich Memorationstechniken, die im Neuen Testament verwandt wurden und die es wahrscheinlich machen, daß Jesus am Ende einer längeren Rede, in Sondergesprächen, wie die Rabbinen seinerzeit, seinen Schülern noch einmal die Schwerpunkte seiner Rede jeweils verdeutlicht hat und sie entsprechend auch weitersagen ließ, wie etwa viele Sprüche in Matthäus 10 zeigen.

Worauf ich hinaus will, ist dieses: Auch ich halte das Leben Jesu für außerordentlich wichtig, aber nicht in den biographischen Außendaten, sondern in dem, was er gewollt hat. Kierkegaard hat einmal gesagt: Was eine Person ist, erkennst du daran, wem sie wesentlich gegenübersteht. Und in diesem Geflecht des Jesus von Nazaret und seinem Gegenüberstehen zur Person Gottes wird all das verständlich, was sich da in einem ungeheuer kurzen Zeitraum seines öffentlichen Lebens freisetzt.

Ich möchte jetzt im einzelnen die von Ihnen vorgelegten Rekonstruktionsversuche, denen ich theologisch ebenfalls zustimme, nicht im Detail durchdiskutieren, sondern einfach einen anderen, mir *auch* möglich scheinenden Ansatz ergänzend danebenstellen. Wenn es im Glaubensbekenntnis heißt, Jesus wurde geboren von der Jungfrau und ist gekreuzigt unter Pontius Pilatus, und man fragt, was war zwischen diesen beiden Daten, dann ist ja die Art, wie ich die Jungfräulichkeit eben erklärt habe, schon identisch mit dem Hinrichtungsurteil. Wenn Jesus wirklich ein Mann war, der den Sklaven auf den Märkten und den Gassen Galiläas so etwas vermitteln konnte unter den Augen Gottes wie ein königliches Bewußtsein für ihre Würde, dann mußte er von den Ordnungshütern in der Tat wie ein gefährlicher Anarchist empfunden werden. Man hat einmal gesagt, daß Jesus in dem Sinne viel revolutionärer war als Brutus oder andere Tyrannenmörder. Er hat die Throne beseitigt, indem er wie selbstverständlich an die Größe der Menschen geglaubt hat. In einem bitteren Wort über die Zustände der Macht in seinen Tagen sagt er einmal: „Die Herrscher der Völker willküren herunter auf ihre Untertanen, unter euch soll das so nicht sein." Er sagt m. a. W., daß die Menschen es so mit sich nicht machen lassen müssen und auch selber nicht machen müssen. Schon das verändert eine ganze Welt. Plötzlich werden Menschen unabhängig. – Ich sehe in unseren Tagen psychologisch vor allem in der Psychoanalyse, wie schwer das sein kann, Menschen dahin zu bekommen, die Angst auszuhalten, daß sie selbst entscheiden müssen, selber leben müssen – und dürfen. Von daher glaube ich, daß wir das Sprechen von Auferstehung tatsächlich noch deutlicher auch in die Kulturgeschichte und Religionsgeschichte hineinsetzen sollten, indem wir als erstes darin ein Bild für ein eigentliches Leben jenseits der tödlichen Macht der Angst sehen; dann gewinnen wir vermutlich erst die Perspektiven für eine Hoffnung auf ein Leben jenseits des Todes.

Schon der Ausdruck „Auferstehung" ist ja nicht biblisch begründbar, sondern von fremd hereingekommen, im Grunde erneut aus dem Alten Ägypten: Die Mumie wurde beim Ritual der Mundöffnung aufgerichtet, und das Grab hieß deshalb „der Ort, wo etwas aufsteht". Zweifellos ist Ägypten diejenige Religion gewesen, die in den Bildern von Wiedergeburt, Auferstehung und Himmelfahrt alle auch im Christentum bekannten Symbole um Jahrtausende vorweg ritualisiert und interpretiert hat. Für Jesus selber war der Gedanke einer Auferstehung von den Toten nicht neu. Im Alten Israel hat sich dieser Glaube an Auferstehung an der Frage der Märtyrer geformt: Ist es nicht zu erwarten, daß Gott mindestens für die Menschen, die ihr Leben opfern in der Anbetung und der Wertschätzung Gottes, etwas tut, das am Ende den Verräter und den Treuen nicht vollkommen gleich sein läßt? Aus diesen Erfahrungen des Märtyrertods, des Sterbens des Gerechten, wird im Frühjudentum (oder Spätjudentum) ein Ort, an dem man Vorstellungen des Hellenismus bezüglich der Auferstehung hineinholt in die Religion. Vor allem in der Bewegung der Pharisäer, der auch Jesus sehr nahesteht, wenngleich er sich mit ihr am heftigsten auseinandergesetzt hat, wird der Gedanke an Auferstehung über die fünf Bücher Moses hinaus, sehr im Unterschied zu den Sadduzäern, zum zentralen Glaubensinhalt. Und alles spricht dafür, daß Jesus in diesem Glauben groß geworden ist. Mit anderen Worten: Der Gedanke einer Auferstehung ist überhaupt nicht neu, er ist nicht begründet durch das Christentum, auch nicht durch die Person Jesu.

Dennoch stimme ich Ihnen völlig zu, daß Jesus etwas getan hat, was einzigartig ist. Er muß diesen Glauben, der religionsgeschichtlich sattsam bekannt war, auf eine Weise gelebt haben, wie es bis dahin nicht geschah. Geglaubt an das Kommen eines Reiches Gottes haben andere auch. Aber Jesus war es, der sagte: Das Reich Gottes ist nahe, es liegt in euch, es ist zum Greifen nah. Ihr müßt überhaupt nicht warten, ihr müßt lediglich die Angst vergessen und die Dinge tun, die Gott euch sagt, die ihr deutlich spürt, die eure Sehnsucht euch eingibt. Der Hinderungsgrund, endlich die Wahrheit Gottes zu leben, ist ständig die Angst, die Menschen vor dem Tod und dessen Instrumentalisierungsformen haben. Das führt dazu, daß wir ganze Teile unseres Lebens buchstäblich im Todesschatten verbringen und nicht wagen, richtig zu leben, nur um dauernd das Ende des Lebens zu vermeiden. Das muß es gewesen sein, was Jesus vor Augen hatte, als er sagte: „Fürchtet doch nicht die Leute, die euch nur physisch töten können, nehmt einzig Gott ernst." Und im übrigen: „Was man jetzt noch im stillen Kämmerlein flüstert, wird man morgen von den Dächern rufen." Es ist nicht nötig, im Vertrauen auf Gott, den Tod als letzte Macht in unserem Leben zu fürchten.

Wer das begriffen hat, verliert alle Angst vor den Menschen, und er fängt an, lebendig aufzustehen, längst vor dem Tod. Er fängt an, richtig zu leben. Das ist etwas, was im Johannesevangelium sehr deutlich wird, etwa im Kapitel 11, bei der Auferstehung des Lazarus. „Diese Welt" und „jene Welt" sind nicht zwei zeitlich getrennte Stadien, meint Johannes gegenüber Paulus, aber auch gegenüber den ersten drei Evangelien, sondern sie lagern, wirklich ägyptisch, wie zwei Schichten übereinander, und es ist lediglich die Frage: Bleiben wir Kinder der Finsternis, oder werden wir Kinder des Lichtes? Glauben wir wirklich an Gott, so daß der Tod nicht mehr das letzte Wort hat, und beginnen wir, heute richtig zu leben, oder weichen wir ständig zurück, fliehen nach rückwärts und verbiegen uns immer weiter aus Angst vor dem Tode?

Darin scheint die eigentliche Todesschuld Jesu zu liegen, daß er aufgehört hat, den Tod als letzte Macht zu fürchten. Mir ist deswegen die Szene von Getsemani so wichtig. Es ist eine Stunde, wo Jesus offensichtlich lernen muß, daß das stimmt, was, jedenfalls der christlichen Legende nach, gerade eben noch im Abendmahlssaal passiert ist: Er hat seinen eigenen Leib in die Hände der Jünger gegeben, eben der Leute also, die wenige Stunden später fliehen werden und die überhaupt nur mäßig begreifen, was er will. Aber in die Hände dieser Leute legt er in der Szene des Abendmahls alles, was er ist und was er sein wird in ein paar Stunden. Man wird ihn vorführen, auspeitschen, anspucken, jedes gerade Wort in seinem Mund wird man verbiegen. Man wird aus den Wundern aufblühender Menschlichkeit Verbrechen im Namen des Satans machen. Man wird aus der Befreiung von Menschen Aufruhr gegen das Gesetz zimmern, und er wird kein einziges Wort mehr dazu sagen können. Alle Wunder sind geschehen, alle Worte sind gesprochen worden. Er könnte im übrigen leichthin fliehen in die Berge der judäischen Wüste, aber er tut das nicht. Schon damit gilt, was er gesagt hat: Gott verdient viel mehr Vertrauen, als die Menschen uns an Furcht lehren können. Und wäre es ein Engel, der ihn dabei stärkt – das muß er durchstehen, damit wir Menschen lebendig werden, oder es wäre alles nicht gültig gewesen, was er den Menschen gesagt hat. Diese Auferstehung vor dem Tod ist in meinen Augen der Grund, weswegen man Jesus hinrichtet; hier, nicht erst nachösterlich in dem Bekenntnis zu ihm als Christus, liegt der Grund. Das ist historisch eines der wenigen Dinge, die wir ganz klar wissen: die Römer verurteilen Jesus als König Israels. Diesen Titel muß er also irgendwie gewonnen haben zu Lebzeiten, längst bevor er starb.

Nur noch einmal: Seine Königschaft war es, daß Jesus offenbar Menschen lehrte, königlich zu leben, und daß er selber wußte, wie man Todesangst bewältigt, indem man sich aufrichtet, jetzt schon, mit einem eigenen Rückgrat, und wagt, übers Wasser zu gehen.

Wenn es so steht, scheinen mir auch die späteren Ereignisse nach dem Tode Jesu nicht so unverstehbar, wie es in Ihrer Rekonstruktion dann doch als ein Auseinanderbrechen von zwei Welten mir zu sein scheint. Ich denke mit Ihnen, daß die Form, in der man

Jesus als Christus, als Auferstandenen, als Sieger über den Tod geglaubt hat, nach seinem Tode so grundverschieden nicht war von der Art, wie er sich selber zu Lebzeiten gab. Wenn man die Bilder, mit denen das Neue Testament und später die Kirche die Person Jesu beschreibt, in den Sinnbildern genügend deutet, sie also nicht vergegenständlicht und in falscher Weise veräußerlicht und objektiviert, sondern in ihrem mythischen Kolorit, in ihren Symbolbedeutungen sensibel genug ausleuchtet, also poetisch genug interpretiert, dann scheint mir das Neue Testament vollkommen recht zu haben, wenn es zum Beispiel beschreibt, daß Jesus nach seinem Tode keinem einzigen seiner Gegner erschienen ist und auch wohl nicht erscheinen konnte, mithin keinem der Pharisäer, keinem der Ankläger, keinem der Hohenpriester, aber einer Frau wie Maria von Magdala, von der Sie vorhin bereits gesprochen haben. Es sind Bilder, ohne Zweifel, genommen aus dem 5. Kapitel des Propheten Amos, wenn die Synoptiker sagen: im Augenblick des Todes Jesu bebte die Erde und verdunkelte sich die Sonne. Aber ich glaube, man muß erfahren haben, was die Bibel in Lukas 8, 2 in der Gestalt der Maria Magdalena andeutet: daß ein Leben beginnt, endlich, gegen alle Angst, so stark zu sein, daß sieben böse Geister aus einer armen Frau aus dem Fischerdorf Magdala herausgenommen werden. Ich stelle mir vor, wie Maria diesem Manne zu Füßen gesessen hat, der das wirklich sagen konnte: „Glücklich sind die Weinenden" – Worte, wie sie nie zu hören waren. Da wird ein völlig neues Leben begründet gegen all die Widersprüche, die Menschen sonst bis zum Wahnsinn treiben. Und nun am Karfreitag, bei der Ermordung Jesu soll es geschehen, daß dieser Wahnsinn erneut stärker ist als alles, was an Lebendigem von Jesus ausging. All seine Ankläger und Mörder werden sich auf Gottes Gesetz berufen, auf Kaisers Namen berufen, sie werden immer recht haben, sie werden ihre Ordnung wiederherstellen, und zwar pünktlich und genau, denn es steht fest: Diesem Mann muß man das Handwerk legen. Er wird zwischen allen Mühlsteinen zermahlen werden, und sie werden siegen, ganz gewiß werden sie siegen.

Aber was jetzt? – Sollen wir deshalb die Sache des Propheten aus

Nazaret abblasen? Eine Frau wie Maria von Magdala, die, womöglich historisch glaubwürdig, wirklich unterm Kreuz stand, nicht Jesu Mutter, sondern Maria von Magdala, muß erlebt haben in der Karfreitagsstunde, daß, wenn dies das letzte Wort wäre, jedes Leben zu Ende ist, eine Sonnenfinsternis, die nie mehr aufhört, eine Apokalypse. Ich denke, wer so empfindet, versteht, was Johannes bildhaft beschreibt, wenn er diese Frau im 20. Kapitel am Ostermorgen (im Unterschied zu den Synoptikern: *als es noch dunkel ist,* nicht erst, als schon die Sonne aufgeht) sich ans Grab begeben läßt. Wenn der Tod Jesu wirklich das letzte Wort wäre, verlöre sich das Leben in einem nicht endenden Totendienst.

So sehe ich übrigens viele Menschen leiden, deren Geliebter nicht mehr wiederkam, deren Hoffnung zerbrochen wurde und die nicht mehr weiterwissen. Von daher scheint mir, daß die Botschaft, die Maria von Magdala am Ostermorgen ausrichtet, eine entscheidende Kontinuität zum Karfreitagserleben hat. Ich möchte behaupten, daß nur die Menschen, denen der Tod Jesu als das Ende der Welt, buchstäblich als das Ende der gesamten Weltordnung erscheinen muß, sehen können, daß die Leute, die imstande waren, diesen Mann zu töten, damit lediglich bewiesen haben, daß sie überhaupt nichts anderes können, als zu töten. Sie haben gezeigt, daß sie töten können, weil sie selbst der Tod sind. Aber das Leben ist woanders. Und man muß zurückkehren an den Ort, wo all die Worte Jesu gesprochen wurden: „Geht nach Galiläa", sagt der Engel aus dem Grab. Und je mehr wir das tun: uns hinüberbegeben nach Galiläa, desto mehr wird er uns entgegenkommen. So interpretiere ich Auferstehung.

Wenn Sie dann fragen, was ist das mit der Jungfrauengeburt, sehe ich auch dort einen Zusammenhang. Ich glaube, es ist wirklich zwangloser und leichter, diese Symbolsprache aus den doch nun reich dokumentierten Bildern, etwa der Geburt der Hatschepsut in Der-el- Bahri in Oberägypten, abzuleiten. Richtig aber ist: Man muß diese Symbole so interpretieren, daß sie das Niveau erreichen, auf dem der Menschen Ängste keimen und ihre Lösungen sich gestalten. Deswegen mein langer Versuch, die Jungfrauengeburt als eine Szene wiederzugeben, die uns Heutigen verstehbar ist. Ich erlebe in der Psychoanalyse oft, daß insbesondere Frauen, in deren Leben sich etwas Entscheidendes ändert, vergleichbare Traumbilder vor sich haben: Sie gebären ein Kind, ohne zu wissen von wem, es wird auf der Flucht oder im Zustand der Vertreibung geboren, man muß sich in gewissem Sinne womöglich sogar schämen für dieses Kind, man weiß aber, es gehört zu einem, und man muß es großziehen. Das ist ein Bildkonglomerat, das immer wieder auftaucht, wenn Menschen endlich anfangen, das in sich zu verwirklichen, was sie hätten leben können und wollen, aber nie haben leben dürfen.

Die Kirche ist in meinen Augen von allen guten Geistern verlassen, wenn sie so hochsensible Bilder immer noch in einer völlig fundamentalistischen, objektivistischen und radikal abergläubischen Weise interpretiert. Die Menschen zu zwingen, an die Jungfrauengeburt biologisch zu glauben, heißt nichts anderes, als sie in den Unglauben zu treiben, förmlich wie mit Besen. Die 14jährigen sagen sich heute doch schon: Wenn das stimmen soll, geht es doch nicht um den Schoß Mariens; was man uns beibringen will, ist der bloße Sexualverzicht. Da sollen wir Jungfrauen sein und trotzdem Mütter werden. Das bedeutet: wir haben die Liebe nie zu leben. Wir sollen Frauen sein, die Kinder kriegen, aber wir sollen keine Empfindung dabei haben dürfen. Also: Die sind verrückt. Und dann kommen die Psychoanalytiker noch hinzu und erklären, daß in diesen Bildern selbstverständlich auch eine Menge ödipaler Momente liegen können, die ursprünglich in der Religion historisch nicht so begründet waren, die in der asketischen, moralisierenden Interpretation der Kirchenväter aber sehr wohl bereits grundgelegt wurden. Da ist eine Frau nur dann liebenswert, wenn sie von einem Mann nicht berührt wird. Und man muß wählen zwischen der Liebe zu Gott und der Liebe zum Menschen. Das alles sind Alternativen, von denen ich denke, daß Jesus sie überwinden wollte, und wir haben nicht das geringste Recht, sie im Namen Jesu wieder zu etablieren.

Eugen Biser: Ich sage nichts, was davon sehr verschieden wäre, wenn ich die Jungfrauengeburt auf die Auferstehung zurückbeziehe. Wenn ich aus paulinischer Sicht betone: sie ist ein lyrischer Vorgriff auf das dramatische Paradox der Auferstehung des Gekreuzigten, dann ist das doch eine Tür für viele Menschen, die am Anfang ihres Lebens stehen und die vielleicht von diesem Leben schon am Anfang enttäuscht worden sind, die also bereits Mühe haben mit ihrem Kindsein. Und erst recht kann es eine Tür für die sein, die das Leben schon in Gänze hinter sich haben, und die sich noch einmal zurücksehnen in ihr Kindsein. Diese Paradoxie der neuen Selbstwerdung halte ich für eine sehr praktikable Tür zum Gesamtmysterium des Christentums. Aber ich würde es lieber umgekehrt sehen, als eine Vorausschattung des zentralen Paradoxes der Auferstehung des Gekreuzigten, denn um dieses Paradox kommt keiner herum, der Christ sein will. Das muß er in irgendeiner Weise in die Mitte seines eigenen Lebens einbringen, sonst hat er das Zentrum des Christentums verfehlt. Ich leugne aber in gar keiner Weise, und das habe ich ja vorhin schon betont, daß die mythischen Bilder Interpretationshilfen sein können.

Doch möchte ich noch auf eine ganz andere Interpretationshilfe hinweisen, die Kunst. Es gibt im *Apostolikum* zwei Sätze, bei denen sich Theologen mit ihrer Rationalität zurückhalten sollten, weil sich hier eine kompetentere Instanz eingemischt hat, die von der Theologie leider über Jahrhunderte hinweg recht stiefmütterlich behandelt, ja überhaupt nicht richtig zur Kenntnis genommen worden ist, die christliche Kunst. Sie wissen ebensogut wie ich, daß ausgerechnet dieses Mysterium der jungfräulichen Geburt zu einem Zentralthema der künstlerischen Darstellung geworden ist. Nach einem Vorspiel im Alten Ägypten setzt die künstlerische Bezeugung schon in der Katakombenmalerei und in den Mosaiken von Santa Maria Maggiore ein, erreicht dann über die Malerei und Plastik des Mittelalters ihre volle Höhe in den Madonnenbildern der Renaissance, angefangen von Duccio, Fra Angelico und Botticelli bis hin zu Grünewalds Stuppacher und Raffaels Sixtinischer Madonna, um nur diese wenigen zu erwähnen. Ausgerechnet dieser Artikel hat aber auch eine wunderbare musikalische Interpretation gefunden. Und zwar im „Et incarnatus est" von Beethovens „Missa Solemnis". Ich kenne keine grandiosere und intimere Verdeutlichung musikalischer Art als diese sich geradezu in mystische Höhen verlierende und dann machtvoll zum „Et homo factus est" herabsteigende Episode. Hier ist der Künstler zweifellos kompetenter als der Theologe. Und nach den Komponisten dürfen auch die Dichter nicht unerwähnt bleiben, allen voran Novalis mit dem letzten seiner „Geistlichen Lieder":

> Ich sehe dich in tausend Bildern,
> Maria, lieblich ausgedrückt,
> Doch keins von allen kann dich schildern,
> Wie meine Seele dich erblickt.

> Ich weiß nur, daß der Welt Getümmel
> Mir seither wie ein Traum verweht,
> Und ein unnennbar süßer Himmel
> Mir ewig im Gemüte steht.

Wenn ich diese Bilder sehe und diese Töne höre, werde ich der Erdenschwere enthoben. Dann gewinne ich die Vorstellung von einem – jetzt drücke ich mich in der Sprache Drewermanns aus – geglückten Leben, von einem Leben, das noch einmal von vorne begonnen werden darf ohne all die Enttäuschungen, die inzwischen über den Menschen hereingebrochen sind. Deswegen plädiere ich dafür, daß man der Kunst den Vortritt in der Interpretation zubilligen möge. Und dasselbe gilt für den Artikel „Abgestiegen zu der Hölle". Auch hier hat die Kunst, wie mir scheint, das Allerwesentlichste und Entscheidendste gesagt, vor allem die byzantinische. Ich kenne keine großartigere Darstellung als die der „Anastasis" im Freskenzyklus des Choraklosters von Konstantinopel. Da erscheint der Auferstandene im Lichtgewand seiner Herrlichkeit, herabgestiegen ins Dunkel der Unterwelt, deren Pforten er mit seiner sieghaften Kraft aufgesprengt hat. Mit seinen Händen ergreift er die von Adam und Eva, denen sich die Patriarchen, Propheten und Könige der Vorzeit anschließen, um sie ins Licht seiner Freiheit und Lebensfülle emporzureißen. Großartiger kann man diesen Artikel eigentlich nicht mehr interpretieren, wobei wir selbstverständlich das bereits Gesagte nicht vergessen wollen: daß Jesus schon bei Lebzeiten eine Hadesfahrt zu den Erniedrigten und Beleidigten seiner Zeit angetreten hat.

Eugen Drewermann: Mythos und Kunst gehören eng zusammen. Die mythische Religiosität besteht ja gerade darin, in fast pantheistischer Weise die gesamte Welt durchscheinend zu machen auf das Göttliche hin. Sie ist in diesem Sinn in sich selber hochpoetisch, lyrisch, voller Gesang und voller Verzauberung, voller geheimer Magie. Mir liegt sehr daran, zu betonen, daß die Quelle, aus welcher der Mythos ebenso wie die Kunst schöpft, das große Reservoir und der Bilderreichtum der menschlichen Seele selber ist.

Eine Schwierigkeit indessen bietet sich dadurch, daß sich die Kirche zwar des Dienstes der Künstler gerne versichert, sich auch in einem gewissen Mäzenatentum, wenigstens bis in die Barockzeit hinein, ihre Künstlerlogen gehalten hat, dann aber Angst bekommt, weil in der Neuzeit die Kunst viel zu frei wird und das Leben der Künstler geradewegs der kirchlichen Moral gefährlich. Aber was war denn Jesus unter anderem anderes als ein begnadeter großartiger Dichter? Offenbar ist es der Kirche zu unkontrollierbar, die Bedingungen zu akzeptieren, unter denen etwa ein Gauguin in der Südsee malen wollte – seine „Madonna" zum Beispiel: Da sieht man eine einfache Frau unter Tieren. Wer Gott nicht sieht im ganz einfachen Leben, wollte Gauguin sagen, der wird ihn nirgendwo finden. Das ist eine der Weisheiten Jesu. Darum liegt mir noch einmal daran, die Geschichte einfacher zu erzählen, auf die wir uns beziehen.

Wenn wir von Christus sprechen und davon, was mit ihm alles passiert ist, dann ist das für die meisten Menschen, glaube ich, heute alles sehr weit weg. Außerdem müssen wir noch eine Reihe von historischen Hypothesen hinzufügen, um dies und das zu erläutern, oder eine Reihe von Kommentaren des Bildungswissens aufführen. Das Problem ist – es stellt für mich eine der furchtbarsten Tatsachen unserer Zeit dar –, daß nach einer Spiegel-Umfrage im März des Jahres 1992 ganze 30 Prozent hier in Deutschland glauben mochten, daß es so etwas gäbe wie ein Leben nach dem Tode. Nach zweitausend Jahren christlicher Verkündigung hat demnach höchstens ein Drittel der Menschen noch irgendeine Vorstellung, daß nach dem Tode etwas zu erhoffen wäre. Darum scheint mir die ganze Theologen-Rede von der Auferstehung Christi falsch herum aufgehängt zu sein. Als erstes sollten wir den Menschen Mut machen, Elemente zu sammeln, die sie sehnsüchtig machen können, zu hoffen, es gäbe noch ein anderes Leben.

Und wieder weiß ich da überhaupt nichts anderes zu beschwören als die Sprache der Liebe selber.

Darum ist zum Beispiel Maria von Magdala für mich ein Bild, auch um zu verstehen, was es mit Jesus auf sich hat und mit dem Glauben: Wir könnten den Tod besiegen durch die Macht der Liebe, sagt mir die Gestalt der Maria, dieser ersten Zeugin der Auferstehung, dieser christlichen Ischtar, Isis oder Alkmene. Eichendorff hat das einmal sehr schön gesagt: „Trennung kann man Tod wohl nennen, denn wer weiß, wohin wir gehen. Tod ist nur ein kurzes Trennen, auf ein ewiges Wiedersehen." Allein diese Hoffnung im Leben von Menschen zu begründen, ist für mich, aus meiner Erfahrung jedenfalls, außerordentlich schwer. Es ist doch paradox: Viele von den Leuten, die heute in die Kirche gehen, Sonntag um Sonntag, sie gehen sogar beichten, sie empfangen die Eucharistie, sie sind in allem, was die Regel, die Ordnung ihnen vorschreibt, wie perfekt – aber daß sie eine Persönlichkeit haben, ausgestattet mit dem Horizont von Unendlichkeit, das vermögen sie überhaupt nicht zu glauben. Ihr Empfinden, gerade weil sie so pünktlich alles befolgen, was die Kirche will, sagt ihnen, daß sie wie Blätter am Baum sind, die jederzeit abgerissen werden können, wie der Tanz von Schneeflocken im Wind.

Die Botschaft: Es läßt sich hoffen darauf, daß wir uns wiedersehen, ist eine der ältesten Inhalte der gesamten Religionsgeschichte.

Wir brauchen diese Sehnsucht, um überhaupt zu verstehen, wer Jesus ist und was er wollte. Selbst Paulus kann ja nur so argumentieren: Wenn es keine Auferstehung gibt, dann ist auch Jesus nicht auferstanden. Das heißt: Der Glaube an die Auferstehung ist die Voraussetzung, um für möglich zu halten, was in Jesus geschah.

Manche Archäologen bzw. Paläontologen glauben für gesichert halten zu dürfen, daß um siebzigtausend Jahre vor uns, in den Höhlen von Schanidar II, auf der Stufe des Neandertalers also, Menschen bereits daran glauben mochten, daß ihre verstorbenen Angehörigen nicht einfach nur starben. Man gab ihnen Blumen bei, man bemalte sie mit Ocker, man akzeptierte nicht den Tod als letztes Wort, sondern man sagte sich, wenn die Menschen schon sterben wie das Gras, dann sollen sie auch blühen wie das Gras. Die Natur versichert uns, wohin wir schauen, daß so etwas möglich ist. Mir sind diese alten Chiffren sehr kostbar.

Dann fragen Sie: Was bedeutet Auferstehung Christi, welche Erfahrung verbirgt sich dahinter?

Sie sagten vorhin: Jesus hat doch das wirklich gelebt in seinem Leben: Lahme gehen, Blinde sehen, Tote stehen auf. Für mich war es ganz überraschend, diese Visionen bereits im Alten Ägypten kennenzulernen als Hoffnung für das Jenseits. Da werde das sein, verheißen die altägyptischen Jenseitsbücher: Blinden gehen die Augen auf, der Tod umdüstert uns nicht, sondern wir schauen ins Licht; der Tod öffnet ins wirkliche Licht. Das Erstaunliche des Lebens Jesu ist, daß er all die Dinge, die man sich erhofft hat für ein Leben nach dem Tode, vorzieht und sie jetzt in diesem seinem Leben realisiert. Da wird apokalyptischer Glaube für ein Leben nach dem Untergang der Welt so existentialisiert, so personalisiert, daß alle zukünftige Hoffnung jetzt und hier und heute als real in seiner Person für möglich gehalten wird. Und das Vertrauen soll jetzt weitergehen: Das Reich Gottes ist keine Utopie, die Liebe kein Wahn, das Leben möglich, die Freiheit realisierbar. Und es gilt nicht mehr, darauf zu warten. Da wird der Tod widerlegt, jetzt schon. Da ist die Ordnung, die wir kennen, zu Ende, denn sie kann nichts weiter, als den Tod zu instrumentalisieren.

Wenn ich dann gefragt werde, wie erscheint Jesus, zitiere ich gerne ein Stück Dichtung, etwa aus dem Munde des Spaniers Juan Ramón Jiménez, der das folgende in bezug zu Gott sagt; mir aber scheint, es sei nicht minder anwendbar auf die Person Jesu, der für mich die Transparenz Gottes selber ist; er sagt: „Du bist die Grazie, die keinen Sockel duldet, die keine Krone duldet, die krönt und stützt und ist doch schwerelos. Du bist die freie Anmut, die Herrlichkeit des Gefallens, die ewige Sympathie, der Genuß des Schauders, der Lichtquell der Hellsicht, der Urgrund der Liebe, der Horizont, der nichts verhüllt. Die Transparenz Gott, die Transparenz, der eine endlich Gott, nun eingewöhnt in meine Einzigkeit, in die Welt, die ich durch dich und für dich erschaffen habe."

Eugen Biser: Ja, das ist ja eigentlich schon eine Antwort auf Ihre Frage, was bedeutet Jesus für uns?

Michael Albus: Ich will jetzt von Ihnen wirklich persönlich hören, wer für Sie, für Ihr Leben, das nun schon 75 Jahre währt, Jesus ist.

Eugen Biser: In dem zuletzt Gesagten scheint mir tatsächlich etwas ganz Essentielles zum Vorschein gekommen zu sein. Ich sehe Sie, Herr Drewermann, in einer Art Antiposition zur modernen Lebenswelt. Max Weber hat sie als die Welt der Entzauberung geschildert, als eine Welt, in der es kein Geheimnis mehr gibt und auch keines mehr geben darf und infolgedessen auch keinen Tod. Aber nicht etwa deswegen, weil der Tod überwunden wäre, sondern weil er vollständig ausgegrenzt und verdrängt wird, weil die perfekte Todesverdrängung gelungen ist. Wenn ich nun Ihre sehr poetische Sprache höre, gewinne ich den Eindruck, daß Sie sich in den Dienst der notwendigen Wiederverzauberung dieser entgöttlichten, dieser geheimnislos gemachten und radikal entzauberten Welt stellen. Dabei bieten Sie das Evangelium auf, um das zu bewerkstelligen, und Sie rekurrieren in diesem Zusammenhang sogar auf die Gestalt Jesu. Ich habe mit großer Spannung Ihre Darstellung des Lebens Jesu verfolgt. Denn ich habe sie so noch nie zu hören bekommen. Dieses Verständnis Jesu kann ich weitgehend teilen. Man kann sein ganzes Wirken so interpretieren, daß er in seiner Person eine neue Ordnung aufleuchten ließ, eine neue Lebensmöglichkeit, in welcher der Tod sein Recht verwirkt hat und nicht mehr das letzte Wort behält, sondern in der Todüberwindung möglich ist. Und auch darin stimme ich Ihnen zu, daß seine Predigt, auch seine Wundertätigkeit eigentlich eine Vorwegnahme dessen waren, eine verbale, eine im Erweisen der Barmherzigkeit getätigte Vorwegnahme dessen, was ihm dann im Ereignis seiner Auferstehung konkret widerfuhr.

Zum Begriff der Auferstehung möchte ich allerdings bemerken, daß er keineswegs auf so griffige Weise bereitlag, wie man heute annehmen möchte. Zwar gab es ihn in der apokalyptischen Vorstellungswelt des damaligen Judentums, aber nicht so, daß ihn die Zeugen der Osterereignisse ohne weiteres hätten aufgreifen und auf ihr Erlebnis anwenden können. Beim Versuch, dieses zu verbalisieren sprach man nach heutiger Erkenntnis mit Paulus zunächst von „Offenbarung", in einem zweiten Anlauf dann von der „Erhöhung" und dann erst, wie es für uns selbstverständlich geworden ist, von der „Auferstehung". Und schon gar nicht rechnete irgend jemand im urchristlichen Umfeld damit, daß sich so etwas wie „Auferstehung" in der ablaufenden Geschichte, also in „Raum und Zeit" ereignen könne, wie es die Osterzeugen mit ihrem Protokollsatz „Ich habe den Herrn gesehen" zum Ausdruck brachten. Das schließt aber keineswegs aus, daß Jesus, wie Sie es eindrucksvoll beschrieben haben, seine Auferstehung in seinem Wort und Handeln vorweggenommen und als die große neue Lebensmöglichkeit dargestellt hat. Denn das, was er sagte, hat er gelebt; und umgekehrt war seine Predigt letztlich eine einzige Selbstauslegung, eine fortwährende Explikation dessen, was er war.

Der Prager Philosoph Milan Machovec hat 1972 in seinem berühmt gewordenen Buch „Jesus für Atheisten" die Frage gestellt: Wem verdankt Jesus seine ungeheure Wirksamkeit? Womit vermochte er die Welt in Brand zu setzen? Er sagt ja: „Feuer auf die Erde zu werfen bin ich gekommen, und was will ich anderes, als daß es brenne?" Machovec antwortet auf die von ihm aufgeworfene Frage: Nicht wegen der Überlegenheit seines Programms. Seine Thesen kann man schon im Alten Testament oder auch im religiösen Umfeld seiner Zeit finden. Entscheidend ist vielmehr, daß er mit seinem Lebensprogramm identisch war. Der große Theologe des Frühchristentums Origenes nannte ihn deshalb die „autobasileia", also das „Reich Gottes in Person". Das ist für mich – und damit komme ich nun zur direkten Beantwortung der von Herrn Albus an mich gerichteten Frage – zum Angelpunkt meines Verhältnisses zu Jesus geworden. Er unterscheidet sich nach Kierkegaard, dem Kronzeugen unseres Gesprächs, in zweifacher Hinsicht von allen anderen, auch den Größten der Menschheit. Erstens dadurch, daß er als Person alle von ihm ausgehenden Wirkungen überragt. Und zweitens dadurch, daß er sich in seinen Gaben selber gibt. Darin unterscheidet er sich, wie ich schon einmal hervorgehoben habe, selbst von den größten Wohltätern der Menschheit. Auch er verstand sich wie Platon als Lichtbringer. Er wollte die Finsternis vertreiben: in den Herzen, im Denken und zumal in den Glaubensvorstellungen der ihn umgebenden Menschen. Ebenso erstrebt er eine Hebung der Sittlichkeit, da die Bosheit für ihn nicht erst in der verkehrten Tat besteht, sondern schon im Herzen des Täters ihren Anfang nimmt. Gleiches gilt von der Vermenschlichung der sozialen Verhältnisse. Denn dem von Ihnen angeführten Wort zufolge erträgt er es nicht, daß Menschen von ihren Herrschern unterdrückt und manipuliert werden. „Bei euch soll es nicht so sein; vielmehr soll sich der, der an der Spitze stehen möchte, an den letzten Platz stellen und der, der herrschen möchte, zum Diener von allen werden." Zweifellos eines der revolutionärsten Worte, die jemals in die Menschheitsgeschichte hineingerufen wurden!

Obwohl er darin mit anderen Helfern der Menschheit einig geht, unterscheidet er sich von ihnen jedoch zentral durch die mit seinen Gewährungen verbundene Selbstübereignung. Deshalb erreichen die Reden Jesu in der Sicht Kierkegaards einen Höhepunkt in dem Schlüsselwort „Ich bin das Brot des Lebens", mit dem er seinem Lebens- und Liebeswillen den luzidesten und suggestivsten Ausdruck verleiht, mit dem er dann freilich auch, wie die Reaktion der Hörer beweist, sein Schicksal heraufbeschwört. Was ihnen als unerträgliche Überforderung erscheinen mußte – ein Liebeswille, der auf Lebensgemeinschaft und Herzenstausch abzielte –, ist uns heute, in der Stunde des umfassenden Sinn- und Identitätsverlustes, buchstäblich aus der Seele gesprochen.

Wie Sie wissen, vertrete ich seit vielen Jahren die These der Glaubenswende. Danach erfährt der Glaube, ohne seine Identität zu verlieren, in der gegenwärtigen Stunde seiner Geschichte, einen mehrfachen Perspektivenwandel, der zusammen mit der Frage seiner Begründung insbesondere die der in ihn gesetzten Erwartung betrifft. Seine Zustimmung zur Glaubenslehre bindet der heutige Christ nicht mehr wie der der vorkonziliaren Zeit an Argumente, die das Dasein Gottes, die Gottesoffenbarung in Christus und die von ihm gestiftete Kirche betreffen. Sein Grundsatz lautet vielmehr: Gib mir Erfahrung, und ich glaube!

Aufs engste hängt damit die von Ihnen, Herr Drewermann, geweckte Glaubenserwartung zusammen. Dem heutigen Christen ist mit der stereotypen Wiederholung der alten Sätze nicht mehr gedient. Er möchte vielmehr den Inhalt erleben, den diese Sätze wie ein Gefäß umschließen, und er möchte den vernehmen, den diese Sätze meinen und der durch sie zu ihm spricht. Dafür bietet sich ihm jedoch nach meiner Überzeugung kein kompetenterer Helfer an als Paulus, den ich deswegen als den „antwortenden" – auf unsere Fragen antwortenden und auf unsere Erwartungen eingehenden – Zeugen genannt habe. Denn er ist unter allen Osterzeugen – und seine Damaskusvision war für ihn bekanntlich eine Begegnung mit dem Auferstandenen – der einzige, der Auskunft über seine österliche Erfahrung gibt. Seine Äußerungen sind freilich sternenweit von den Selbstenthüllungen entfernt, wie sie heute üblich sind. Außerdem steht er am Anfang des konfessorischen Redens, dem er maßgeblich zum Durchbruch verhalf. Wenn man das berücksichtigt, ist es erstaunlich viel, wenn er von seiner Damaskusstunde sagt, daß ihm Gott das Geheimnis seines

Sohnes „geoffenbart", also ins Herz gesprochen habe, daß ihm die Herrlichkeit Gottes, die schon im Alten Testament gerühmte Kabod Jahwe, auf dem Antlitz des Auferstandenen aufgestrahlt sei und daß er von Christus in einer Weise ergriffen worden sei, daß ihm sein Leben fortan in dem Wunsch bestehe, ihn nun seinerseits immer vollkommener zu begreifen.

Ich hoffe, daß bei diesen letzten Worten fühlbar geworden ist, daß ich nicht nur referierend von Paulus und seinem Christuserlebnis gesprochen habe. Denn das Gesagte war bereits zugleich die Antwort auf Ihre Frage nach meiner ganz persönlichen Jesusbeziehung. Bei keinem anderen, mit dem ich mich auseinandergesetzt habe, angefangen von Platon bis hin zu Nikolaus von Kues, Pascal, Kierkegaard und Nietzsche, habe ich auch nur ansatzweise das finden können, was ich bei Jesus finde. Hier tritt mir der entgegen, der sich zum Brot meines Lebens, also zu meinem Lebensinhalt, machen will. Für Kierkegaard ist das ja zugleich der Anfang der Passion. Denn darauf reagieren die Menschen mit Ablehnung und Abscheu. „Diese Rede ist hart. Wer kann sich diesen Unsinn anhören?" Sie haben alles andere von ihm erwartet, aber doch nicht dies! Aber für mich ist ausgerechnet diese Selbstübereignung das Spezifikum Jesu. Er ist derjenige, der seine Identität offensichtlich auf einem dem unseren entgegengesetzten Weg findet. Wir werden wir selbst in Akten der Abgrenzung und Unterscheidung. Ich muß „es" und „du" sagen, um „ich" sagen zu können. Wir können nicht anders, wohl aber er. Er findet zu sich, indem er sich hingibt und verschenkt. Darin macht er sich angewiesen auf unsere Zustimmung und Zuwendung zu ihm. Das ist der Glaube, um den ich mich bemühe.

Eugen Drewermann: Wenn ich Ihnen zuhöre, Herr Biser, kann ich das sehr gut mit großer Übereinstimmung und Dankbarkeit mitvollziehen, was Sie meinen. Und doch gibt es für mich ein Problem, für das Sie nichts können, das aber mit den Grenzen der Akademischen Theologie zu tun hat: Es ist fast 25 Jahre her, daß ich die Sprache, in der Sie theologisch sprechen, selber noch so geredet habe. Ich mußte sie verlernen, um das, woran wir beide glauben, so zu sagen, daß es den Leuten und mir selber einfacher verstehbar ist. Drum drücke ich das, was Sie sagen, ergänzend einmal so aus: Mir hat, was Auferstehung bedeuten kann, auf ihre Weise eine Frau einmal klargemacht auf einem Friedhof. Sie sagte: „Das ist der Friedhof für Gefallene aus dem Zweiten Weltkrieg. Mein Mann ist nicht darunter, er ist vermißt, nimmt man an. Ich habe auf ihn gewartet, dürfen Sie mir glauben, zwanzig Jahre lang. Ich weiß jetzt, daß ich nicht nach rückwärts gucken darf, um ihn zu finden. Ich bin selber alt genug und werde bald sterben. Ich muß nach vorne gucken, um ihn wiederzusehen. Sehen Sie: die Schwalben fliegen jetzt um diesen Kirchturm, aber sie werden bald nach Süden ziehen, denn sie wollen nur da sein, wo der Sommer ist." Für mich ist das sehr viel, wenn Menschen anfangen, solche Bilder zu träumen und wirklich ernst zu nehmen, denn dieser Raum der Liebe, die sich hinauswirft über den Tod, das ist für mich der erste Ansatz, um überhaupt zu verstehen, was Jesus war und wollte.

Ein anderes können wir theologisch noch erörtern: Welche Symbolebenen und -schichten sind die früheren. Eine symbolische Ausdrucksform ist leider ein Stück untergegangen, die aber doch zeigen kann, wer Jesus war. Bereits in den altägyptischen Pyramidentexten taucht die Vorstellung auf, daß der Pharao im Moment seines Todes zur Rechten der Sonne versetzt wird. Dieses Bekenntnis der Himmelfahrt ist tatsächlich sehr früh, vielleicht noch früher als die Chiffre Auferstehung. Jesus wurde zum König, indem er an die Seite Gottes erhoben wurde, so lautet auch die neutestamentliche Botschaft, aber wir haben dieses Bild wieder in ein historisierendes, metaphysizierendes, objektivierendes Dogma verwandelt. Wenn ich ausgehe von der Gestalt der Maria von Magdala, möchte ich es so wiedergeben: Jedes Wort, gesprochen am See von Gennesaret, ist die reine Wahrheit. Wenn irgend etwas gilt, dann sind es diese Worte einer reinen Güte. „Was ihr dem Geringsten getan habt, das habt ihr mir getan." So etwas steht wörtlich am oder auf dem Throne Gottes.

Und ich erweitere das jetzt einmal, weil wir die christologischen Bekenntnisse immer nur für uns als Christen reservieren. Im 25. Kapitel des Matthäus sagt Jesus: Es wird, wenn es darauf ankommt, nur eine einzige Frage an euch gerichtet werden: Wie seid ihr umgegangen mit den Menschen, die in Not waren? Da wird es viele geben, die an Gott überhaupt nicht gedacht haben. Sie sind nur ihrem Herzen gefolgt und in das Gefängnis gegangen, haben den Nackten bekleidet oder ihn so angeschaut, daß er aufhörte, sich zu schämen. Gott selber wird euch am Jüngsten Tage erklären, daß er es war, den ihr in ihm gesehen habt.

Solche Gedanken einer universalen Güte aus dem Munde Jesu sind für mich die Grundlage, ihn an der rechten Seite Gottes zu sehen und zu sagen: Wenn es wirklich einen Maßstab gibt auf dieser Welt, dann ist es dieser. Darauf muß ich schauen, um mich auf Erden zurechtzufinden. Das gilt, unangreifbar, evident. Das hat Macht und verändernde Kraft und Größe in sich selber. Aber es ist nicht mehr dogmatisierbar. Es braucht auch kein eigenes christologisches Dogma.

Den meisten fällt es heute unglaublich schwer zu sagen: Jesus ist der Sohn Gottes, oder er ist die zweite Person der dreifaltigen Gottheit. Paul Tillich hat einmal gesagt: Gott, was immer das heißen mag, ist empirisch das, worauf ich unbedingt verwiesen bin, er ist das, was mich unbedingt angeht. Wenn ich irgend jemandem begegne, der sagt, er lebe von der Person Jesu her, so wie Sie das eben taten, können die Ausdrucksweisen, die Sprachspiele, die dogmatischen Kategorien sein, wie sie wollen. Dann wird in all diesen Sprachspielen im Grunde doch beschrieben, was Petrus erlebt im 14. Kapitel des Matthäus: Es muß möglich sein, das Boot zu verlassen und übers Wasser zu gehen, und der Abgrund wird tragen im Blick auf den Mann, der von der anderen Uferseite auf uns zukommt.

Kierkegaard hat also recht: Jesus ist voller Mysterien. Aber sie liegen nicht in bestimmten Tatsachen oder Paradoxien einer abergläubischen Bibelexegese begründet, sie liegen ganz und gar in der Existenz selber.

227

Ich spreche jetzt einmal ganz persönlich: Wenn ich selber nicht mehr weiterweiß, weil ich mich sehr müde fühle, entsinne ich mich, wie Sie es eben schilderten, Herr Biser, daß auch Jesus müde sein konnte, so, daß er die Leute stehen ließ und sich ins Boot setzte, um zu schlafen. Aber er fand sie augenblicklich wieder an der anderen Uferseite. Und zwischendrin kam noch ein Sturm, den er beruhigen mußte. Wenn ich überhaupt nicht weiterweiß, denke ich, daß Jesus nicht so war, wie die Theologen ihn lehren: ein Mann, der durch die Dörfer ging und als Sohn Gottes alles tun konnte, was er wollte. Die Bibel erzählt, es gab ganze Dörfer in Galiläa, in denen er kein einziges Wunder wirken konnte, weil er den Glauben, das Vertrauen nicht zu erzeugen vermochte, das stark genug war, die Angst zu überwinden, die die Krankheiten erzeugt. Ich fühle mich sehr nah bei ihm. Ich sage mir, er mußte das aushalten und in die Hände Gottes legen, wie so vieles, wie sein ganzes Leben. Wenn ich höre, daß man beste Absichten auf den Kopf stellen kann, indem man sie total mißversteht, sage ich mir, es geht mit rechten Dingen zu. Jesus hat doch selber so gesagt: Wenn sie euch loben und mit Titeln umhäufen, wenn sie euch eine fertige Karriere wie einen ausgerollten Teppich vor die Füße legen, dann hütet euch. Aber wenn sie euch in die Enge treiben, wenn sie alles auf den Kopf stellen, was ihr wirklich wollt, wenn sie absichtlich kein Wort mehr so nehmen, wie ihr es meint, dann hat das mindestens eine gewisse Wahrscheinlichkeit, der Sache Gottes näher zu kommen. Das tröstet mich. Wenn ich sehe, daß Haß schlimmer sein kann als der Tod, denn er vernichtet nicht nur die Existenz, er vernichtet die Person, und ich stehe ratlos davor, dann bedeutet für mich Jesus eine Kraft und Energie, all dem, so gut ich irgend kann, mit Geduld zu begegnen und mit dem Willen, zu verstehen. Manchmal gibt seine Person mir Halt genug, auch in meinem Leben auszuhalten. Ich will das nicht das Kreuz nennen. Ich habe überhaupt eine große Skepsis vor sehr großen Worten. Darum sage ich es lieber mit den Worten Jochen Kleppers. Er konnte an der Seite seiner jüdischen Frau, die all das, woran er glaubte im Namen Christi, nicht glaubte, dennoch gemeinsam in den Tod gehen, um sie nicht zu verlassen. Und in sein Tagebuch konnte er schreiben: „Die letzten Jahre sind damit zugegangen, ein paar Worte aus dem Munde Jesu tiefer zu verstehen." Ich habe es noch nie anders erlebt, als daß Jesus ein Stück besser zu verstehen identisch damit ist, auch sich selber besser zu verstehen, und umgekehrt: Der Mut, der von den Worten des Neuen Testamentes ausgeht, hilft, Dinge einzugehen und durchzuhalten, auf die ich sonst nie gekommen wäre. Das macht mich dankbar und froh.

Ewiges Leben – Gott alles in allem

Michael Albus: Und der letzte Satz im Tagebuch von Jochen Klepper heißt – mit Blick auf das Kreuz: „In dessen Anblick endet unser Leben."

Für die meisten Menschen heute, wenn man nicht nur Umfragen glauben darf, sondern auch ihrem Lebensverständnis, auch der Lebensgestaltung, so wie man sie täglich erlebt, ist etwas unverständlich geworden, was aber trotzdem ihr ganzes Leben durchwirkt: die Sehnsucht nach Auferstehung und ewigem Leben. Diese Antinomie zwischen Unverständnis einerseits und Sehnsucht andererseits, die manchmal fast skurrile und apokalyptische Formen annimmt, müssen wir am Schluß noch kurz ansprechen. Was heißt Auferstehung und ewiges Leben im Kontext der heutigen Zeit, die wir ganz am Anfang unseres Gespräches erörtert haben, aber auch vom Verständnis der Glaubens her?

Eugen Biser: Wenn wir noch einmal auf den Begriff Auferstehung kommen, müssen wir zunächst festhalten: Er kann nie auf Jesus allein bezogen werden. Auferstehung Jesu bedeutet, daß das letzte Kapitel der Weltgeschichte mit ihr begonnen hat. Es heißt, daß mit ihr das seinen Anfang nimmt, was Jesus mit ganzer Energie, mit ganzer Kreativität in die Welt hineingerufen hat: das Reich Gottes. Das Reich des lebendigen Gottes, der kein Gott der Toten ist, sondern ein Gott der Lebenden, von dem es deshalb heißt: „ihm leben alle". Dieser Gott spricht in der Auferstehung Jesu sein letztes Wort zur Menschheitsgeschichte. Und das besagt: Mit ihr beginnt, wenn auch nur an dem einen sichtbar, der Äon, der im Zeichen der Todüberwindung steht. Auch dabei halte ich mich an Paulus. Denn bei ihm findet sich sowohl das traditionell-apokalyptische wie ein alle diese Vorstellungen grandios überholendes Bild vom Weltende. Das erste sogar wiederholt, besonders drastisch ausgemalt im Brief an die Gemeinde von Thessalonike, dem ersten Paulusbrief überhaupt. Da ist vom Befehlsruf des Erzengels und von der „Posaune Gottes" die Rede, bei deren Klang die Toten auferstehen, um dem wiederkommenden Herrn auf den Wolken des Himmels entgegenzuziehen. Doch eingebettet in solche Vorstellungen findet sich bei ihm dann jene ebenso ungewohnte wie großartige Konzeption, die das Ende der Weltgeschichte als einen gegenseitigen Unterwerfungsakt deutet. Jesus, dem die Welt so übel mitgespielt hat, muß jetzt über sie und alle seine Widersacher herrschen. Weil er soviel Unrecht erlitt, muß ihm jetzt Gerechtigkeit widerfahren. Weil er sich zum Diener aller machte, muß er zum Allherrscher erhoben werden. Über den Anfang der sich nunmehr vollziehenden Unterwerfung schweigt sich Paulus aus. Er versichert lediglich, daß ihm als letzter Feind der Tod unterworfen wird. Dann aber ereignet sich eine grandiose Umkehrung des bisherigen Geschehens: „Nachdem ihm alles unterworfen ist, wird er sich dem unterwerfen, der ihm alles unterworfen hat, damit Gott alles und in allem sei." Zurückgenommen wird alles, was die Welt bisher gestaltet und bestimmt hat, in erster Linie das Gesetz der universalen Todverfallenheit. Zurückgenommen in den, durch den, für den und in dem alles ist. Der Johannesprolog hat dafür das Bild des Eingeborenen, der ewig am Herzen des Vaters ruht.

So krönt Paulus seine Botschaft mit dem Bild der Liebe, die den ihr zugefügten Tod dadurch beantwortet, daß sie die Todverfallenheit der Welt in sich aufnimmt und sich als das alle Negativität des Daseins überwindende Lebensprinzip erweist. Weil das, wie es vom Frieden Gottes gesagt wird, alles Begreifen übersteigt, spricht die Bibel davon lieber in Bildern: im Bild vom Vaterhaus mit den vielen Wohnungen, im Bild von der ewigen Mahlgemeinschaft und im Bild vom göttlichen Vollender, der alle Tränen von den Augen der Trauernden abwischt und alle Sehnsucht mit der Zusicherung beantwortet: „Seht, ich mache alles neu!"

In der Credo-Fuge von Beethovens „Missa Solemnis" hat die Musik das in ein hinreißendes Tonsymbol umgesetzt, wenn es auf ihrem Höhepunkt zu einer Art Inversion kommt. Bis dahin haben sich die Stimmen bei dem „Et vitam venturi saeculi" ständig emporgesteigert; doch jetzt gerät das Stimmengeflecht in eine Eigenbewegung, so daß das Gefühl einer musikalischen Schwerelosigkeit entsteht. Es ist, als habe das Ziel, dem der Gesang entgegenstrebt, das Gesetz des Geschehens an sich gezogen, jenes Ziel, das Paulus mit der unausdenklichen Wendung „Gott alles und in allem" umschreibt. Ja, es ist, als wolle das ewige Leben, das hier so suggestiv besungen wird, die Singenden für einen Augenblick in sich aufnehmen oder sie doch mit einem Vorgefühl seines Glückes beschenken. Und ist mit diesem Vorgefühl nicht mehr als mit aller Begrifflichkeit gesagt?

Eugen Drewermann: Ich suche ergänzend zu dem, was Sie sagen, noch einmal nach einfacheren Worten. Denn ein Problem scheint mir darin zu liegen, daß wir, je mehr wir versucht haben in diesem Gespräch, die Botschaft Jesu auszulegen, den Abstand zur Wirklichkeit und auch zu uns selber um so deutlicher begreifen. Auf der einen Seite ist mir das so evident: Alles, was Jesus wollte, müßte unbedingt geschehen. Predige ich aber über die Bergpredigt, halte ich Vorträge über Matthäus 5—7, stehen mit Sicherheit am Ende fromme Leute, Kirchenangehörige, auf und werden mir erklären: Das ist alles wunderschön und gut, aber es geht nicht. Denn: Wir brauchen eine Rüstungsindustrie, wir brauchen unsere Wirtschaft, der Kapitalismus ist nicht nur falsch, er ist auch produktiv, und Sie haben kein Recht, uns dauernd Schuldgefühle für unsere Wirtschafts- und Sicherheitspolitik zu machen. Dann kann ich wieder von vorn anfangen und sagen: Schuldgefühle wollte ich gar nicht machen, aber befreien von Zwängen wollte ich im Sinne

Jesu, die gar nicht nötig wären. Das will man dann kaum noch hören. Am schlimmsten beunruhigt mich bei all dem, daß die Kirche selber so tut, wie wenn sie einen Anspruch auf diesen Jesus von Nazaret hätte, der kam, um das Reich Gottes als gegenwärtige Erfahrung zu ermöglichen und in seiner Person selbst zu sein. Die Hoffnung der Propheten Israels sollte keinen Aufschub dulden. Die Kirche indessen erklärt bis heute, daß wir ein gutes Recht hätten, alle möglichen Dinge anders zu machen, als Jesus das erklärtermaßen wollte. Sie schiebt sich sozusagen zwischen die Botschaft des Mannes aus Nazaret und die Menschen, um Dinge zu verwalten, die ganz deutlich abweichen von dem, was Jesus beabsichtigte. Daß die Politik und die Zeitgeschichte so nicht ist, wie sie sein sollte, daran habe ich mich gewöhnt. Aber mindestens in der Kirche sollte doch die Unruhe der Botschaft Jesu möglich sein. Der kirchliche Verrat an Jesus sollte doch nicht dauernd legitimiert werden, womöglich noch mit dem Reden der Theologen vom Heiligen Geist und der besonderen Vorsehung Gottes in dieser Kirche der angepaßten Doppelbödigkeit.

Ich gebe denjenigen ganz recht, die sagen, die Hoffnung auf das Reich Gottes beantwortet nicht eine einzige Frage der Zerstörung der Umwelt. Ich sage auch: Gott ist nicht dafür da, unsere Fehler auszubaden. Und der schönste Vorsehungsglaube rechtfertigt keine Leichtsinnigkeit in Fragen der Ökologie oder des Umgangs mit der Welt, die uns umgibt. Auf der anderen Seite glaube ich natürlich auch, daß die Realität, die wir uns schaffen, buchstäblich am Abgrund lagert. Wir entdecken heute, daß die Bergpredigt womöglich das einzig verbleibende Alternativprogramm ist z. B. im Umgang mit der menschlichen Aggression: daß man die Aggression überwindet durch Nacharbeiten der Ursachen, durch gegenseitige Maßnahmen des Vertrauens und durch Standhalten der Angst gegenüber und daß Schluß damit sein muß, auf Angst immer wieder nur mit Gegengewalt und neuer Drohung zu reagieren. Wir richten die Welt allein dadurch zugrunde, wie wir mit dem Aggressionspotential in unserer Seele immer noch wie in der Steinzeit umgehen. Und kein Gott wird uns vor den Folgen retten, das

denke ich gerade als Theologe. Mehr kann Gott im Himmel nic̲
tun, als uns all die Dinge zu sagen, die uns Jesus gesagt hat. Wem
das nicht genügt, dem ist ganz offensichtlich nicht mehr̓ zu helfen.
Das glaube ich inzwischen.

Ich sehe aber immer noch selbst unsere Kirche involviert in den
Zerstörungsprozeß. Sie drückt sich mit hundert Ausreden vor der
Radikalität, die im Sinne Jesu sein sollte. Auch das war ja Kierke-
gaard: „Schau zum Fenster raus", meinte er, „was du da siehst, ist
die Kostümveranstaltung des Christlichen. Da siehst du Para-
mente, Umzüge, Prozessionen, Pfarrer, Kirchenglockenläuten.
Was du nicht siehst, ist, daß irgend jemand etwas von dem tut, was
Jesus wollte."

Das Ende der Welt ist also insofern für mich jederzeit gegenwärtig. Aber auch die Hoffnung, es könnte sich noch aufhalten lassen.
Für mich ist all das, was Jesus wollte, Teil einer prophetischen Umkehr. Und viel mehr, als daß die Leute an die Kirche glauben,
möchte ich sie lehren, an sich selbst zu glauben und an das, was
Jesus wollte, wenn er vom Reiche Gottes sprach. Und ich bin froh
zu sehen, daß das immer mehr Menschen begreifen.

Die Frage, was passiert mit uns, wenn wir sterben, bleibt dann
immer noch. Auch aus der Bibel weiß ich keine Antwort dafür abzuleiten, was mit uns als Gattung passieren wird. Was die Zukünf-
tigkeit der menschlichen Geschichte in ein paar tausenden oder
hunderttausenden von Jahren angeht, dafür habe ich keine Vorstellung. Ich sehe auch nicht, daß die Bibel darauf antwortet. Die
Apokalypse ist zwar voller symbolischer Bilder, aber man würde
sie sektiererhaft fehlinterpretieren, wenn man daraus konkrete Informationen über das historische Ende der Welt ableiten wollte.

Ihre Aussage, Herr Biser, berührt mich tief. Auch ich glaube,
daß der Tod so etwas ist, wie einzugehen in die ewige Liebe. Ich
möchte das aber konkreter sagen, auch im Blick auf all die verque-
ren, suchenden, absonderlichen Hoffnungen, die zum Thema Unsterblichkeit oder ewiges Leben bei jenen 30 Prozent der Leute
noch in den Köpfen spuken, die an etwas wie ein Leben nach dem
Tode immerhin noch glauben. Da sind ja auch Leute darunter, die

sich bei dem Wort ewiges Leben im indischen Sinne eine Seelenwanderung oder eine Reinkarnation vorstellen. Ich mag diesen Leuten nicht total unrecht geben, denn es spricht sich darin ja auch die Hoffnung aus, daß unser Streben nach Güte oder Einsicht oder Weisheit oder Menschlichkeit nicht ganz umsonst ist. Wir müssen gewärtigen, daß der Tod jederzeit unser Streben abbrechen kann. Niemand von uns hier weiß, ob er den heutigen Abend noch erleben wird. Allein dies, daß der Tod niemals sicher sein kann, daß sicher nur die Tatsache seines Kommens ist, macht unser Bemühen um Vollendung scheinbar so verzweifelt, daß ich nicht anders weiß, als zu hoffen, es gäbe eine Chance, über den Tod hinaus reifen zu dürfen. Die Wahrscheinlichkeit dafür ist mir gegeben in der Erfahrung, daß jeder Reifungsprozeß irgendwo auch damit zu tun hat, alte Gewohnheiten lassen zu müssen, auf bestimmte Dinge, die mir vertraut waren, Verzicht tun zu sollen, Neues dabei zu lernen. Jeder Abschied ist immer ein kleiner Tod in Raten, der uns hilft zu reifen. Warum also nicht der endgültige, der große Tod auch? Und er wäre nur ein Durchgangsstadium.

Immanuel Kant hat einmal beklagt, eine große Tragödie des Lebens liege darin, daß man, wie zu leben sei, erst lerne, wenn man sehr alt geworden sei und es fast zu spät sei, es noch anzuwenden. Er hat postuliert, daß es eine Unsterblichkeit gäbe, schon damit die Hoffnung der Menschen, an sich selbst arbeiten zu können und um Vollendung ringen zu dürfen, nicht ganz umsonst sei. Tiefer noch, sehe ich aus dem Erfahrungsraum der Psychotherapie, der Seelsorge, wie schwer es ist, daß ein Mensch wenigstens ein paar Orientierungspunkte gewinnt, in welche Richtung er wachsen möchte, und daß er das eigentlich nur kann, wenn er im Grunde sich durch die Vermittlung eines anderen Menschen in absoluter Weise bestätigt und bejaht fühlt. Ich mag das unter Menschen jetzt nicht mit dieser Form von Liebe bezeichnen, die Sie im großen auf Gott beziehen. Aber ein klein wenig kommt doch in jeder menschlichen Begegnung davon vor. Ein Mensch kann nur zu sich finden im Gegenüber der Liebe, und merkwürdig genug, er wird sich dann sogar überhaupt erst zugeben, manche Dinge falsch gemacht zu haben, die ihm jetzt bitter leid tun.

Ein immer wiederholter Vorwurf gegen die Tiefenpsychologie lautet, da würde der Schuldbegriff abgeschafft. Gerade umgekehrt ist es in Wahrheit. Die Menschen beginnen, indem sie zu sich selber finden, zu leiden unter all den Punkten, an denen sie unter ihrem Niveau geblieben sind. Daß sie aus lauter Angst zu eng waren, tut ihnen jetzt bitter leid. Mütter merken plötzlich, daß sie ihre Kinder geschädigt haben durch die Fesseln ihrer eigenen Jugend, und sie können es kaum noch wiedergutmachen. Darum liegt mir ein Stück daran, die ehrwürdige, wenngleich seit der Reformationszeit durch den Ablaßschwindel der Kirche zu Recht bekämpfte Lehre vom Fegefeuer an dieser Stelle mit einzufügen, weil sie mir so überaus plausibel scheint.

Gesetzt, es stimmt, wir begegneten der Macht, die wollte, daß wir sind und die die Güte selber ist, dann würden wir gewiß in einem solchen Augenblick zum erstenmal begreifen, wozu wir wirklich auf der Welt waren. Geahnt hätten wir es immer schon, aber jetzt sähen wir es und wüßten es und könnten uns nur schämen für all die Augenblicke, wo wir es verraten haben. Schlimmer, es täte uns jetzt bitter leid, zu sehen, daß wir unter all den Dingen, wo wir gefehlt haben durch Müdigkeit, durch Erschöpfung, durch Begrenztheit, durch Irrtum, anderen Schaden zugefügt haben, den wir nicht wieder reparieren können. Das ist eine große Lehre, die Sie andeutend ja auch erwähnt haben: Es gibt einen Zusammenhang der Menschen, indem Gott alles in allem ist. Ich möchte es so sagen: Es gibt das Vertrauen, es könnten doch andere wenigstens eintreten für uns an den Stellen, wo wir nicht waren, und sie könnten übernehmen, was wir nicht mehr zu tun vermögen. Für mich ist das hier auf Erden eine sehr wichtige Form der Hoffnung – etwa für eine Mutter, die erlebt, daß ihre Tochter magersüchtig ist oder drogenabhängig oder eine Herumtreiberin wird, und darunter sehr leidet, weil sie spürt, sie selbst mit ihrer Person ist da ursächlich drin verwoben. Oder für eine Mutter, die zugleich mit ansehen muß, daß sie gewiß die einzige ist, die jetzt ihrer Tochter durchaus nicht mehr helfen kann – wieviel ist es wert, wenn bei ihr dennoch ein Vertrauen wachsen kann, andere träten an die Stelle, die sie nicht mehr auszufüllen vermag.

So etwas erhoffe ich mir eigentlich in einem gemeinsamen Reifen. Und da mag ich dann nicht akzeptieren, daß der Tod das letzte Wort haben soll, sondern ich sehe uns unterwegs, gemeinsam, Hand in Hand.

Zwei Bilder noch, um das zu erläutern: Eine Frau, die als Ordensschwester viele Jahre unter unglaublichen Todesängsten gelitten hatte, eigentlich seit dem Beginn der Pubertät, und die an einer Herzneurose erkrankt war, indem sie sich in ihren Träumen immer wieder lebendig begraben sah, kam nach vielen Jahren zu einem Traumbild, in dem sie in einen Fluß steigt, der immer tiefer wird: zu ihren Füßen Steine, die schön leuchten und schimmern, und am anderen Ufer rufen ihr Leute zu, sie möge kommen. Sie hatte den Gedanken des Todes nie anders erlebt denn als radikale Einsamkeit, als Abgeschafftwerden, als Weggeworfenwerden wie ein faulendes Etwas. Jetzt aber entdeckt sie plötzlich, sie wird im Tod nicht allein sein; da sind ja andere ihr schon vorausgegangen.

Ich entdecke entsprechend dieser Erfahrung immer wieder in Gesprächen mit Menschen, daß das überaus wichtig ist, was die Bibel nennt: „Versammelt werden zu den Vätern", und ich füge hinzu: zu den Geschwistern, den Müttern, den Freunden, den Geliebten. Es ist eine bleibende Hoffnung, daß sie alle eine Spur gebahnt haben und am anderen Ufer schon auf uns warten. Dieses Bild aus dem Johannesevangelium ist für mich sehr schön geworden: Am anderen Ufer in Joh 21 wird Jesus stehen und auf uns warten; er wird eine Wohnung bereitet haben, er wird ein Zuhause bieten.

Endigen aber möchte ich mit der Vision Dostojewskis. Er läßt am Ende der „Gebrüder Karamasow", am offenen Grab, die Brüder Kropotkin den Mönch Aljoscha fragen: „Und was ist jetzt? Was wird sein? Werden nur die Kletten wachsen auf dem Grab?" Aljoschas Antwort auf die Frage der Kinder wird lauten: „Wir werden uns wiedersehen."

In Dostojewskis Roman „Schuld und Sühne" erzählt der Säufer Marmeladov gleich am Anfang einmal dem jungen Studenten Raskolnikov sein Leben. Er hat sich so stark vorgenommen, nie wieder zu trinken, er hat sogar eine Anstellung bekommen. Aber kaum, daß er das erste Geld verdient, treibt er seine sechzehnjährige Tochter auf die Straße, um durch sie als Dirne noch mehr Geld zu bekommen, er nimmt ihr sogar noch die Strümpfe weg und hat sogleich alles wieder vertrunken. Wie stets bei Alkoholikern beginnt aber sogleich auch eine Phase furchtbaren Schamgefühls, von Selbsthaß und Zerstörung und von dem dringenden Willen, all das nie mehr zu tun, im Wissen zugleich, daß es genau so wieder passieren wird, immer wieder. Es ist typisch, was Dostojewski an dieser Stelle seines Romans ahnt: daß Menschen in diesem Zustand Visionen einer Allharmonie haben können; und so läßt er den Trinker Marmeladov in der Kaschemme sprechen: „Man soll mich kreuzigen, ein geborenes Vieh, das ich bin." Doch die anderen fallen ihm ins Wort: „Mein Gott, wer wird dich kreuzigen, halt's Maul." Er aber fährt fort: „Wenn er kommen wird, alle zu richten, die Lebenden und die Toten, wird er den Guten sagen: Kommt her, ihr Gerechten, in die Wohnungen meines Vaters. Aber dann wird er auch berufen die Mörder, die Huren und die Säufer, und auch ihnen wird er sagen: Kommt her auch ihr! Ihr tragt das Antlitz des Viehs, aber kommt her auch ihr! Und die Gerechten werden fragen: Wieso tust du das? Warum berufst du sie? Und er wird sagen: Deshalb berufe ich auch sie, ihr Gerechten, ihr Guten, weil keiner von denen je hat glauben können, dessen wert zu sein. Dann werden alle alles verstehen. Dann werden alle verstehen. Dein Reich, Herr, komme." In diesem Zerbrechen aller moralischen Gewißheiten wird für mich deutlich, was es heißt: Dann wird „Gott alles in allem" sein. Und es ist für mich Inhalt all meiner Sehnsucht und, schau' ich auf Jesus, all meines Glaubens.

Eugen Biser: Mir fällt auf, daß wir zwar immer wieder sachlich, aber noch nie thematisch auf die Titelfrage „Welches Credo?" eingegangen sind. Das aber erscheint mir am Schluß dieses Gesprächs doch geboten. Die Antwort kann im Sinne dessen, was Paulus seinen Gemeinden eingeschärft hat, gewiß nur lauten: Selbstverständlich der Glaube, dem Jesus Bahn gebrochen hat, den die Apostel verkündeten, den die Theologen reflektierten, für den die Märtyrer starben und der Unzähligen zur Lebens- und Sterbenshilfe geworden ist.

Doch füge ich, gerade auch im Blick auf die vom Werk Eugen Drewermanns ausgehenden Impulse hinzu: Nicht in Form einer stereotypen Wiederholung der traditionellen Sätze! Denn zum einen würde der Glaube dann all denen unzugänglich bleiben, denen er in dieser Form durch die atheistische Propaganda als Inbegriff einer menschenfeindlichen Ideologie ausgegeben wurde. Zum anderen sind die Sätze Gefäße, die mehr über die Bewahrung ihres Inhalts aussagen als über diesen selbst. Dieser Inhalt muß dem nach religiöser Erfahrung hungernden Menschen dieser Zeit neu erschlossen, er muß ihm als Erlebnis- und Lebensinhalt nahegebracht werden.

Seinen letzten Beweggrund hat das in einem Vorgang, wie er an den Wendepunkten der Glaubensgeschichte zu verzeichnen ist. Auf eine Phase der Verfestigung folgt dann eine solche der Bewegung. Seine Fassung und Gestalt verdankt der Christenglaube, wie schon hervorgehoben, der Verwandlung des Botschafters in die Botschaft, des Wegbereiters des Glaubens in dessen Gegenstand und des Lehrers in die Lehre. Wenn nicht alles täuscht, erleben wir heute die Umkehrung dieses Vorgangs: der Geglaubte tritt aus dem Schrein seiner Vergegenständlichung hervor, um wieder zum Glauben zu führen. Und in der Lehre wird wieder die Stimme des Lehrers hörbar. Die Anzeichen dessen sind spärlich und schwer auszumachen. Aber wenn ich Ihnen, Herr Drewermann, lange zuhöre, habe ich bisweilen den Eindruck, etwas vom Klang dieser Stimme zu vernehmen.

Eugen Drewermann bei Herder/Spektrum

Eugen Drewermann
Die Spirale der Angst
Der Krieg und das Christentum
Mit vier Reden gegen den Krieg am Golf
Band 4003
Ein Buch für eine neue Qualität des Zusammenlebens.

Eugen Drewermann
Der tödliche Fortschritt
Von der Zerstörung der Erde und des Menschen im Erbe des
Christentums
Band 4032
Eine erschreckende Bilanz – zugleich ein Plädoyer für ein neues
Menschenbild.

Eugen Drewermann
Das Eigentliche ist unsichtbar
Der Kleine Prinz tiefenpsychologisch gedeutet
Band 4068
Ist es der ewige Traum verlorener Kindheit, der Saint-Exupérys Kleinen
Prinzen so faszinierend macht?

Eugen Drewermann
Zeiten der Liebe
Band 4091

Eugen Drewermann
Dein Name ist wie der Geschmack des Lebens
Tiefenpsychologische Deutung der Kindheitsgeschichte nach dem
Lukasevangelium
Band 4113
Die geheimnisvolle Botschaft von der Ankunft Gottes in der Welt.

Eugen Drewermann
Der gefahrvolle Weg der Erlösung
Die Tobitlegende tiefenpsychologisch gedeutet
Band 4165
Die Botschaft vom Urvertrauen und von der Überwindung der Angst.

HERDER / SPEKTRUM

Die faszinierende Welt der Religionen

A. Th. Khoury / L. Hagemann /
P. Heine
Islam-Lexikon
Geschichte – Ideen – Gestalten
Drei Bände in Kassette
Band 4036

Peter L. Berger
Der Zwang zur Häresie
Religion in der pluralistischen
Gesellschaft
Band 4098

Hartmut Stegemann
**Die Essener, Qumran, Johannes
der Täufer und Jesus**
Ein Sachbuch
Band 4128

Georg Denzler
Die Geschichte des Zölibats
Band 4146

Dalai Lama
Einführung in den Buddhismus
Die Harvard-Vorlesungen
Band 4148

Das Ethos der Weltreligionen
Hinduismus, Buddhismus,
Konfuzianismus, Daoismus,
Judentum, Christentum, Islam
Herausgegeben von Adel
Theodor Khoury
Band 4166

Daisetz Teitaro Suzuki
**Wesen und Sinn des
Buddhismus**
Ur-Erfahrung und Ur-Wissen
Band 4197

Mircea Eliade
Geschichte der religiösen Ideen
5 Bände in Kassette
Band 4200

Dorothee Sölle
Leiden
Band 4215

Friedrich-Wilhelm Haack
Europas neue Religion
Sekten – Gurus – Satanskult
Band 4221

Emma Brunner-Traut
**Die Stifter der großen
Religionen**
Echnaton, Zarathustra, Mose,
Jesus, Mani, Muhammad,
Buddha, Konfuzius, Lao-tse
Band 4254

Hans Gasper / Joachim
Müller / Friederike Valentin
**Lexikon der Sekten,
Sondergruppen und
Weltanschauungen**
Fakten, Hintergründe,
Klärungen
Band 4271

HERDER / SPEKTRUM